O PODER SECRETO DOS GRUPOS

Colin M. Fisher

O poder secreto dos grupos

Como preparar equipes mais felizes e eficientes

TRADUÇÃO
Bruno Fiuza

OBJETIVA

Grafia atualizada segundo o Acordo Ortográfico da Língua Portuguesa de 1990, que entrou em vigor no Brasil em 2009.

Título original
The Collective Edge: Unlocking the Secret Power of Groups

Capa
Eduardo Foresti | Foresti Design

Ilustrações de miolo
Ekki Arbayu

Preparação
Fábio Fujita

Índice remissivo
Probo Poletti

Revisão
Aminah Haman
Renata Lopes Del Nero

Dados Internacionais de Catalogação na Publicação (CIP)
(Câmara Brasileira do Livro, SP, Brasil)

Fisher, Colin M.
O poder secreto dos grupos : Como preparar equipes mais felizes e eficientes / Colin M. Fisher ; tradução Bruno Fiuza. — 1ª ed. — Rio de Janeiro : Objetiva, 2025.

Título original : The Collective Edge : Unlocking the Secret Power of Groups.
ISBN 978-85-390-0906-0

1. Comportamento humano 2. Grupos sociais 3. Liderança I. Título.

25-285132 CDD-305

Índice para catálogo sistemático:
1. Grupos sociais : Sociologia 305

Cibele Maria Dias – Bibliotecária – CRB-8/9427

EDITORA SCHWARCZ S.A.
Praça Floriano, 19, sala 3001 — Cinelândia
20031-050 — Rio de Janeiro — RJ
Telefone: (21) 3993-7510
www.companhiadasletras.com.br
www.blogdacompanhia.com.br
facebook.com/editoraobjetiva
instagram.com/editora_objetiva
x.com/edobjetiva

À memória de Linda Fisher, que me deu mais do que sou capaz de expressar

Sumário

Introdução

Pergunte o nome do vilão da saga Harry Potter, e quase todo mundo responderá "Lord Voldemort". Mas, enquanto cientista social que estuda dinâmica dos grupos, eu enxergo um vilão muito mais pernicioso: o Chapéu Seletor.

Quando colocado na cabeça dos aspirantes a usuários de magia, com seus onze anos, o Chapéu Seletor designa a cada aluno uma das quatro "casas". Cada uma tem forte traço distintivo — os corajosos são separados dos inteligentes, os leais dos desonestos. Os uniformes marcam o pertencimento dos alunos a uma casa, onde quer que eles estejam. As casas competem umas com as outras em quase todos os aspectos da vida escolar. Os alunos torcem contra e, muitas vezes, difamam os de outras casas, ao mesmo tempo que apoiam a sua própria. Ao longo de sete grossos livros, ninguém jamais deixa a casa designada pelo Chapéu Seletor. E ninguém procura se desfazer do chapéu e de seu sinistro processo de agrupamento, apesar do claro papel que ele desempenha ao traçar as linhas divisórias para as guerras que acompanham toda a história.

O Chapéu Seletor continua a ser um vilão oculto porque parece muito familiar em nosso mundo. Não precisamos de um chapéu mágico para classificar as pessoas. Nosso cérebro faz isso por nós. Você sempre carrega um chapéu seletor aonde quer que vá. A sociedade humana é construída com base na nossa classificação e na de outros em grupos. Dividimos as pessoas a partir de características amplas, como nacionalidade, política ou gênero. Também as classificamos em grupos menores e mais unidos, como família, amigos, equipe de trabalho, time ou banda.

Somos criaturas coletivas. Nossa participação em grupos que se sobrepõem e mudam constantemente rege nossa experiência de mundo. Muitos de nós acordam com a família ou com companheiros de quarto, mas depois vão para o trabalho e se comportam de maneira bem diferente entre os colegas de trabalho. Depois do expediente, podemos nos encontrar com amigos e pensar e agir de forma ainda diversa. Às vezes, de maneira inesperada, fazemos parte de um grupo por alguns minutos, por exemplo a plateia de um artista de rua ou um conjunto de passageiros descontentes esperando o metrô atrasado. Em cada uma dessas situações, pensamos e agimos de forma diferente porque acreditamos que fazemos parte daquele grupo.

Entender o comportamento humano significa entender a dinâmica dos grupos — as formas visíveis e invisíveis pelas quais nossos pensamentos, sentimentos e comportamentos são moldados pelos grupos. Em quase todos os momentos de nossas vidas, sentimos a atração dos grupos sussurrando para nos conformarmos com as regras não ditas quanto a estar entre outros seres humanos. Na plateia do artista de rua, batemos palmas quando os outros batem palmas e sentimos a alegria dos outros. Sem que percebamos, nos adequamos para não sobressairmos, aplaudindo mesmo quando não ficamos particularmente impressionados. Competimos pelo apreço dos nossos colegas no trabalho e em casa, e, quando pessoas de fora ameaçam o grupo, defendemos nossos coletivos como se fossem parte de nós mesmos. Levados ao extremo, nossos chapéus seletores internos estiveram à frente das maiores conquistas da humanidade... e das maiores tragédias.

O COMITÊ DE RESGATE DE EMERGÊNCIA

Em 1940, o jornalista norte-americano Varian Fry foi para Marselha, na França, "com 3 mil dólares escondidos na perna da calça, uma lista de duzentos artistas e intelectuais em perigo e instruções para ajudá-los a fugir".[1] Fry não chegou e simplesmente resgatou duzentas pessoas por conta própria — ele formou um grupo. E esse grupo, conhecido como Comitê de Resgate de

Emergência (CRE), em pouco mais de um ano ajudou mais de 2 mil refugiados a escaparem dos nazistas.[2]

Quando partiu para a França, Fry tinha um objetivo claro e importante – mas poucas instruções sobre como concretizá-lo. Ele não era um diplomata nem um agente secreto. "Eu nunca tinha feito nenhum trabalho infiltrado antes", escreveu. "E não conhecia uma única pessoa da lista. [...] Eu estava completamente perdido sobre como e por onde começar."[3]

Ele começou escrevendo cartas para os duzentos refugiados de sua lista. Alguns, como o filósofo Walter Benjamin, haviam se suicidado para evitar a captura. Mas a maioria ainda precisava de ajuda. Logo depois de sua chegada, a notícia da missão de Fry se espalhou. O hotel onde ele estava hospedado foi rapidamente invadido por pedidos de milhares de pessoas em busca de uma passagem para deixar a França.

Fry não conseguiria fazer aquilo sozinho.[4] Ele precisava de uma equipe.

E logo encontrou uma. O ativista trabalhista Frank Bohn atuava para tirar seus colegas sindicalistas do país e compartilhou o que havia aprendido com Fry. A herdeira Mary Jayne Gold financiou grande parte do trabalho do CRE, usou suas habilidades e conexões sociais e, mais tarde, trabalhou com a inteligência britânica para combater os nazistas. Albert Hirschman – um jovem ativista político, refugiado e aspirante a economista – se dedicou incansavelmente a ajudar outros refugiados a encontrarem trilhas não demarcadas nas imponentes montanhas dos Pirineus, evitando as autoridades francesas e alemãs. O ex-policial Daniel Bénédite ajudou a gerenciar as operações e a evitar a aplicação da lei, quando necessário. O cartunista Willi Spira falsificou documentos de imigração. A administradora Lena Fishman, que era fluente em russo, polonês e espanhol, escrevia cartas e entrevistava refugiados. Mesmo quando sua liberdade e sua vida estavam ameaçadas, cada integrante desempenhou seu papel, porque os laços que os mantinham unidos eram mais fortes do que o interesse próprio.

Uma visão puramente egocêntrica e individualista da humanidade não pode explicar a existência do CRE. Quando refletimos sobre questões avassaladoras, como a ascensão do nazismo, é natural nos sentirmos impotentes. E, quando ficamos diante de ameaças concretas, é fácil pensarmos apenas em nós mesmos – rompendo laços, em vez de construí-los.

No entanto, podemos ver tanto o lado positivo quanto o lado negativo da dinâmica dos grupos na história do CRE. Com vantagem, o comitê aproveitou a cola social que a participação em um grupo proporciona, possibilitanto a cooperação mesmo nas circunstâncias mais difíceis. No extremo, somos capazes de sofrer e morrer para ajudar nossos companheiros de grupo.

Mas o CRE era necessário porque os nazistas haviam transformado em arma o lado sombrio do pensamento de grupo. Eles alimentaram os piores anseios de nosso chapéu seletor interno, elogiando o "nós" e culpando o "eles".[5] Muitas pessoas perpetraram ou toleraram crueldades indescritíveis durante o assassinato de milhões de inocentes. Embora a Alemanha nazista seja um dos exemplos mais potentes da utilização do pensamento de grupo como arma, não é difícil ver pessoas explorando até hoje nossas inclinações para favorecer alguns grupos e difamar outros. Isso acontece no pátio da escola, no ambiente de trabalho e nas altas esferas do poder político.

Nossa lealdade aos nossos próprios grupos e nossa vilania em relação aos outros permeiam histórias que sintetizam a humanidade. Os aspectos mais maravilhosos e mais terríveis do comportamento humano podem ser explicados, compreendidos e até mesmo domados pela negligenciada ciência da dinâmica dos grupos. As pesquisas que vou compartilhar aqui contêm as chaves para entender por que os seres humanos cooperam, se adequam e competem. E esses dados científicos também englobam os segredos do que você pode fazer a respeito disso.

POR QUE LER UM LIVRO SOBRE DINÂMICA DOS GRUPOS?

Como a vida coletiva é algo inevitável, os seres humanos lidam com particularidades, promessas e perigos todos os dias. Do nível macro ao micro — do Estado-nação à reunião de trabalho, da religião que seguimos ao churrasco em família —, a dinâmica dos grupos molda nossas vidas. Nossa capacidade de cooperar é a base das conquistas humanas. Quase todas as descobertas científicas, as empresas que mudam o mundo, aqueles álbuns musicais que levaríamos para uma ilha deserta e times lendários têm em seu cerne um grupo espetacular. No entanto, surpreendentemente, pouco pensamos sobre o que de fato os grupos são, como funcionam e como tirar o melhor proveito deles.

O que a maioria das pessoas sabe sobre dinâmica dos grupos não é bom. Grupos despertam nosso interesse por todas as razões erradas: adequação, polarização, preconceitos, conflitos e estupidez coletiva. Os políticos se aproveitam do lado sombrio do nosso chapéu seletor interno, nos fazendo culpar, desumanizar e desrespeitar qualquer pessoa que não faça parte do nosso grupo. As redes sociais nos isolam das comunidades em que vivemos e, ao mesmo tempo, alimentam o ódio e a intolerância entre diferentes grupos. Nossa tendência a dividir a nós mesmos e aos outros em grupos é a base de conflitos políticos, guerras e atrocidades.

Precisamos de grupos melhores — que sejam soluções, não problemas. É hora de romper com a mentalidade individualista que enxerga os grupos como um mal necessário. É hora de contar uma história diferente sobre o incrível, mas ignorado, poder dos grupos de realizar grandes feitos — sob as condições certas. Não importa se o seu desejo é mudar a si mesmo, sua equipe de trabalho ou o mundo, você precisa trabalhar *com* as forças invisíveis da dinâmica dos grupos, em vez de ser arrastado por elas de forma irrefletida.

Neste livro, você vai descobrir *como usar a ciência da dinâmica dos grupos para viver e trabalhar melhor em conjunto*. Os segredos para obtermos o melhor de nossos grupos — e de nós mesmos — estão contidos em seis condições que você pode usar para promover uma cooperação efetiva: composição, metas, tarefas, normas, segurança psicológica e treinamento.[6] A forma que damos a essas condições nos permite desbloquear o poder oculto da negligenciada ciência da dinâmica dos grupos. Compreender esses dados é a chave para criar grupos efetivos e profundamente gratificantes.

Este livro não se destina apenas a líderes de equipes tradicionais — ele é para todos aqueles que queiram entender o comportamento humano e o mundo ao seu redor. O bom pensamento em grupo pode melhorar seu relacionamento com a família e os amigos, no trabalho e na escola. Pode ajudá-lo a tomar decisões melhores, ser mais criativo e ter uma genuína sensação de pertencimento ao seu grupo.

As peças do quebra-cabeça da dinâmica dos grupos estão espalhadas pelas ciências sociais, incluindo psicologia social, sociologia, economia, antropologia, ciência política, neurociência e administração. Reunindo as pesquisas mais recentes que ajudam a explicar tudo, desde os hábitos de bilionários que colecionam iates até a descoberta dos segredos do DNA e os vilões de *Star Trek*, meu objetivo neste livro é oferecer uma visão geral profunda porém acessível do que a ciência nos ensinou (e não ensinou) sobre grupos, e explorar como podemos usar as pesquisas científicas sobre dinâmica dos grupos para mudar e entender melhor a nós mesmos.

Fiz parte de dezenas – talvez centenas – de grupos em minha primeira carreira, como trompetista profissional de jazz. Toquei com conjuntos que duraram décadas (como a Either/Orchestra) e outros que duraram alguns minutos (como em *jam sessions*). Sempre fui fascinado pela forma como estranhos podem se tornar espontaneamente mais do que a soma de suas partes. De alguma forma, consegui convencer Harvard a me dar um doutorado enquanto eu buscava as respostas. Hoje, como cientista organizacional e professor do University College London, ensino estudantes, executivos e líderes governamentais a liderarem, ajudarem e treinarem equipes e organizações para que atinjam todo o seu potencial.

Ao longo do livro, vou compartilhar histórias de experiências próprias e de outras pessoas para que você possa visualizar como são os insights obtidos por meio de uma rigorosa pesquisa em ciências sociais – e, com sorte, aplicá-los em sua própria vida. Essas histórias são como lentes que permitem que você enxergue as pesquisas científicas que agregam centenas de milhares de experiências pessoais. Isso tende a ser mais confiável do que as lições anedóticas de uma única pessoa – eu, você, um atleta famoso, uma celebridade ou um executivo de negócios –, que muitas vezes são a forma como as pessoas aprendem sobre dinâmica dos grupos e liderança.

Este livro está dividido em quatro seções, cada uma composta de três ou quatro capítulos. A Seção I, "Cooperação", explica o que são os grupos e como podemos obter o maior benefício possível da vida coletiva – lutar por objetivos em comum para alcançar mais do que conseguiríamos sozinhos. Em seguida, concentramo-nos em duas outras consequências importantes das nossas tendências coletivas: "Conformidade", na Seção II, e "Competição", na Seção III, ambas com riscos bem documentados e benefícios surpreendentes. Explico como a ciência nos ensina a administrar esses paradoxos da vida em grupo para que o seu coletivo possa ser verdadeiramente efetivo. Por fim, na Seção IV ("Liderando grupos"), vamos repensar a liderança não como a província de heróis e vilões individuais, mas como um esporte coletivo, no qual todos nós fazemos nossa parte para melhorar e manter a estrutura fundamental dos nossos grupos. Ao longo do caminho, ofereço "Reflexões de grupo" – aplicações práticas dos princípios abordados em cada seção, que, espero, permitam que você faça uso dos insights com maior facilidade.

Este livro tem muito terreno a ser explorado, reunindo centenas de estudos realizados ao longo de várias décadas. Assim, podemos ter uma visão de alto nível da dinâmica dos grupos, que oferece uma nova perspectiva sobre o nosso mundo social. Penso em tais perspectivas como óculos infravermelhos que revelam padrões que normalmente não conseguimos ver.

Ver o mundo a partir de uma **perspectiva coletiva** é transformador. Adotar uma lente de grupo para entender o comportamento humano lança luz sobre novas facetas de momentos comuns e extraordinários, permitindo que vejamos as forças invisíveis em jogo que moldam nosso dia a dia. No trabalho e na vida, você vai repensar tudo quando observar o mundo social em termos de grupo, não em termos de indivíduos. Isso lhe dará uma vantagem coletiva.

Vamos descobrir como.

Seção 1

Cooperação

Apesar de vivermos e trabalharmos em grupos, nossa mente tem uma tendência a explicações individualistas para o nosso próprio comportamento e o dos outros. Isso nos leva a ignorar o papel dos grupos e da dinâmica dos grupos para moldar o mundo (Capítulo 1). Mas a dinâmica dos grupos é a chave para a cooperação — o superpoder que nos permitiu dominar o planeta. O ápice da cooperação é a sinergia de grupo — quando conjuntos de indivíduos são literalmente mais do que a soma de suas partes (Capítulo 2). Infelizmente, a sinergia é rara, e os grupos geralmente são menos do que a soma de suas partes, devido a perdas previsíveis (e, muitas vezes, evitáveis) no processo de esforço e coordenação. Para maximizarmos nossas chances de sinergia, temos três ferramentas principais que oferecem estrutura para os grupos: desenho de tarefa, composição do grupo e metas (Capítulo 3). Seja você um líder, seja o mais novo membro de uma equipe, deveria usar essas ferramentas em um momento crucial do desenvolvimento do grupo: o lançamento (Capítulo 4).

1. O mito do gênio solitário

O fascínio pelo individualismo em um mundo baseado em grupos

O geneticista James Watson recebeu aquela que talvez seja a maior homenagem que um cientista pode receber na sociedade atual: em sua cinebiografia produzida pela BBC, *The Race for the Double Helix*, ele foi retratado por Jeff Goldblum (o ator que interpretou os cientistas em *Jurassic Park* e *A mosca*). Ah, e também ganhou o Nobel.

O filme da BBC encena a competição entre duas equipes para descobrir a estrutura do DNA. De um lado estava a dupla dinâmica formada por Watson, o impetuoso Batman norte-americano, e o biofísico Francis Crick, seu reservado Robin britânico. Do outro, os cientistas britânicos chatos e metódicos Maurice Wilkins e Rosalind Franklin.

De acordo com *A dupla hélice*, o livro de memórias de Watson,[1] no qual o filme se baseia, Wilkins e Franklin tinham em mãos os dados necessários para solucionar o caso. Mas eles careciam da imaginação para enxergá-los. Os dados críticos estavam contidos na nova imagem de raio X do DNA de Franklin, conhecida como "Fotografia 51". Watson nos conta que obteve secretamente acesso à Fotografia 51 e aos arquivos de dados anexos, apesar das objeções de Franklin, a rude subordinada de Wilkins. "Rosy tinha claramente de partir ou ser posta em seu lugar", escreveu Watson, ignorando o fato de que ninguém a chamava de Rosy e que ela não era subordinada a Wilkins. "Não havia como negar que ela tinha um bom cérebro. Se pudesse apenas manter suas emoções sob controle [...]." Watson disse ao mundo que teve seu momento eureca depois de dar uma olhada na imagem arduamente obtida, e ver o que Franklin e Wilkins não tinham conseguido — o "segredo da vida".

Só há um problema com tudo isso: não é verdade. (OK, há outros problemas, como o machismo tóxico.) Não houve uma competição entre as duas equipes — Franklin compartilhou os dados de bom grado, vendo aquilo como uma colaboração entre sua equipe e a de Watson e Crick. Os biógrafos de Watson e Crick, Matthew Cobb e Nathaniel Comfort, encontraram recentemente novas evidências que esclarecem o papel de Franklin na descoberta vencedora do Nobel. Como eles disseram à *Science News*:

> Encontramos o programa de uma exposição da Royal Society [...] [que inclui] um breve resumo da estrutura do DNA assinado por todos, com apresentação de Franklin. Era como uma feira de ciências em uma escola. Ela estava diante de um modelo explicando a todos, e todos os nomes estavam ali [Franklin, Wilkins, Watson e Crick]. Portanto, essa não é uma corrida que foi vencida por Watson e Crick. Quer dizer, eles chegaram lá primeiro, não nos entenda mal. Mas isso não foi visto dessa forma na época. Eles não conseguiriam ter feito aquilo sem os dados de Franklin e Wilkins. E todo mundo — pelo menos naquele momento em 1953 — aceita isso e parece de acordo. Estamos nos afastando do thriller hollywoodiano que Watson escreveu, no qual conseguiu obter alguns dados sorrateiramente. Essa versão é de fato empolgante. Mas não é verdadeira. [Estamos indo em direção a] algo muito mais colaborativo.[2]

É isso mesmo, a descoberta do segredo da vida não foi fruto do gênio heroico de Watson, como está implícito no livro. Tampouco da dupla Watson e Crick do filme. Essa descoberta exigiu um coletivo.

Por que foi preciso um grupo para decifrar a estrutura do DNA? Como em muitas áreas da ciência, é necessário um profundo conhecimento para entender quais perguntas fazer e como responder a elas. Nem Watson nem Crick poderiam ter produzido a Fotografia 51, tampouco coletado os dados sobre o que ela mostrava. Franklin e Wilkins, no entanto, eram líderes mundiais em cristalografia de raios X e em sua aplicação ao DNA.

Mas Franklin e Wilkins careciam de duas coisas que Watson e Crick trouxeram — a experiência de Crick em estruturas vivas e úmidas e o talento de Watson para criar modelos teóricos sem dados. O DNA tem uma aparência bem diferente quando molhado, que é quando está em sua forma ativa, de dupla hélice. Wilkins, que teve a ideia de usar a cristalografia de raios X no DNA e contratou Franklin, sabia que a especialidade de Franklin era interpretar a forma seca. E a própria Franklin não dava muita importância à modelagem teórica, preferindo esperar pelos dados. O problema da estrutura do DNA era complicado demais para ser resolvido por uma única pessoa. Não se podia simplesmente somar os conhecimentos de cada uma — era preciso multiplicar as contribuições das quatro.

Por que, então, não se dá o crédito a toda a superequipe formada por Franklin, Wilkins, Watson e Crick? Em parte porque Watson era uma figura sedenta por atenção. Até mesmo Crick e Wilkins (que dividiram o Nobel de 1962 com Watson) protestaram contra o livro de Watson "baseado em uma história real", levando a Harvard University Press a cortar relações com ele. Mais tarde, Watson teve como passatempo a promoção de teorias racistas, sexistas e antissemitas; em 2018 ele continuava a insistir em diferenças genéticas de inteligência baseadas em raça e sexo, sem nenhuma evidência. A comunidade científica o condenou ao ostracismo; o biólogo Edward O. Wilson o chamou de "o ser humano mais desagradável que já conheci".[3] Até mesmo o laboratório que ele dirigia revogou seus títulos, porque ele não parava de vomitar ódio.

É claro que não foi apenas culpa de Watson o fato de Franklin não ter recebido o crédito que merecia. Por compartilharem do machismo de Watson, muitas pessoas não estavam dispostas a reconhecer a contribuição dela para a descoberta. Rosalind Franklin morreu de câncer de ovário em 1958, antes que o livro de Watson e o comitê do Nobel a ignorassem;[4] ela não teve a chance de contar sua versão da história. Há muito tempo é de conhecimento público que o relato de Watson glorificou a si mesmo e menosprezou a contribuição de Franklin de forma abertamente machista; ainda assim, em 2012 a Biblioteca do Congresso Norte-Americano nomeou *A dupla hélice* como um dos 88 "livros que moldaram os Estados Unidos". Entre entusiastas da ciência, Watson e Crick são nomes conhecidos; Wilkins, Franklin e outros envolvidos na descoberta ainda não receberam o devido reconhecimento.

Gostamos muito de histórias de grandeza individual — de teorias do "Grande Homem", do gênio e da inovação. Os livros de história atribuem quase todas as conquistas humanas a um indivíduo (geralmente um homem) como Watson. Mas, assim como *A dupla hélice*, essas histórias só arranham a superfície. Se mergulhamos fundo, costumamos encontrar um grupo fazendo o trabalho de verdade. O gênio solitário é mais um mito do que realidade. São os grupos que fazem o mundo girar.

Em um dos meus estudos preferidos, intitulado "The Increasing Dominance of Teams in Production of Knowledge",[5] os pesquisadores Stefan Wuchty, Benjamin F. Jones e Brian Uzzi, da Northwestern University, investigaram se os grupos produzem mais conhecimento do que os indivíduos. Eles analisaram todas as descobertas que conseguiram reunir feitas entre 1955 e 2000 — 19,8 milhões de artigos e 2,1 milhões de patentes. A parcela de descobertas de equipes (em relação às individuais) cresceu em todos os campos de exatas (ciências, tecnologia, engenharia e matemática). E as próprias equipes também cresceram. "Nas ciências", escreveram os autores, "o tamanho da equipe tem crescido constantemente a cada ano, e quase dobrou ao longo de 45 anos: de 1,9 para 3,5 autores por artigo". As descobertas das equipes tiveram muito mais probabilidade de serem avanços influentes que serviram de base para futuros cientistas, inventores e empreendedores. "Por exemplo, um artigo de autoria de uma equipe em ciência e engenharia tem atualmente 6,3 vezes mais probabilidade de receber pelo menos mil citações do que um artigo de autoria individual", acrescentaram. Esse é o equivalente acadêmico de um sucesso de bilheteria; a maioria dos artigos recebe menos de dez citações.[6]

Nem sempre foi assim. Na década de 1950, os cientistas e inventores que trabalhavam sozinhos tinham maior probabilidade de fracassar, mas também maior probabilidade de fazer descobertas revolucionárias. Porém as chances de que trabalhar sozinho seja uma estratégia vencedora pioraram com o passar dos anos.

Podemos apenas especular por que as equipes parecem ter melhorado — ou os indivíduos piorado — em termos de descoberta e invenção. Muitos cientistas acreditam que o mundo é simplesmente mais complexo do que era antes. As descobertas que você pode fazer sozinho ao entrar na banheira ou se sentar sob uma macieira já foram feitas há muito tempo. Leva-se uma vida inteira apenas para dominar uma pequena e especializada fatia do universo. Há evidências de que isso é verdade — de que a ciência, a educação e o trabalho estão se tornando mais especializados.[7] Você pode ser um especialista em filogenética mitocondrial, mas não em toda a biologia. E os problemas que precisam ser resolvidos exigem conhecimentos especializados de vários domínios, o que agora significa que é preciso trabalhar em equipe. Os dias dos polímatas do Renascimento, como Leonardo da Vinci ou Maria Sibylla Merian, ilustradora e entomologista alemã que mostrou ao mundo o processo de metamorfose, podem ter acabado.

Mas, para explicar a vantagem cada vez maior das equipes na produção de conhecimento, acredito que dois outros fatores são mais importantes do que um mundo especializado e complexo. Em primeiro lugar, os seres humanos simplesmente se tornaram melhores na colaboração — estamos constantemente aprimorando nossa capacidade de nos comunicar e colaborar no tempo e no espaço (embora não pareça ser assim quando você está preso em uma reunião de trabalho sem sentido). Em segundo, grande parte da ciência e das invenções talvez não estivesse sendo feita individualmente, para começo de conversa. Assim como Watson, algumas pessoas eram simplesmente melhores em tomar o crédito para si mesmas. Por exemplo, quem inventou a lâmpada? Se você respondeu Thomas Edison, está errado. As lâmpadas incandescentes foram inventadas antes do nascimento de Edison. Ele se baseou no trabalho de muitos outros[8] quando registrou sua patente para uma lâmpada comercialmente viável de produção em massa. Mas até mesmo essa versão da lâmpada foi uma empreitada coletiva: para criá-la, ele trabalhou com seu grupo de "Amigos [Muckers]", cujos nomes foram esquecidos. Mas Edison pôs seu nome na patente, ficou com o crédito e o resto é história.

Estamos acostumados a relatos heroicos da história das realizações humanas — algum gênio brilhante e menosprezado que trabalha sozinho, superando a rejeição e o fracasso. Um general com um plano inteligente, conduzindo as tropas a uma vitória improvável. Nós nos lembramos do indivíduo, mas nos esquecemos do grupo.

Nossa dificuldade em reconhecer o papel dos grupos em nossa vida faz parte de uma das descobertas mais importantes da psicologia social: o "erro fundamental de atribuição".[9] *Atribuição* significa explicar por que uma pessoa agiu como agiu. Por que Mike se atrasou para aquela reunião? E o *erro* é o excesso de individualismo — usamos a personalidade como explicação principal. Em nossas cabeças, achamos que Mike se atrasou porque é desleixado. Não levamos em conta o fato de que, quando ele estava prestes a sair de casa, sua mãe doente pode ter lhe pedido ajuda.

O mesmo acontece com o lado positivo da moeda. Quando alguém funda uma empresa de 1 bilhão de dólares, é porque é um gênio. Não levamos em conta as vantagens que ele pode ter tido ao longo da vida. Na tentativa de compreensão do comportamento alheio, não damos crédito suficiente aos grupos e às situações que os beneficiaram (ou prejudicaram) em sua trajetória.

Temos problemas semelhantes quando pensamos como contribuímos com grupos. Você (sim, você também) é propenso a "vieses egocêntricos" — a tendência do nosso cérebro de inflar artificialmente nossa importância e nossas contribuições.[10] Um exemplo famoso é o "efeito Lake Wobegon",[11] batizado em referência à cidade fictícia criada pelo programa de rádio norte-americano *A Prairie Home Companion*, na qual "todas as crianças são acima da média". Um estudo de 2018, por exemplo, descobriu que 65% dos norte-americanos acreditam ter inteligência acima da média.[12] A média deveria ser exatamente 50%, então pelo menos 15% de nós estão se superestimando.

Essas falácias individualistas se dão dentro dos grupos, de modo que todos se tornam um pouco como James Watson e reivindicam para si crédito além da conta pelas realizações do grupo. Um estudo emblemático pediu aos participantes que estimassem sua contribuição percentual para o desempenho de seus grupos. Se todos fossem perfeitamente precisos, a soma deveria ser 100%. Mas, como a maioria superestimou seu valor para o grupo, o total foi muito, muito maior do que isso. Em um dos experimentos, as estimativas dos membros somaram 235%![13]

Juntos, o egocentrismo e o individualismo nos levam a ter uma compreensão equivocada tanto do sucesso quanto do fracasso — superestimamos nosso próprio papel no sucesso, negligenciando os grupos que nos ajudaram a conquistá-lo. E, independentemente do sucesso ou do fracasso de um grupo, procuramos por uma única pessoa que deve receber sozinha todos os elogios ou toda a culpa.

Em outras palavras, é difícil adotar uma perspectiva coletiva. Nosso cérebro tem dificuldade para "enxergar" a influência dos grupos à nossa volta. Preferimos explicações individualistas às coletivistas, sobretudo quando as coisas dão errado.

Até mesmo entender o que é um grupo pode ser complicado. Porque não podemos dar crédito ou culpar os grupos adequadamente se não entendermos o que eles são.[14] Portanto, para ajustar as coisas, primeiro precisamos entender: o que é um grupo, afinal?

CENAS DE UMA *JAM SESSION*

Nas noites de quinta-feira, ponho meu estojo de trompete no ombro e vou para um bar em East London chamado Grow. Quando chego, a banda da casa, Stratos, já está a todo vapor. Eles tocam um tipo de jazz moderno que evoca o som dos saxofonistas Wayne Shorter e Joe Henderson nos anos 1960. A Stratos é um quarteto, liderado pelo baixista Rio e pelo saxofonista tenor Dom, acompanhados por um baterista e um guitarrista. Em pé, em um grupo de cerca de quarenta pessoas de uns vinte e tantos ou trinta e poucos anos, com uma bebida na mão, eu aprecio a música. Os músicos são estrelas em ascensão na cena londrina; tocar no Grow é uma oportunidade para que eles se esforcem sem as amarras de uma "apresentação funcional", como uma festa de casamento, um evento corporativo refinado ou *jazz brunch*.

Na segunda música da segunda parte, Rio me chama ao palco e pergunta o que eu quero tocar. A primeira música era mais agitada, então peço para tocar "Beatrice", de Sam Rivers, que é mais relaxante e espacial. *Jam sessions* como essa permitem que músicos convidados entrem e saiam do palco. Depois dessa música, outros músicos se juntam a nós. Dom vai tomar um drinque, deixando-me como o único instrumento de sopro no palco, de modo que fico à frente da banda pelo resto da noite (embora ele retorne para a última música).

Depois da apresentação, algumas pessoas se aglomeram ao redor do palco, fazendo perguntas. "Como você se tornou parte da banda?" "Onde vocês vão tocar em seguida?" "Como vocês se conheceram?"

Não sou membro da banda, explico.

A pergunta é: por que eu não sou membro da banda? Era claro que os observadores me enxergavam como um membro. Objetivamente, toquei tanto quanto, ou talvez mais, na segunda parte do que alguns dos músicos que foram pagos para estar lá. No entanto, nem eu nem os outros músicos acreditamos que faço parte da Stratos. Na verdade, sabemos que não sou membro da banda – faço apenas uma participação.

Então, como sabemos quem faz parte de um grupo, se não for por seu comportamento objetivo ou pela percepção dos outros? Bem, isso se resume ao fato de que a Stratos e eu concordamos que eu não faço parte do grupo – que o grupo tem limites claros.

No entanto, as fronteiras dos grupos nem sempre são tão claras. *Grupo* pode se referir a um largo espectro de conjuntos de indivíduos, desde categorias sociais amplas até pequenas equipes. O que os habitantes de Liverpool, espeleólogos e o elenco de *Friends* têm em comum é: (a) são compostos de vários indivíduos (a maioria dos estudos sugere que você precisa de pelo menos três pessoas para ser considerado um grupo);[15] e (b) é possível distinguir quem faz parte do grupo de quem não faz. Mas grupos variam muito em termos de tamanho, função e tempo de permanência juntos, bem como a clareza de quem é membro e quem não é. Podemos realmente pensar em um grupo musical como os Beatles da mesma forma que pensamos em uma categoria social ampla como os norte-americanos? Bem, mais ou menos...

Nossos chapéus seletores internos têm como foco principal encontrar potenciais padrões em grupos de pessoas. Infelizmente, esse fenômeno de percepção de grupo tem, talvez, o pior nome de todas as ciências sociais: "entitatividade de grupo"[16] (tente dizer isso em voz alta...). Apesar de ser difícil de escrever, ler ou pronunciar, a entitatividade de grupo tem uma ideia potencialmente transformadora: nenhum conjunto de seres humanos pode ser percebido sem que o nosso chapéu seletor interno tire conclusões sobre seus membros, em especial sobre o relacionamento entre esses membros. Em outras palavras, para qualquer grupo de pessoas haverá sempre um pouco do que chamaremos de "grupalidade".

Eu entendo por que a plateia da *jam session* do Grow pensou que eu fazia parte da banda, dado que todos os quatro principais gatilhos para que o nosso cérebro enxergue a grupalidade estavam presentes. Estávamos juntos no palco (proximidade). Somos todos músicos de jazz que claramente conhecem algumas das mesmas músicas (semelhança). E há um padrão claro em nossa interação — tocamos uma melodia, depois nos revezamos improvisando solos, e então voltamos à melodia (padrões de interação perceptíveis). E, se as coisas correrem bem, estaremos todos no palco para receber os aplausos — ou, se não correrem, para desviar dos tomates (os membros compartilham de um mesmo destino).

É bastante lógico que esses quatro indícios — proximidade, semelhança, padrões de interação perceptíveis e destino comum — sinalizem a presença da grupalidade. Se as pessoas estão no mesmo lugar ao mesmo tempo, provavelmente têm alguma semelhança. E outros sinais de semelhança — como uniformes, fisionomia ou interesses comuns, como jazz, ou luta medieval — fazem com que um conjunto de indivíduos pareça ainda mais grupal. Se houver um padrão perceptível nas interações desses indivíduos, isso indica familiaridade. E, quando as pessoas compartilham um destino comum, além desses outros sinais, temos o máximo de grupalidade possível!

Como falar sobre níveis maiores ou menores de grupalidade é difícil, muitas pessoas acham útil rotular diferentes tipos de grupos. Nos níveis mais baixos de grupalidade estão as categorias sociais: rótulos para características compartilhadas, como os introvertidos, os gourmets ou os espeleólogos. Ou, mais comumente, etnia, gênero e faixa etária (por exemplo, bebês, adolescentes, *millennials*, geração X etc.). Embora as categorias sociais denotem semelhanças, os membros de uma categoria social geralmente não têm proximidade, padrões de interação e um destino comum. Não são muito grupais.

Aglomerações como o público do Grow são mais grupais do que as categorias sociais. A proximidade de aglomerações pode implicar semelhança (que tipo de pessoa vai ao Grow em uma noite de quinta-feira?) e propósito compartilhado (sair, ouvir música, beber), e aumenta a possibilidade de um destino comum (o público ouve a mesma música; se o teto desabar, todos vão vivenciar isso juntos). Pode até haver padrões de interação, como bater palmas, ficar em silêncio ou fazer fila no bar.

Um pouco mais complexos são os grupos que atuam em conjunto, como as pessoas que trabalham em uma central de atendimento ao cliente. Todos operam no mesmo local, para a mesma empresa, e fazem as mesmas tarefas básicas. No entanto, para os grupos que atuam em conjunto, a maior parte do trabalho é independente, e o destino comum é mais fraco do que o mais grupal dos grupos: as equipes.

A definição clássica de *equipe* foi cunhada por meu mentor e colaborador, o falecido J. Richard Hackman, cuja pesquisa inspirou muito do que você vai ler aqui.[17] Richard era um gigante, literal e metaforicamente, em dinâmica dos grupos, com 1,98 metro de altura e uma voz grave e profunda. Ele adorava *junk food*, tanto que eu mantinha pipoca e doces perto da minha mesa para atraí-lo. E ele definiu o que significa ser uma *equipe de verdade*: um conjunto limitado de indivíduos que trabalham de forma interdependente para atingir um objetivo comum. As verdadeiras equipes são os grupos mais fáceis de identificar — times esportivos, bandas de jazz ou equipes de trabalho —, porque têm todos os quatro gatilhos de grupalidade: proximidade, semelhança, padrões de interação perceptíveis e um destino comum.

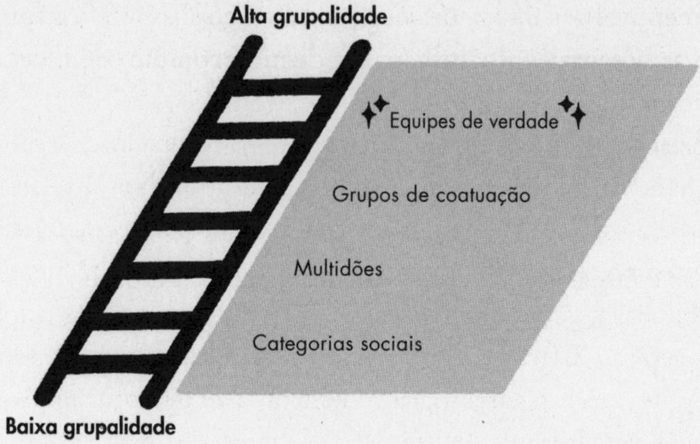

Equipes de verdade são a melhor ferramenta que a humanidade criou para resolver problemas. A colaboração funciona quando sabemos com quem estamos trabalhando e conhecemos os pontos fortes e as idiossincrasias de cada um, por exemplo: quem precisa de um lembrete por mensagem para a reunião ou de uma coca-cola diet para conseguir pensar melhor. Novos negócios, bandas, dinastias esportivas e ativistas políticos que mudam o mundo para melhor têm sido, historicamente, equipes de verdade, como o Comitê de Resgate de Emergência.

Mas equipes de verdade estão se tornando uma espécie em extinção. A pandemia de covid-19 e o home office aceleraram uma tendência de desarticulação que já estava em curso.[18] As antigas concepções de equipe estão perdendo força no ambiente corporativo. Arranjos de trabalho flexíveis, como cumprir o expediente de casa, deixam confusos gestores que estavam acostumados a confiar na proximidade para determinar os padrões de interação. Em muitas das empresas com as quais eu trabalho as equipes duram, no máximo, algumas semanas; elas trabalham juntas em um único projeto e depois seguem adiante. E muitas nunca se encontram pessoalmente. A grupalidade no trabalho está mais fraca do que nunca.

Nossas tendências coletivistas não estão mais fracas apenas em nossa vida profissional — estamos vivendo em uma era de individualismo sem precedentes. O declínio do coletivismo, da crença de que somos todos parte de um todo maior, tornou o mundo quase irreconhecível para nossos ancestrais um século atrás. De 1900 a 2000, os valores individualistas cresceram e os coletivistas diminuíram no mundo todo.[19] Mais pessoas vivem sozinhas. As famílias estão menores. Passamos menos tempo com nossos amigos e vizinhos. Usamos até mesmo uma linguagem mais individualista,[20] com palavras como *único*, *pessoal* e *independente*. Mais do que nunca, somos ensinados a pensar em nós mesmos como ilhas, isolados dos inúmeros coletivos dos quais fazemos parte.

Não surpreende que olhemos para os indivíduos como a causa do bem e do mal: estrelas e maçãs podres, celebridades e párias, heróis e vilões.[21] Glorificamos o indivíduo, atribuindo as conquistas das pessoas a suas características individuais. Perspicácia, talento e humildade explicam seus êxitos. Indolência, apatia e arrogância explicam seus fracassos.

Se você pegou este livro em uma livraria, talvez o tenha visto ao lado de biografias de celebridades ou de obras repletas de dicas e truques para manter a ilha do "você" saudável e feliz em um mundo turbulento. Para muitas pessoas, o indivíduo é o tópico mais interessante e mais importante — e o lócus da mudança no mundo. As soluções são adaptadas à nossa mentalidade individualista, na qual o aprimoramento começa e termina entre nossas orelhas, e não entre nossos pares.

Mas esse foco no indivíduo não parece estar melhorando o mundo. As pessoas se sentem mais solitárias e isoladas do que nunca.[22] Nossa saúde mental está em declínio, e nos transformamos em uma sociedade cheia de estresse, ansiedade e depressão. Como o sociólogo Robert Putnam observou décadas atrás, os fios que conectam nossas comunidades — nossos bairros, escolas e famílias — estão gastos.[23] Está mais difícil do que nunca nos fazer compartilhar uma causa comum.

Se você aprender a viver e trabalhar de forma coletiva e efetiva, poderá ajudar a reverter essas tendências. Você pode encontrar um equilíbrio que honre cada indivíduo de uma forma que fortaleça o coletivo, em vez de enfraquecê-lo. Pode encontrar o equivalente a *jam sessions* em que se conecte com outras pessoas. Pode reunir sua família, seus amigos, seus vizinhos e seus colegas de trabalho para cooperar. Os grupos oferecem um veículo para concretizar aquilo que você não consegue fazer sozinho e proporcionam um senso de pertencimento. O antídoto para muitos está embutido na dinâmica dos grupos. Um bom pensamento de grupo é capaz de fortalecer os relacionamentos, ajudando a nos mantermos juntos e, como no CRE, a tornar o "nós" mais importante que o "eu".[24]

A conclusão é que você deve usar seus "óculos de grupo" quando quiser entender ou mudar o mundo. Ir além das explicações individualistas para o seu próprio comportamento e o dos outros. Uma perspectiva coletivista oferece novos caminhos para melhorar sua vida e a vida dos demais. E, se você jogar as cartas certas, seu grupo pode se tornar mais do que a soma de suas partes e encontrar um estado coletivo quase mítico: a sinergia.

2. A alquimia da sinergia

Quando grupos são mais (ou menos) do que a soma de suas partes

Eu me apaixonei por jazz quando tinha treze anos. Embora meu trompete soasse como um bebê elefante chorão (usar aparelho nos dentes não ajudava muito), eu quis fazer um teste para a banda de jazz da escola. Então, para me inspirar, minha mãe me inscreveu para receber o kit de introdução ao jazz do clube de CDs da Columbia Records. O kit continha três álbuns: *The Hot Five and Hot Seven*, de Louis Armstrong; *Ellington at Newport*, de Duke Ellington; e *Kind of Blue*, de Miles Davis. Foi *Kind of Blue* que mudou minha vida.

Passe tempo demais ao lado de qualquer aficcionado por jazz e você corre o risco de ouvir falar de *Kind of Blue*. É o álbum de jazz de maior sucesso comercial de todos os tempos, com quase 5 milhões de cópias vendidas. É um clássico indiscutível, amado por todos, de Richard Wright, do Pink Floyd, à atriz britânica Judi Dench, passando por Questlove, do The Roots, e influenciou inúmeros músicos e artistas desde seu lançamento em 1959.[1] A paixão por *Kind of Blue* é tão clichê que, entre os músicos de jazz, é quase ridículo classificá-lo como seu álbum preferido. Quase.

As explicações para o sucesso do disco muitas vezes contrastam suas composições e improvisações exploratórias, melódicas e modais com as suas predecessoras do *bebop*, que eram mais intensas e harmônicas. E, é claro, os membros da banda eram todos gênios. O pianista Bill Evans e os saxofonistas John Coltrane e Cannonball Adderley passaram a liderar eles mesmos conjuntos historicamente grandiosos. O baixista Paul Chambers, o pianista Wynton Kelly e o baterista Jimmy Cobb são lendas indiscutíveis do jazz.

Mas o que torna *Kind of Blue* tão especial é que a combinação desses músicos específicos nesse álbum específico levou a algo maior do que a soma de suas partes.

Não gosto de reduzir música a palavras. Como disse o comediante Martin Mull: "Escrever sobre música é como dançar sobre arquitetura".[2] Portanto, ouça o álbum, se nunca o fez. Eu aguardo.

Talvez você tenha notado que a abordagem de improvisação de cada músico é um estudo de contrastes. Os solos de Davis são esparsos e frágeis. Os de Coltrane, encorpados e notáveis, pressagiando as "camadas de som" de sua música posterior. Os solos de Adderley e Kelly são versões blues do bebop. Os de Evans, exuberantes e meditativos. A abordagem idiossincrática de cada músico acentua a beleza dos demais, fazendo com que o conjunto brilhe e dando ao álbum seu caráter inigualável de reunir vários tons de... blue.

Há momentos raros, como a gravação de *Kind of Blue*, em que grupos são mais do que a soma de suas partes. Esses momentos são genuínas *sinergias*, essa palavra da moda muitas vezes ridicularizada devido ao seu uso no mundo dos negócios. Sinergia é quando o resultado coletivo é maior do que o que você poderia prever ao somar as capacidades individuais. Quando você faz parte de um grupo extraordinário, se sente inspirado a se dedicar mais do que achava ser capaz. Vocês se coordenam sem palavras, antevendo cada movimento um do outro, como um passe sem olhar no basquete. Suas habilidades se complementam. E vocês aprimoram uns aos outros, enquanto o chapéu seletor interno dorme em um canto.

Provar a existência da sinergia, no entanto, tem sido complicado. Requer comparações difíceis, às vezes impossíveis. Podemos provar que o produto de um grupo, como *Kind of Blue*, é de fato mais do que a soma de suas partes, dado que os indivíduos não têm como criá-lo sozinhos? Para estudarem a sinergia, os cientistas sociais precisam inventar maneiras de comparar o desempenho individual e o do grupo. Como no estudo de patentes e inovações visto no Capítulo 1, podemos comparar o desempenho de indivíduos que trabalham sozinhos com o de grupos que trabalham de forma colaborativa. Podemos perguntar se a mesma pessoa tem um desempenho melhor trabalhando sozinha ou em um grupo. Ou podemos comparar o resultado de um "grupo de coatuação", composto de indivíduos que trabalham de forma independente mas são alocados em uma única categoria, com uma equipe de verdade do mesmo tamanho. Não é fácil!

Ao longo das décadas, a busca pela sinergia teve muitas reviravoltas. Portanto, me acompanhe em estudos sobre a força de tração dos bois, pessoas gritando sozinhas em laboratórios e divertidos quebra-cabeças de atribuição de salas; ou pule para o final do capítulo, onde eu resumo as conclusões (mas você vai perder as piadas sobre bois).

A BUSCA PELA SINERGIA CONTINUA ENCONTRANDO PERDAS NO PROCESSO

A busca pela sinergia começou, talvez, com o primeiro experimento de psicologia da história. Ironicamente, esse experimento não foi conduzido por um psicólogo. E, dupla ironia, mostrou que os grupos eram significativamente *menos* do que a soma de suas partes.

Em 1882, um engenheiro agrícola francês chamado Maximilien Ringelmann estava obcecado em tentar descobrir o número ideal de bois para puxar uma carroça. Por exemplo, digamos que você seja um fazendeiro francês do século XIX. Você tem seis bois que puxam carroças para movimentar as coisas na fazenda, arando os campos e assim por diante. E — bônus — possui carroças de vários tamanhos. Como você deve distribuir os bois pelas carroças? Você quer que os seis bois puxem uma carroça pequena cada um? Seria melhor ter três carroças maiores, puxadas por dois bois cada? Ou uma carroça enorme puxada por todos os seis bois? *Sacrebleu!*

Bem, às vezes é necessário um grupo de bois (conhecido como junta) para puxar coisas realmente pesadas. E, lembre-se, a junta também precisa puxar o peso da pessoa que está dirigindo a carroça e o da própria carroça. Portanto, menos carroças significa maior eficiência, porque há menos peso para ser puxado (menos pessoas, menos rodas etc.). Mas, como qualquer fazendeiro do século XIX lhe diria, os bois têm dificuldade de trabalhar em equipe. Eles andam em ritmos ligeiramente diferentes. Às vezes, distraem-se com o pasto. E, de vez em quando, gostam de dar cabeçadas uns nos outros.

O que Ringelmann queria saber era: a força adicional de tração de uma junta de bois compensa seus problemas de coordenação? Ele organizou um experimento para descobrir quanta força era perdida com juntas de diferentes tamanhos. No entanto, os bois estavam mais interessados em mastigar a corda de Ringelmann do que em participar de seus estudos. Por isso, ele decidiu fazer o experimento com humanos.

Imaginava que as pessoas tinham alguns dos mesmos desafios de coordenação que os bois, porém com menos troca de cabeçadas, mas ficou surpreso com a extensão desses problemas. Em média, cada homem em seu estudo (eram todos homens) conseguia puxar cerca de 85 quilos quando trabalhava sozinho. No entanto, quando trabalhava em grupos de sete, puxava apenas 65 quilos cada um. Isso equivale a apenas 76% da soma das partes — uma queda de 24%![3]

Como muitas outras pesquisas sobre dinâmica dos grupos, as descobertas de Ringelmann foram ignoradas durante anos. Inclusive por ele próprio, que esperou mais de trinta anos para publicá-las.[4] Mas essa descoberta, conhecida como "efeito Ringelmann", provou ser sua contribuição mais duradoura para a ciência: à medida que os grupos crescem, a contribuição de cada indivíduo diminui. O efeito é mais acentuado em grupos menores, nos quais adicionar, por exemplo, a quarta pessoa a um grupo de três leva a uma grande redução na produtividade individual. Mas adicionar a vigésima quinta pessoa a um grupo de 24 tem um efeito muito menor.

A pergunta, porém, é: por quê? Será que tudo isso se deve a problemas de coordenação semelhantes aos dos bois? Ou as pessoas de fato se esforçam menos quando trabalham em grupo?

Na década de 1970, o psicólogo social Bibb Latané e seus colegas fizeram um experimento inteligente[5] para desvendar os dois pilares do **processo de grupo**: **coordenação** e **esforço**.

Para provarem que a coordenação não era o único problema em tarefas em grupo, eles usaram uma tarefa que não exigia coordenação: torcer. Os participantes foram informados de que faziam parte de um estudo sobre acústica. Fechados em uma sala com isolamento acústico, foram solicitados a pôr descolados fones de ouvido dos anos 1970. Em seguida, os pesquisadores disseram aos participantes ou que eles estavam torcendo sozinhos, ou com outra pessoa, ou com cinco outras pessoas.

Bem, como você pode suspeitar, era uma armação. Eles não faziam parte de grupos de verdade. O experimento era para ver se, quando uma pessoa acredita que faz parte de um grupo, ela se esforça menos. E foi de fato isso que eles descobriram. Em "pseudogrupos" de dois, as pessoas torciam com apenas 82% do barulho de quando acreditavam que estavam gritando sozinhas. E, quando acreditavam que estavam em grupos de seis, elas gritavam com ainda menos vigor – apenas 74% da intensidade de quando estavam sozinhas. Isso é muito próximo dos resultados que Ringelmann havia obtido quase um século antes.

Os pesquisadores também compararam pseudogrupos com grupos reais e interativos. Devido a problemas de coordenação, os grupos interativos tiveram um desempenho ainda pior do que os pseudogrupos. As duplas tiveram um desempenho de 71% de suas capacidades individuais, e os grupos de seis tiveram um desempenho de apenas 40%! De acordo com os pesquisadores, isso dá uma nova perspectiva a um velho clichê: "Assim como no caso de puxar cordas, parece que, quando se trata de bater palmas e gritar a plenos pulmões, mãos demais de fato tornam o trabalho mais fraco".

O engraçado é que muitas pessoas não percebem que não estão se esforçando tanto quanto poderiam em grupos, o que Latane e seus colegas chamaram de *indolência social*. Quando questionadas pelos pesquisadores, muitas pessoas juram estar se esforçando tanto quanto se estivessem fazendo a tarefa sozinhas. Parece que elas não têm ciência da redução de seu esforço. A indolência social pode ser inconsciente; nossos cérebros pré-históricos nos induzem a conservar energia para procurar comida, bebida ou sexo mais tarde (nossos cérebros primitivos são bastante hedonistas). Portanto, mesmo quando achamos que estamos dando tudo de nós em um grupo, talvez não estejamos.

Embora as primeiras pesquisas tenham sido sugestivas, devemos ter um ceticismo saudável em relação a qualquer estudo individual, em particular estudos psicológicos antigos. Queremos ver uma replicação consistente, ou seja, que os pesquisadores obtenham o mesmo efeito repetidas vezes. E é isso que a *metanálise* — o estudo de outros estudos — pode nos ajudar a entender. As metanálises agregam inúmeros estudos para avaliar o tamanho e a confiabilidade de um efeito.

Ocorre que a indolência social é de fato forte e confiável. Uma metanálise de 78 estudos confirmou que as pessoas se esforçam menos em grupos.[6] Quanto maior o grupo, menos elas se esforçam. A indolência social se dá em tarefas físicas, como puxar cordas, gritar e remar. E também em tarefas mentais, como brainstorming e avaliação de currículos de candidatos a emprego.[7] Ocorre em todo tipo de grupo, independentemente da cultura e da demografia (embora seja um pouco menos pior em culturas coletivistas do que em culturas individualistas).

O primeiro século de pesquisas sobre dinâmica dos grupos pintou um quadro pouco lisonjeiro destes. Os dois principais componentes do processo de grupo — coordenação e esforço coletivo — pareciam prejudicar o desempenho de cada indivíduo. Grupos criam desafios de coordenação e levam à indolência social. Assim, muitos pesquisadores começaram a acreditar que a sinergia dos grupos era uma farsa. Em 1924, Floyd Allport, um pioneiro da psicologia social experimental, escreveu que "as ações do todo não são nada mais do que a soma das ações de cada um tomadas separadamente".[8] E a visão de Allport pegou depois que muitas pesquisas feitas no pós-Segunda Guerra mostraram como grupos conformistas, irracionais e inteiramente malignos eram capazes de transformar pessoas boas e racionais. A busca pela sinergia foi suspensa, e a pesquisa dos grupos saiu de moda nas ciências sociais. Os psicólogos se voltaram para dentro para entender as experiências subjetivas individuais e o funcionamento do cérebro. Sociólogos e economistas analisaram culturas e nações, afastando-se cada vez mais da vida em grupo. A busca para descobrir os segredos da sinergia havia estagnado.

Na década de 1970, o psicólogo social Ivan Steiner propôs formalmente que a sinergia era um mito — e, ao fazer isso, reiniciou a busca por ela. Steiner adotou a posição lógica, porém extremista, de que os grupos são sempre menos do que a soma de suas partes; a questão seria saber quanto menos. Ele destilou sua teoria de cooperação na equação: AP = PP – PL.[9] Em inglês, isso significa que a produtividade real de um grupo (AP) é igual à produtividade potencial dos membros somados (PP), menos as "perdas do processo" (PL), ou seja, a produtividade perdida devido à indolência social e aos problemas de coordenação.

Um dia, na Universidade de Illinois, Steiner estava dando uma palestra, explicando sua teoria AP = PP – PL. Na plateia se encontrava o jovem estudante de doutorado Richard Hackman. "Onde está o PG?", perguntou Hackman, pressagiando seu eterno amor por acrônimos ambíguos. "Onde estão os ganhos do processo?" Steiner olhou sério para ele e disse: "Vou incluí-los na equação quando alguém provar que eles existem".[10]

Os ganhos de processo eram o Santo Graal dos primórdios da pesquisa dos grupos — uma evidência elusiva de que a sinergia não passava de um mito. Na prática, "ganhos do processo" são apenas outra forma (menos atraente) de dizer "sinergia". São momentos em que os grupos hipoteticamente aprimorariam o que os indivíduos fariam ou poderiam fazer sozinhos.

Richard e seus colaboradores (por exemplo eu!) passaram as décadas seguintes estudando como ajudar os grupos a minimizarem as perdas e promoverem os ganhos do processo. Os ganhos — essa sinergia alquímica — de fato existem. Grupos podem ser mais do que a soma de suas partes. As empreitadas solo dos Beatles não são tão valorizadas quanto seu trabalho em conjunto. Quase todas as organizações dependem de equipes para resolver problemas que nenhum indivíduo poderia resolver sozinho — Apple, Pfizer, Nasa etc. Até mesmo os grupos ficcionais se saem melhor — equipes como *Os vingadores* quase sempre superam as missões individuais. Não é possível derrotar Thanos até que todos trabalhem em conjunto.

$$AP = PP - PL + PG$$

produtividade real — produtividade potencial — perdas do processo — ganhos do processo

Fórmula de produtividade de grupo de Steiner (com adendo de Hackman)

Infelizmente, para mim, personagens de filmes da Marvel não contam como evidência científica (se contassem, facilitaria muito meu trabalho). Felizmente, a pesquisa sobre a sinergia avançou muito desde que Hackman sugeriu acrescentar os ganhos do processo à equação de Steiner.

O POTENCIAL DE PERDAS E DE GANHOS DO PROCESSO DEPENDE DA TAREFA

Um dos catalisadores mais importantes para a sinergia não tem nada a ver com as características dos membros ou com a forma como o grupo interage. É o trabalho que um grupo tenta realizar — a tarefa. As tarefas em que observamos evidências de indolência social são bastante diferentes daquelas em que os grupos superam consistentemente os indivíduos. A indolência social é mais comum em tarefas simples — puxar uma corda, gritar e bater palmas, ou mesmo em um brainstorming. No entanto, evidências de desempenho superior dos grupos surgem em tarefas complexas e de conhecimento intensivo, como inovação, invenção e pesquisa.

Mas a observação de que existe maior probabilidade de a sinergia de grupo ocorrer em tarefas complexas ainda precisava ser posta à prova. Para isso, o professor Abdullah Almaatouq, do MIT, se uniu aos colegas Mohammed Alsobay, Ming Yin e Duncan Watts, também pesquisadores de grupos. Eles criaram problemas de complexidade variável que podiam ser resolvidos por indivíduos ou grupos de três.[11] As tarefas eram quebra-cabeças lógicos com diversas soluções, como distribuir estudantes por dormitórios com regras sobre quem poderia dividir quarto ou ser vizinho. Os quebra-cabeças simples tinham apenas alguns quartos e regras, enquanto os complexos tinham muitos.

Essa abordagem permitiu que os pesquisadores fizessem diversas comparações. Quem resolveu melhor o problema (ou seja, seguiu as regras e cometeu menos erros)? O grupo? O indivíduo médio? O melhor indivíduo do grupo? E, o que é mais importante, quem foi mais eficiente – quanto tempo os grupos e os indivíduos levaram para ter um bom desempenho? Embora os grupos possam obter respostas melhores, eles podem também ser tão lentos que não são eficientes o bastante para se tornarem uma opção. Afinal, se os grupos são tão lentos e indolentes como Steiner pensava, talvez tivéssemos mais descobertas científicas se cada um trabalhasse por conta própria, ainda que os grupos acabassem apresentando ideias ligeiramente melhores.

Bem, eu provavelmente não estaria escrevendo este livro se os grupos não fossem bons para alguma coisa. Os pesquisadores descobriram que a sinergia é, de fato, mais provável de acontecer em tarefas complexas. Nelas, os grupos eram mais eficientes do que o indivíduo médio – ou até mesmo que o melhor indivíduo. No entanto, o oposto foi verdadeiro em tarefas simples: os grupos foram menos eficientes do que os indivíduos trabalhando sozinhos. Embora o melhor indivíduo tenha obtido respostas ligeiramente melhores do que o grupo em tarefas complexas, os indivíduos levaram quase 50% mais tempo.

Essas conclusões ajudam a resolver o aparente paradoxo entre as pesquisas que mostravam uma vantagem do coletivo em tarefas complexas, como invenções e descobertas, e uma vantagem do indivíduo em tarefas simples, como puxar uma corda. Se você estiver fazendo algo relativamente simples, grupos de coatuação, como call centers, funcionam bem. Mas, para tarefas complexas, você precisa de mais de uma mente trabalhando em busca de uma solução.

É claro que atribuir uma tarefa complexa a um grupo não basta, por si só, para que se obtenha sinergia. Muitos grupos que realizam trabalhos essenciais e complexos continuam a apresentar perdas do processo, e não sinergia. Então, quando é mais provável que a sinergia ocorra? É sobre isso que vamos falar ao longo do livro.

No desalmado jargão corporativo, a palavra *sinergia* é surpreendentemente adequada quando pensamos a fundo – sua origem grega significa literalmente "trabalho em conjunto". Mas sinergia não é um tipo qualquer de trabalho em conjunto. Ela representa os ganhos do processo sobre os quais Richard Hackman perguntou – quando o todo é mais do que a soma de suas partes. Davis, Coltrane, Adderley, Evans, Kelly, Chambers e Cobb fundiram seus estilos díspares em um todo coeso. Crick, Franklin, Watson e Wilkins combinaram seus conhecimentos e habilidades para descobrir algo que nenhum ser humano havia descoberto antes.

Quando decuparmos o processo de cooperação, espero que a sinergia não pareça mais tão misteriosa.

Mas a máxima de Steiner é o que me mantém ativo — as perdas dos processos estão por toda parte, enquanto a sinergia permanece elusiva. Isso porque grupos são sistemas sociais abertos,[12] em que os membros afetam uns aos outros, mas o mundo externo continua a se fazer presente. Para o bem ou para o mal, sistemas abertos não se prestam a um controle rígido e de cima para baixo. Em vez disso, precisamos pensar em termos do que Hackman chamou de "condições, em vez de causas".[13] Tentar produzir sinergia é como montar uma horta. Você tem algum controle sobre o solo e o local. Pode regar e fertilizar suas plantas. Mas não pode *causar* o crescimento delas. Você não controla o clima. Não controla pragas nem doenças. Você só pode fazer o melhor possível para criar as *condições* para que elas cresçam. Como?

3. Mais do que uma banda de um hit só

Como os grupos cooperam de forma efetiva

Se você já assistiu a algum episódio do programa *Behind the Music*, do VH1, sabe que as bandas raramente ficam juntas por muito tempo – em termos profissionais e pessoais. Os Beatles brilharam intensamente por sete ou oito anos, mas, no final, John, Paul, George e Ringo evitavam até mesmo estar no mesmo cômodo.[1] A maioria não sobrevive por tanto tempo. Há inúmeros exemplos de bandas de um hit só, que chegam ao topo das paradas mas se desintegram no caminho até lá. A banda The Knack teve um primeiro lugar em 1979 com "My Sharona", mas se desfez pouco tempo depois por causa de "divergências internas".[2] Mungo Jerry, banda de rock britânica, vendeu 30 milhões de cópias de seu hit "In the Summertime", de 1970; depois disso, uma briga interna pelo poder gerou um racha. Tocar junto e continuar junto é difícil.

Mas uma banda sobreviveu e prosperou no difícil mundo do rock and roll por mais tempo do que quase todas as outras. Os Rolling Stones estão juntos há mais de sessenta anos. Eles gravaram seu primeiro álbum em 1964, e o mais recente é *Hackney Diamonds*, lançado em 2023, em um evento não muito longe da minha casa em Hackney. Para um grupo de pessoas de setenta, oitenta anos, é impressionante lançar um novo álbum de rock e ser aclamado pela crítica. O *Times* elogiou-o como "o melhor álbum dos Rolling Stones desde 1978".[3] Eles continuam tendo êxito depois de todos esses anos.

A comparação entre os Rolling Stones e The Knack ou Mungo Jerry realça uma questão importante quanto ao significado de cooperação *efetiva*. A **coo-**

peração efetiva tem duas dimensões.[4] Primeiro, para considerarmos um empreendimento cooperativo efetivo, precisamos levar em conta o **desempenho na tarefa** – até que ponto o grupo realizou a função ou a tarefa para a qual foi formado. Os Rolling Stones, The Knack, Stratos e os Beatles deveriam fazer boa música e, com sorte, vender alguns discos e ingressos para shows ao longo do caminho. O Comitê de Resgate de Emergência conseguiu ajudar não apenas sua lista original de duzentas pessoas, mas também muitas outras a escapar da perseguição nazista. O grau em que os grupos atingiram seus objetivos é uma parte essencial da cooperação efetiva.

Mas o desempenho na tarefa é apenas metade da equação. Também precisamos levar em conta como a cooperação em grupo afeta os indivíduos envolvidos. Mais especificamente, como a cooperação molda o bem-estar dos membros do grupo e a disposição deles em voltar a trabalhar juntos, o que chamaremos de **satisfação dos membros**. Será que realmente queremos chamar Mungo Jerry de "grupo efetivo", se os membros se odeiam e nunca mais quiseram trabalhar juntos? Queremos classificar a cooperação em grupo de "efetiva" se a equipe vence um jogo mas não consegue disputar o seguinte? Se você fosse o CEO de uma empresa que funcionasse assim, logo seria demitido! Como estamos inseridos em comunidades e empresas, tendemos a cooperar com as mesmas pessoas repetidamente. O ideal é que um grupo não apenas sobreviva mas também melhore cada vez mais em termos de cooperação ao longo do tempo.

Se cooperar com você for sofrido, as pessoas podem se recusar a trabalhar com você novamente. É por isso que você e os outros membros precisam estar satisfeitos com a participação no grupo. Alguns grupos nem sequer têm um objetivo além de proporcionar diversão e bem-estar aos seus membros. A efetividade do seu clube do livro depende de mais do que suas análises perspicazes sobre literatura contemporânea; a continuidade de sua existência depende de os membros estarem satisfeitos em abrir mão de uma noite por mês para participar dele. E isso se aplica a todos os grupos. As pessoas saem do grupo se ele não estiver satisfazendo alguma necessidade ou desejo. Como Keith Richards disse em 1974: "Até agora, [tocar com os Rolling Stones] sempre foi agradável. Nenhum dos membros chegou a ponto de não querer mais fazer parte".[5] Esse é um requisito que muitos grupos não cumprem – sejam eles equipes de trabalho, associações ou famílias.

Nossas avaliações do mundo social têm sempre uma dimensão instrumental, que analisa o cumprimento das metas, e uma dimensão emocional e relacional focada em gostar, pertencer e ter prazer. Grupos precisam ser competentes em suas tarefas e promover a satisfação dos membros para serem considerados "efetivos". Uma equipe que concretiza o trabalho mas cujos envolvidos odiaram o processo e se recusam a trabalhar juntos novamente? Não é efetiva. Uma equipe que se diverte mas faz um trabalho medíocre? Não é efetiva.

Efetividade e sinergia estão relacionadas, mas não são sinônimos. Um grupo pode ser efetivo sem sinergia, por exemplo, fazendo uma boa escolha por voto majoritário. Um grupo de brainstorming pode eleger uma boa ideia apresentada por um único integrante. Um grupo de pais pode organizar o baile de formatura de seus filhos e arrumar tudo depois, com cada um dos membros indo mais devagar do que se estivesse sozinho, mas, ainda assim, se divertindo bastante. Esses são grupos que conseguem realizar suas tarefas com algumas perdas de processo aqui e ali. E todos podem estar perfeitamente satisfeitos assim! A sinergia relativa às tarefas pode ocorrer mesmo em grupos nos quais alguns membros estão insatisfeitos, como o que descobriu a dupla hélice do DNA. Em suma, a efetividade da equipe é uma função conjunta daquilo que os clientes do trabalho do grupo (por exemplo, quem recebe e avalia o resultado do grupo) acharam e do que os próprios membros acharam.

Embora um grupo como Mungo Jerry possa ser efetivo fugazmente, é mais provável que haja sinergia em equipes que permanecem unidas. O senso comum nos diz que grupos podem se tornar obsoletos depois de algum tempo. Mas não é isso que as pesquisas mostram. Uma metanálise de 169 estudos envolvendo mais de 11 mil equipes demonstrou que permanecer juntos leva a um melhor desempenho nas tarefas.[6] Equipes compostas de pessoas que fazem parte do mesmo grupo há mais tempo desenvolvem formas comuns de pensar sobre o trabalho. Seus integrantes se esforçam mais uns pelos outros. E descobrem como se coordenar de forma serena, o que os ajuda a evitar conflitos.[7]

Portanto, o desempenho das tarefas e a satisfação dos membros andam de mãos dadas. Vocês concretizam o que se propuseram a fazer. A sensação é boa. Então vocês permanecem juntos. E talvez aprendam um pouco sobre como trabalhar juntos durante esse processo. Assim como os Rolling Stones, podem se tornar uma equipe de verdade que encontra sinergia repetidamente, pois não apenas evitam perdas do processo – vocês também se coordenam de forma a extrair o melhor de cada um e a fazer um esforço adicional em nome do grupo.

Mas será que você precisa simplesmente estar na estação de trem certa na hora certa, como aconteceu com os fundadores dos Stones, Mick Jagger e Keith Richards?[8] Ou você pode se preparar para montar equipes de verdade de forma previsível?

EQUIPES DE VERDADE NA IDEO

Grande parte da imagem-clichê de empresa descolada e criativa do Vale do Silício nasceu na lendária consultoria de design Ideo. É uma empresa que eu – juntamente com a professora de Harvard Teresa Amabile e a professora da Universidade de Nova York Julianna Pillemer – estudei por muitos anos.[9] De acordo com a *MIT Technology Review*, a Ideo foi fundamental para "disseminar o valor da colaboração nos negócios".[10] Mas ela não se parece muito com uma empresa. O escritório da Ideo em Palo Alto parece um misto de start-up com playground. Em um tapete Astroturf há uma Kombi antiga transformada em sala de reuniões, repleta de bonecos dos Smurfs. Há um "Laboratório de Brinquedos", literalmente, onde os designers podem construir brinquedos para se divertir e, de vez em quando, lucrar quando os fabricantes aparecem e adquirem projetos promissores. E, é claro, há tudo o que hoje esperamos de uma empresa do Vale do Silício: mesas de totó, torneiras de cerveja e comidinhas por toda parte. É espantoso que alguém consiga trabalhar de verdade ali!

Embora os escritórios da Ideo pareçam jovens e vibrantes, ela é de meia-idade. Hoje uma empresa global com mais de quarenta anos, a Ideo faz parte da velha guarda do Vale do Silício. Em 1999, eles estavam no mais antigo dos programas de TV das antigas, *Nightline*,[11] redesenhando um carrinho de compras e popularizando o conceito de "design thinking", hoje ensinado em quase todas as faculdades de administração. O líder da equipe do Shopping Cart Project, Peter Skillman, resumiu o éthos da Ideo da seguinte forma: "O método de tentativa e erro esclarecidos triunfa sobre o planejamento do gênio solitário".

A Ideo também é tradicional na forma de colaboração: eles ainda trabalham em equipes de verdade que Hackman declarou como o padrão-ouro — grupos limitados e estáveis de dois a seis designers focados em um único projeto. Muitas empresas voltadas para o futuro hoje falam sobre colaboração em termos de "sistemas multiequipes"[12] (ou seja, redes de equipes), "cabalas",[13] ou "*teaming*"[14] — formas de descrever a colaboração com limites mais flexíveis e menos formalidades. Mas as equipes da Ideo ainda trabalham à moda antiga.

Grupos cooperam melhor quando são mais parecidos com equipes de verdade, que têm duas vantagens principais sobre grupos com conexões mais frouxas. Primeiro, as equipes de verdade têm um número limitado de membros, e estáveis. Pode parecer básico, mas um problema comum que os grupos de trabalho enfrentam é não saber com quem colaborar, mesmo quando há muita coisa em jogo. Em um estudo, por exemplo, a psicóloga organizacional Ruth Wageman e seus colegas fizeram uma pergunta simples a 111 equipes de alta gerência (identificadas pelo CEO): "Quantos membros há em sua equipe?".[15] Surpreendentemente, 93% das equipes de alta gerência divergiram quanto ao número de pessoas que faziam parte dela. Como Arturo Barahona, CEO da Aeromexico, exclamou quando informado sobre as estimativas dos membros de sua equipe de liderança: "Meu Deus! Se não pudermos fazer isso direito, como seremos capazes de liderar a empresa inteira?". É difícil trabalhar em conjunto se você não sabe com quem deve trabalhar!

Em segundo lugar, as equipes de verdade podem ter uma interdependência complexa. Como qualquer grupo, elas têm objetivo e destino comuns. Porém, como são pequenas e têm um limite claro, os membros podem monitorar as atividades uns dos outros e adaptar as respostas para aquela pessoa naquele momento. Podem ajustar a forma como cooperam em tempo real. Não precisam operar como linhas de montagem, e sim ter formas complexas e variadas de coordenação.

As equipes de verdade funcionam porque cumprem os três principais requisitos motivacionais: competência, pertencimento e autonomia.[16] Competência é o motor que nos leva a fazer o que precisa ser feito. Ela inclui necessidades importantes, como prover um teto sobre sua cabeça e manter você e seus entes queridos seguros. Ou menos importantes, como superar seu recorde pessoal em uma corrida no parque ou pegar um Snorlax no Pokémon GO. E equipes de verdade nos ajudam a nos sentirmos competentes porque nos permitem fazer coisas que não conseguiríamos sozinhos, como criar álbuns clássicos de jazz, projetar novos carrinhos de compras ou resgatar milhares de refugiados.

Equipes de verdade também ajudam a satisfazer nossa necessidade de pertencimento — nossos sentimentos de conexão com outros seres humanos.[17] A falta de pertencimento é a solidão, uma dor social que pode ser tão tóxica para a saúde quanto o cigarro ou a radiação.[18] Ser membro de um grupo pequeno e limitado de indivíduos nos dá alguma coisa à qual pertencer. Os grupos de amigos, as equipes de trabalho, os clubes de leitura, os times ou as bandas proporcionam um senso de identidade na vida que pode motivar as pessoas a agir pelo "nós", em vez de apenas pelo "eu".

Equipes de verdade nos dão a chance de satisfazer demandas de competência e pertencimento, e, ao mesmo tempo, manter nosso terceiro grande motor motivacional: a autonomia. Ela é o nosso senso de autodeterminação, de que somos os donos do nosso próprio destino. E, muitas vezes, ela entra em conflito com os outros dois motores. Às vezes, é preciso abrir mão de parte da autonomia para atingir uma meta — o que é a experiência de trabalho da maioria das pessoas. Você recebe dinheiro em troca de trabalhar para atingir as metas de outras pessoas. E, ao fazer isso, renuncia a certa liberdade no uso do seu tempo e esforço. O mesmo pode acontecer com o pertencimento. Identificar-se com grandes grupos, como religiões ou nações, significa seguir suas regras — mesmo que você não goste delas. Mas equipes de verdade, em termos ideais, são pequenas o suficiente para mantermos a sensação de controle e, ao mesmo tempo, atendermos às nossas outras necessidades.

O segredo é criar as condições para que as equipes de verdade consigam manter o equilíbrio entre essas três principais motivações. O segredo é estruturar a sinergia.

ESTRUTURANDO A SINERGIA

A Ideo faz mais para promover a sinergia do que apenas ter pessoas trabalhando em equipes de verdade. Também oferece às pessoas um trabalho que elas consideram significativo e interessante, o que as mantém motivadas. Os colaboradores da Ideo podem escolher como estruturar a interdependência, às vezes dividindo e conquistando, outras vezes improvisando projetos em tempo real.

Antes da década de 1970, a motivação era considerada sobretudo uma função de traços individuais – algumas pessoas eram simplesmente mais motivadas e esforçadas do que outras. Mas Richard Hackman e Greg Oldham pensavam que as características da **tarefa** em si poderiam ser tão ou mais importantes do que a personalidade ou a genética para explicar a motivação no trabalho.[19]

Hackman e Oldham deram início a uma revolução: as características da tarefa explicavam o que a pesquisa focada no indivíduo sobre as disposições do trabalhador não conseguia explicar. Uma metanálise que abrangeu 259 diferentes estudos, incluindo 219 625 pessoas,[20] constatou que Hackman e Oldham estavam certos: as características da tarefa são extremamente poderosas – elas explicam 34% da variação do desempenho e 55% da variação da satisfação no trabalho. Esses percentuais são gigantescos. Muitos artigos científicos conceituados apresentam valores de 1% a 2%. As características da tarefa têm um efeito mais forte sobre a efetividade coletiva do que o tabagismo tem sobre o risco de câncer,[21] e quase o mesmo que a influência do exercício sobre a saúde cardiovascular.[22]

Quais são essas incríveis características das tarefas? Elas são cinco: variedade, identidade, relevância, feedback e autonomia.

A primeira é a variedade da tarefa. Você sabe o que é chato e desmotivador? Fazer a mesma coisa repetidamente, como em uma linha de montagem. As pessoas ficam cada vez menos motivadas ao fazer trabalhos repetitivos, e, ainda assim, muitos empregos exigem isso. Na Ideo, entretanto, os funcionários trocam de projeto a cada poucos meses. E, em cada projeto, há muitas coisas diferentes a serem executadas — entrevistar e observar especialistas, brainstorming, criar e testar protótipos ou fazer apresentações para clientes. Embora a repetição seja útil para desenvolver conhecimento e eficiência, é muito difícil manter as pessoas interessadas em um trabalho monótono e repetitivo.

A segunda característica é a identidade da tarefa. O sucesso de Henry Ford foi construído com mais do que o projeto do Modelo T: ele se deu com o desenvolvimento das linhas de montagem. Como na maioria delas, os trabalhadores das fábricas de Henry Ford trabalhavam em apenas uma parte do carro. Muitos viam só uma parte do motor o dia inteiro, todos os dias, e com certeza não sabiam dizer em quais carros trabalhavam. Mas, desde então, descobrimos que isso é desmotivador — não ser capaz de apontar o resultado do trabalho que você executou. A Ideo faz constantemente referência a projetos no mundo que eles podem ver as pessoas usando. Os funcionários têm portfólios com os trabalhos dos quais se orgulham. Isso é motivador.

Em terceiro está a relevância da tarefa — o grau em que o trabalho afeta a vida dos outros ou em que é pessoalmente significativo. E, conforme demonstrou a pesquisa do psicólogo organizacional Adam Grant, uma das experiências mais significativas é ver seu trabalho ajudar os outros.[23] Isso pode ser tão simples quanto ver alguém dirigir o carro ou usar o carrinho de compras. Também pode ter uma relevância mais pessoal, como aprender a tocar um instrumento musical ou passar de fase no video game. Cada pessoa determina o que é "relevante" para si.

A quarta característica é o feedback em relação ao trabalho, pela capacidade de monitorar seu progresso. Por exemplo, imagine-se estudando para uma prova. Você lê livros, revisa suas anotações. Embora (provavelmente) esteja progredindo, você não consegue ver. No entanto, em aplicativos de educação como Khan Academy ou Duolingo, você vê o progresso à medida que avança. Esses aplicativos usam uma estratégia chamada "gamificação", que funciona porque fornece metas mensuráveis claras e feedback em tempo real sobre seu progresso. Jogos simples como o Pac-Man ilustram isso muito bem. Ele começa em um labirinto cheio de pontinhos, e você conclui um nível quando todos os pontinhos desaparecem. E é muito fácil ver seu progresso durante o jogo — os pontinhos desaparecem à medida que você os come. As tarefas mais motivadoras têm essa mesma característica: as novas fases do video game que são desbloqueadas, o protótipo da Ideo que está sendo desenvolvido ou as pessoas que estão sendo resgatadas pelo CRE.

E, por fim, temos a autonomia. Essa é uma das nossas principais necessidades psicológicas, portanto sua relação com a motivação é clara. As pessoas não gostam de se sentir controladas. Elas ficam desmotivadas e infelizes quando não se sentem no controle de seu próprio destino.

A autonomia extrema foi quase uma moda nos negócios por um tempo. A Valve, empresa de video games e criadora da plataforma de jogos Steam, ficou famosa por ter "vazado" um manual do funcionário que detalhava sua organização plana e antiautocrática.[24] Ninguém diz a ninguém o que fazer. Dias de férias ilimitados. Você precisa criar "cabalas" para realizar projetos, mas pode decidir sozinho se quer ou não fazer parte de uma. A Medium, plataforma de blogs, tentou um modelo de gestão semelhante, mas abandonou.[25] A Google tinha "20% de tempo" no qual os funcionários podiam fazer o que quisessem.

Infelizmente, muitas dessas tentativas de autonomia extrema fracassaram. Seres humanos são motivados pela autonomia — nisso eles acertaram. Mas programas como esses várias vezes erram porque os seres humanos prosperam com a autonomia *para* atingir seus objetivos, só que a cooperação exige um acordo sobre *quais* objetivos atingir.[26] Para que a sinergia tenha alguma chance, precisamos que os fins da nossa cooperação sejam claramente definidos — qual montanha escalar, qual carrinho de compras projetar ou qual livro ler. Sem dúvida podemos desenvolver essas metas coletivamente, mas isso é difícil. Muitas vezes, os líderes de grupo mais efetivos são diretivos em relação à meta, mas depois oferecem autonomia sobre como atingi-la. O famoso general norte-americano George Patton estava certo quando disse: "Nunca diga às pessoas como fazer as coisas. Diga a elas o que fazer, e elas o surpreenderão com sua engenhosidade".[27]

Isso nos leva de volta ao problema da abordagem "linha de montagem" para a colaboração. Quando você dita o processo com excesso de detalhes, quem é responsável quando as coisas dão errado? Quem projetou o processo! Quanto mais você dita aos outros como fazer o trabalho, mais tira o senso de responsabilidade deles. Isso é ruim para a motivação.

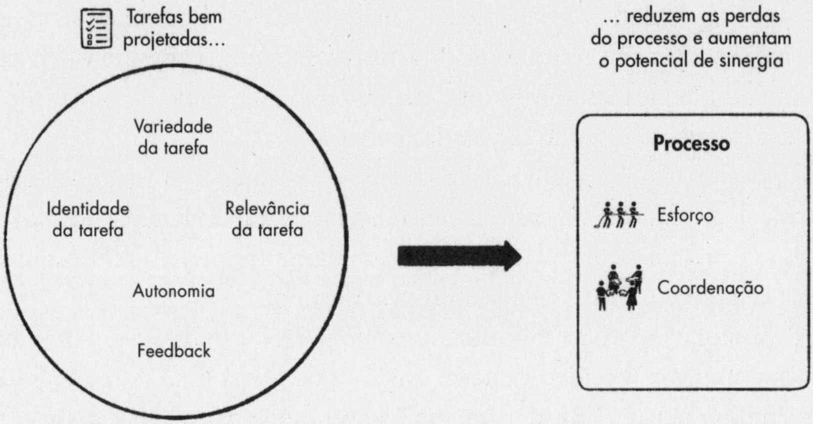

Talvez a lição mais importante da teoria do planejamento do trabalho desenvolvida por Hackman e Oldham seja o fato de que procurar o que causa a cooperação efetiva é inútil. A cooperação emerge de sistemas sociais abertos em fluxo contínuo; pessoas vêm e vão, e situações mudam. Não existe "um truque secreto" que nos permita cooperar de forma confiável dentro de um grupo ou entre grupos.

Em vez de procurarmos por uma única causa, devemos pensar nas condições em que surge uma colaboração efetiva.[28] É aí que vamos encontrar as condições que nos permitirão obter essa vantagem coletiva. E o design da tarefa talvez seja a condição mais importante – e mais negligenciada – na promoção da sinergia. Se quiser explicar o desempenho de um grupo, observe primeiro suas tarefas. Qual é a natureza do trabalho que o grupo está realizando? Os membros estão trabalhando em tarefas interessantes e motivadoras? Ou em tarefas chatas e desmotivadoras?

Examinar as características da tarefa pode nos ajudar a sair de nossa mentalidade individualista. Com muita frequência, fingimos que somos ilhas. Nossa tendência a nos enxergarmos como protagonistas nos leva a ignorar a verdadeira interdependência que temos com nossas famílias, amigos, vizinhos e colegas de trabalho.[29] E, ao não reconhecermos nossa interconexão, deixamos de investir nas condições para uma colaboração efetiva.

A pergunta que de fato queremos propor é: que outras condições nos ajudam a minimizar as perdas do processo e maximizar os ganhos?

4. Do *Scream Team* ao *Redeem Team*

Promovendo colaborações que vão além da formação de equipes

A equipe masculina norte-americana de basquete dominou as Olimpíadas, ganhando todas as medalhas de ouro de 1992 até 2020. Exceto em 2004.[1]

O time de 1992 estava repleto de estrelas. Dez dos doze jogadores, incluindo Michael Jordan, Magic Johnson e Larry Bird, estavam na lista oficial dos "Cinquenta maiores jogadores da história da NBA". Os jogadores haviam sido eleitos para a equipe All-Star da NBA 68 vezes, o que lhes valeu o apelido de "Dream Team". E o Time dos Sonhos fez jus ao nome, mantendo-se invicto no caminho para o ouro, derrotando os adversários por uma média de 44 pontos de diferença. Nas duas edições seguintes dos Jogos Olímpicos, os sucessores do Dream Team continuaram a arrasar o resto do mundo, vencendo 24 jogos em sequência e levando para casa três medalhas de ouro.

A equipe de 2004 chegou a Atenas liderada por dois grandes nomes de todos os tempos da NBA, Tim Duncan e Allen Iverson, e pelas jovens estrelas em ascensão LeBron James, Dwyane Wade e Carmelo Anthony. Embora aquele time estivesse aquém do poder das estrelas do Dream Team original, os observadores concordavam que a equipe norte-americana ainda era, de longe, a mais talentosa da competição.

Mas as coisas logo desandaram. Eles perderam o jogo de abertura por incríveis dezenove pontos — para Porto Rico, cuja equipe contava com um único ex-jogador da NBA, e sem nenhum jogo de All-Star ou da All-Time NBA no currículo. Acabaram perdendo não um, mas três jogos (o mesmo já perdido na história das Olimpíadas pela equipe norte-americana de basquete feminino, frequentemente ignorada). A equipe masculina de 2004 perdeu para a Lituânia na fase de grupos e para a Argentina na semifinal. Embora tenha voltado para casa com a medalha de bronze, seu desempenho foi visto como um fracasso retumbante. Metade das seis derrotas sofridas pela equipe norte-americana masculina de basquete ocorreu naquela desastrosa Olimpíada de Atenas em 2004.

Como foi que a equipe mais talentosa teve um desempenho tão ruim? Muitos sugeriram uma química ruim. No início da competição, seu exigente técnico, Larry Brown, criticou publicamente a equipe. "Estou irritado porque a mentalidade desse time tem sido assim desde o primeiro dia", disse Brown à imprensa quando vieram os primeiros percalços. "Agora temos que treiná-los melhor e ver se estamos preparados de verdade para ser uma equipe."

Mas eles nunca se tornaram a equipe que Brown esperava. O armador Stephon Marbury chamou os Jogos Olímpicos de 2004 de "os piores 38 dias da minha vida",[2] atribuindo a maior parte da culpa a Brown, por suas críticas implacáveis.

A equipe de 2004 estava mais para pesadelo do que para sonho – "Scream Team",[3] como disse uma manchete da ESPN. Será que a culpa foi da química ruim – a antissinergia que fez com que o todo fosse menos do que a soma de suas partes? Vamos analisar a questão.

FORMANDO UMA EQUIPE

Uma explicação popular para as dificuldades do Scream Team 2004 foi a falta de experiência coletiva.[4] Os jogadores eram jovens, com uma média de idade de cerca de 23 anos. Mais importante, os adversários haviam treinado e jogado juntos por anos, mas o time norte-americano quase não tinha experiência em jogar em equipe. O jornalista Alvin Chang descreveu como o basquete dos Estados Unidos ainda luta com a frequente rotatividade de jogadores e com o trabalho em torno da temporada da NBA: "É difícil para a equipe norte-americana mandar um grupo-base consistente de jogadores que tenham criado uma química entre si", escreveu.[5] "Não é nada comparável a Argentina, Espanha e até mesmo a Sérvia, em que os jogadores passaram dezenas de anos aprendendo os estilos de jogo uns dos outros, começando ainda na adolescência."

Mas a equipe norte-americana fez o que muitos consideram o melhor de tudo – um retiro! Ela não apenas treinou junta. Em vez de se hospedarem na Vila Olímpica, onde eram celebridades assediadas, com toda a distração provocada pela imprensa, ficaram em um megaiate chamado *The Queen Mary 2*, que Carmelo Anthony apelidou de "Deuce". Nele havia tudo o que o time precisava, inclusive uma quadra de basquete disponível em tempo integral. Era como um acampamento de verão, permitindo que a equipe se reunisse, se conhecesse e criasse confiança. Eles jogavam pôquer e faziam festas. Allen Iverson, um dos veteranos, era um incansável brincalhão. Como contou o companheiro de equipe Dwayne Wade: "O Iverson estava sempre brincando. Tipo, se você estava dormindo ele colocava alguma coisa no seu ouvido. Se você estava com fones de ouvido, ele tirava os fones quando você não estava olhando, e você pensava: 'O que aconteceu?'. Ele é muito rápido". Eles aprenderam que o atacante Lamar Odom era um DJ amador, e LeBron James, um devorador de livros.[6] Em suma, fizeram muito do que os defensores do *team building* aconselham para criar coesão social. Então, o que deu errado?

Muitas pessoas associam a melhora da química da equipe ao *team building*. Gestores, consultores e *coaches* do mundo todo o prescrevem para todos os tipos de problemas sociais. Mas o que é *team building*? Bem, uma boa explicação vem desses modelos de precisão: anúncios de TV. No final dos anos 2000, a American Airlines lançou uma campanha publicitária com o slogan "*Make your escape*" [Planeje sua fuga]. Uma situação da qual eles achavam que as pessoas gostariam de escapar era um workshop de *team building*. O anúncio começava com uma daquelas dinâmicas em que um participante se deixa cair para que outro o segure, mas que dá errado. (Facilitador: "OK, o que aprendemos com isso?".) Havia xadrez com peças humanas. (Facilitador: "Essa é uma jogada poderosa, porque ela pensou diagonalmente!".) Havia uma conversa sobre sentimentos enquanto se usava uma cartola com a palavra "HONESTIDADE".[7]

Eu também entraria no primeiro avião para fugir desse tipo de *team building*, porque ele se baseia em uma premissa equivocada: de que a confiança e a coesão social devem preceder o trabalho em equipe efetivo. A culpa disso, para mim, é do psicólogo educacional Bruce Tuckman. Na década de 1960, Tuckman criou um modelo de desenvolvimento de grupo que fazia sentido na época,[8] mas que pesquisas posteriores provaram ser enganoso.[9] O modelo deve parte de sua notoriedade à proeza poética de Tuckman em batizar as etapas do desenvolvimento do grupo: *forming*, *storming*, *norming*, *performing* e *adjourning* [formação, confrontação, normatização, atuação e dissolução].

Tuckman criou o modelo de palavras terminadas em *-orming* analisando estudos de desenvolvimento de grupos, que, na época, estavam repletos de pesquisas sobre sessões de treinamento para líderes comunitários no pós-Segunda Guerra, conhecidos como T-Groups. E, para ser justo, o modelo *-orming* de Tuckman faz um bom trabalho ao descrever grupos de treinamento, associações e outros coletivos que existem apenas para o benefício de seus próprios membros.

Mas o uso desse modelo em equipes de verdade causa todos os tipos de problemas. E um estudo ilustra bem esses defeitos.

Imagine que você é um estudante de administração. Pediram a você e a dois colegas que resolvam um "quebra-cabeça financeiro" em grupo. Você precisa estimar o preço das ações de uma empresa para o ano seguinte com base nos dados financeiros dos cinco anos anteriores. Você discute o assunto com seus colegas de grupo, mas os números não mostram uma tendência muito clara — 45 dólares por ação em um ano, mas depois quarenta dólares, 48 dólares, cinquenta dólares e 42 dólares nos seguintes. Seu debate com os colegas é rápido — vocês fazem alguns cálculos aproximados e chegam a um consenso com um número que parece razoável (basicamente, a média aritmética). Afinal, vocês estão praticamente chutando.

Mas, como sempre, existe um porém. O instrutor sabe a resposta certa, porque esses são dados reais de uma empresa de verdade. Surpreendentemente, ele diz que seu grupo se saiu muito bem — vocês ficaram entre os 20% melhores da turma! Em seguida, você preenche uma breve pesquisa sobre como foi trabalhar em seu grupo. Quão coesos vocês foram? A comunicação foi boa? Qual o seu grau de satisfação ao trabalhar com seu grupo?

Esse exercício imaginário se assemelha a um estudo de como as pessoas pensam sobre dinâmica dos grupos[10] realizado pelo psicólogo organizacional

Barry Staw, da Universidade da Califórnia, que foi reproduzido diversas vezes.[11] Nesse estudo havia ainda outro porém — o feedback em relação ao desempenho era aleatório. Os grupos eram informados de forma arbitrária de que haviam se saído bem (20% melhores) ou mal (20% piores), independentemente de suas estimativas. E os resultados mostraram que os relatos das pessoas sobre a dinâmica de seus grupos eram muito mais influenciados pelo desempenho que ouviam ter tido do que pela dinâmica dos grupos de fato. Os grupos que foram aleatoriamente informados de que tiveram um bom desempenho relataram ser mais coesos, tiveram a sensação de que se comunicavam melhor e estiveram mais abertos a mudanças do que os grupos aleatoriamente informados de que haviam tido um desempenho ruim.

A lição do estudo de Staw é de que a nossa percepção em relação ao desempenho na tarefa muda retroativamente a forma como avaliamos a colaboração do nosso grupo. É claro que sabemos quando as coisas são incríveis ou terríveis, mas a maioria das experiências em grupo está no meio-termo. Nessas situações medianas, pensamos em retrospecto sobre o que aconteceu em nossos grupos — pegamos indicações do desempenho e, a seguir, inferimos os aspectos efêmeros da dinâmica dos grupos que *acreditamos* serem a causa dele. Em outras palavras, a maioria das pessoas conserva teorias informais de que os grupos têm bom desempenho quando são coesos, motivados e se comunicam bem. Portanto, nosso cérebro conclui que, se obtivemos um bom resultado, o grupo deve ter tido uma boa dinâmica!

Diferentemente do estudo de Staw, o modelo *-orming* de Tuckman defende que os grupos precisam criar confiança e desenvolver normas antes de poderem executar uma tarefa (formação, confrontação, normatização, atuação). Você não pode simplesmente sair agindo sem estabelecer confiança! Mas esse é o mito quanto à formação de equipes. E isso não corresponde à realidade: a coesão social é tanto consequência quanto causa da cooperação efetiva.

Embora seja útil ter bons relacionamentos antes de começar a cooperar, a melhor forma de desenvolvê-los é efetivamente cooperando! No começo você pode ser indiferente aos seus colegas de equipe, mas é provável que passe a gostar deles e a entendê-los melhor depois de concretizar alguma coisa — vencer a partida, tirar nota máxima em um projeto de grupo ou fechar uma venda bem-sucedida. Aposto que os problemas de química do Scream Team não teriam parecido tão relevantes se eles tivessem vencido todos os jogos por quarenta pontos de diferença e levado o ouro para casa. Talvez eles nem se lembrassem dos desentendimentos que tiveram. Os problemas acabaram sendo amplificados pelo fracasso. A vitória cura muitos males, e a derrota os cria — grupos tendem a culpar uns aos outros e a se desentender quando as coisas dão errado.

As relações entre dinâmica dos grupos e cooperação efetiva são uma via de mão dupla. Quando cooperamos bem, nossos relacionamentos são fortalecidos. Quando cooperamos mal, são enfraquecidos. Isso pode soar óbvio, mas é o oposto da lógica de Tuckman e da formação de equipes. Para equipes de verdade, como o Scream Team, a boa dinâmica dos grupos não é um fim em si mesmo — é resultado da cooperação saudável. Com muita frequência, as pessoas tentam construir relacionamentos primeiro e cooperar depois. Mas os relacionamentos e a cooperação são um círculo sem começo nem fim, um Ouroboros, a serpente que morde o próprio rabo — você precisa de confiança para cooperar, mas precisa cooperar para desenvolver a confiança.

A melhor maneira de dar início a esse ciclo é com um lançamento forte e rápido para, em seguida, começar a trabalhar. Como o especialista em treinamento de equipes Eduardo Salas e seus colegas descobriram ao longo de muitos estudos, treinar equipes recém-formadas em ambientes que mimetizam tarefas[12] é um modo efetivo de formar uma equipe. Mas formar uma equipe fazendo com que as pessoas se concentrem na confiança e na coesão social por meio de atividades lúdicas? As evidências não são muito boas. Portanto, talvez, se o time norte-americano de basquete tivesse começado a treinar muito antes, em vez de confiar na formação de laços no iate, o Scream Team sentisse mais fortemente ser uma equipe de verdade.

COMPOSIÇÃO DO GRUPO: O SEU GRUPO É FEITO DO QUÊ?

Há uma explicação mais simples do que a química para o baixo desempenho do Scream Team: sua **composição**. Na época, os jogadores de 2004 eram os menos talentosos desde 1992. Tim Duncan e Allen Iverson eram os únicos NBA All-Stars, responsáveis por todas as treze presenças da equipe nessa lista (muito aquém das 68 do Dream Team original). Os futuros astros LeBron

James, Carmelo Anthony e Dwyane Wade tinham acabado de sair da adolescência, e ainda estavam por alcançar seus melhores anos. Grandes jogadores como Kobe Bryant, Kevin Garnett e Tracy McGrady recusaram a convocação. Como disse o jornalista Alvin Chang: "Os Estados Unidos acharam que poderiam enviar sua equipe B e ainda assim conquistar o ouro".[13]

O Scream Team carecia não apenas do poder das estrelas de seus antecessores, mas também de habilidades importantes. O time era repleto de atacantes baixos cujo estilo de jogo funcionava bem na NBA, mas que não era adequado para superar as defesas de zona física permitidas nas Olimpíadas. Também não tinham a habilidade de arremessar de longa distância, que era fundamental em competições internacionais; o Scream Team ficou em último lugar entre as doze equipes em cestas de três pontos convertidas por jogo, e em penúltimo lugar em porcentagem de arremessos convertidos (31,4%).

Como o time norte-americano descobriu, reunir os maiores nomes nem sempre é uma receita para o sucesso. Pesquisas confirmam a ideia de que equipes podem ter dificuldades quando há estrelas demais.[14] Mas uma equipe com excesso de estrelas é um problema raro, com o qual quase nunca é preciso se preocupar — o Dream Team original e a banda de Miles Davis se saíram muito bem! O time de 2004 tinha um problema mais recorrente: foi montado com base nos maiores nomes que estavam à disposição na época, sem muita atenção ao que a tarefa exigia.

FORMANDO EQUIPES DE DIVERSIDADE PROFUNDA

A sinergia exige diferentes conhecimentos, habilidades e perspectivas. *Kind of Blue* levitou devido ao contraste e à complementaridade entre os músicos. Watson e Crick não poderiam ter produzido nem compreendido a Fotografia 51, enquanto Wilkins e Franklin não teriam sido capazes de modelar a forma úmida do DNA sozinhos. As mais famosas equipes de verdade são caracterizadas por talentos variados e complementares. Bandas só de guitarristas ou só de bateristas raramente são bem-sucedidas, tampouco times de basquete só com armadores ou só com pivôs. O mesmo se aplica a equipes de trabalho, clubes sociais e partidos políticos — as chances de sinergia aumentam quando há diferentes habilidades e perspectivas à disposição.

Pesquisadores que estudam grupos diferenciam dois tipos de diversidade. Primeiro, existe a diversidade de "nível superficial": diferenças facilmente observáveis em categorias sociais, como etnia, gênero, idade e nacionalidade. Esses são os tipos de diversidade que recebem mais atenção por um bom motivo: há muito preconceito e discriminação com base nessas características. Esse é um grande problema. Devemos trabalhar incansavelmente para resolvê-lo.

Mas, da perspectiva da sinergia, formar um grupo com uma diversidade de nível superficial é apenas um caminho para se chegar ao segundo tipo: a diversidade de nível profundo. Diversidade de nível profundo diz respeito às diferenças reais no que as pessoas sabem, pensam e fazem.[15] Diferenças demográficas são, muitas vezes, indicativos de diferentes conhecimentos, habilidades e perspectivas, mas não uma garantia. E, se o que nos interessa é uma cooperação efetiva, então o que queremos é diversidade de nível profundo.

Em tese, a diversidade tem um efeito Cachinhos Dourados na efetividade da equipe (muito quente, muito frio, na temperatura certa) — porque tanto pouca diversidade quanto muita diversidade podem prejudicar a cooperação. Com pouca, temos conformidade. Esse é um problema tão comum que vamos dedicar toda a Seção II a ele. As pessoas se identificam e buscam pessoas que consideram parecidas com elas mesmas, um efeito conhecido como *homofilia*. Por causa da homofilia, grupos costumam ter membros que pensam de forma muito semelhante e detêm conhecimentos e habilidades redundantes. Uma metanálise de 146 estudos sobre a relação diversidade-desempenho mostrou que uma maior diversidade de conhecimentos melhora o desempenho da equipe, sobretudo em tarefas complexas.[16] Na maioria das vezes, os grupos são compostos de membros que pensam de forma muito semelhante. Portanto, o que eu geralmente prescrevo é adicionar diversidade de nível profundo.

Mas, em teoria, existe um ponto em que as pessoas pensam ou agem de forma diferente demais para conseguir cooperar de forma efetiva. Imagine um grupo em que cada membro fala um idioma diferente — se não houver um idioma comum, ele terá dificuldades para cooperar, porque os membros literalmente não vão se entender. Mesmo que consigam se comunicar, a diversidade de nível profundo aumenta as chances de conflito, o que pode inviabilizar a cooperação (mais sobre isso na Seção III): quando os membros têm perspectivas diferentes, crescem as chances de divergência. Logo, tende a ser mais difícil entrar em sincronia.

Além disso, qualquer tipo de diversidade pode evocar problemas do tipo "nós" e "eles". Esses problemas são heranças passadas, mal adaptadas ao mundo moderno. Como disse o famoso biólogo Edward O. Wilson: "O verdadeiro problema da humanidade é o seguinte: temos emoções paleolíticas, instituições medievais e tecnologia divina. Isso é extremamente perigoso, e hoje está se aproximando de um ponto de crise geral".[17] Nossos chapéus seletores internos fazem parte de um cérebro paleolítico, tentando nos manter seguros e cooperando uns com os outros. Mas esse modo pré-histórico de pensar pode ser ruim para a cooperação.

A visão distorcida que a mentalidade "nós" e "eles" nos dá — conhecida como "viés do favoritismo intragrupal" — prejudica a capacidade dos grupos de identificar e debater diferenças úteis. As pessoas têm medo de se manifestar. Diferenças de opinião são interpretadas como ameaças à coesão do grupo. Por décadas, pesquisadores acreditaram que a diversidade demográfica em nível superficial provocaria mais preconceitos do que a diversidade de nível profundo. E é verdade que grupos demograficamente diversos tendem, de início, a classificar uns aos outros em "nós" e "eles".[18] Mas será que isso prejudica mesmo o desempenho? Ou grupos demograficamente diversificados se acertam depois de trabalharem juntos por algum tempo?

A impressão é de que grupos demograficamente diversificados têm um bom desempenho — desde que pessoas de fora não estejam julgando o desempenho deles. Os psicólogos organizacionais Hans van Dijk, Marloes van Engen e Daan van Knippenberg descobriram que os possíveis efeitos negativos da diversidade superficial surgiam apenas quando o desempenho do grupo era julgado subjetivamente por pessoas de fora, como gestores que tinham pouco contato com a equipe. Quando o desempenho do grupo era objetivo — como indicadores financeiros ou tarefas com respostas certas —, a diversidade em nível superficial não tinha efeito nenhum sobre o desempenho.[19]

Essas descobertas têm implicações profundas. A preocupação de que grupos cada vez mais diversificados terão dificuldades para colaborar parece ser, na maioria dos casos, coisa da nossa cabeça. Equipes demograficamente diversas às vezes parecem ter mais dificuldades por causa dos vieses e do preconceito de pessoas de fora, não porque a diversidade seja inerentemente ruim para a cooperação. Embora haja um claro limite para o grau de colaboração entre pessoas com visões de mundo distintas, hoje não estamos nem perto dele. Se quisermos resolver grandes problemas, temos de encontrar formas de superar os preconceitos e os vieses oriundos da nossa tendência paleolítica de classificar uns aos outros. E isso começa com uma experiência real de cooperação com pessoas de perspectivas diferentes.

LENDO A MENTE ATRAVÉS DOS OLHOS

Habilidades e perspectivas distintas e complementares são muito importantes. Mas e quanto à diversidade de personalidades? Um equívoco comum é achar que "química ruim" é um choque de personalidades e de estilos de trabalho diferentes. Quando grupos vão mal, as pessoas tendem a culpar os caprichos daqueles com quem elas trabalharam. Grupos para trabalhos escolares, equipes para arrecadação de fundos em associações e forças-tarefa corporativas sofrem prejuízos pelas dificuldades existentes no trabalho com pessoas diferentes. Muitas empresas tentam contornar esse problema formando equipes com personalidades e estilos de trabalho compatíveis.

Mas as pesquisas não dão respaldo a uma abordagem única para a composição de equipes com base na personalidade ou no estilo de trabalho. O professor John Mathieu, da Universidade de Connecticut, um dos maiores especialistas em trabalho em equipe, analisou (junto com seus colegas) centenas de estudos que relacionavam a composição do grupo à efetividade.[20] Mas tiveram dificuldades para chegar a uma receita clara, escrevendo que a literatura "leva à conclusão inescapável de que é provável que não haja nenhuma combinação de membros ideal. Inevitavelmente, será necessário fazer concessões". Em outras palavras, a orientação sobre quantos introvertidos e extrovertidos devem ser reunidos provavelmente não tem utilidade. (Além disso, as ferramentas comumente usadas, como a classificação tipológica de Myers-Briggs, são pseudociência inútil.[21] Não as aplique para nenhum propósito sério.)

Existe uma única exceção. Os cientistas organizacionais Anita Woolley, Christoph Riedl e Thomas Malone lideraram uma equipe de pesquisa que, surpreendentemente, descobriu que o nível médio ou máximo de inteligência não ajuda muito a prever a efetividade do grupo. Woolley e seus coautores testaram todas as características que puderam medir para prever o sucesso de grupo, e todas as formas de combiná-las: média, mínimo, máximo, variação.

E, dentre todas essas características, apenas uma despontou como indicador da efetividade do grupo: a sensibilidade social.[22]

Sensibilidade social é a capacidade de detectar as emoções dos outros por meio de sinais não verbais. Em outras palavras, se você é bom em ler intuitivamente os sentimentos alheios, é provável que tenha alta sensibilidade social. Até onde sabemos, ela não tem muito a ver com a inteligência individual. No entanto, é a chave para a *inteligência coletiva*, ou seja, a capacidade de um grupo de desempenhar com efetividade uma variedade de tarefas.

O teste que usamos para medir a sensibilidade social é divertido. Chama-se "teste de leitura da mente através dos olhos".[23] Nele, você vê uma série de recortes retangulares de olhos e sobrancelhas. Em seguida, são dadas quatro opções para a emoção que a pessoa relatou estar sentindo quando a foto foi tirada. Por exemplo, a pessoa estava sentindo inveja, pânico, arrogância ou ódio? Cada resposta certa vale um ponto.

A pontuação média de todos os membros do grupo nesse teste é a melhor ferramenta que temos para prever a cooperação efetiva em uma ampla variedade de tarefas, além de seus conhecimentos e habilidades relevantes à tarefa.[24]

Em média, as mulheres têm um desempenho melhor do que os homens nesse teste.[25] Portanto, grupos com mais mulheres tendem a ter mais inteligência coletiva e a cooperar de forma mais efetiva. É importante observar, no entanto, que o gênero não provoca a inteligência coletiva; o que importa é a sensibilidade social.

Por que a sensibilidade social afeta a inteligência coletiva? Pessoas socialmente sensíveis podem ajustar seu próprio comportamento para acomodar os sentimentos dos colegas de grupo. Uma pessoa está sobrecarregada? Você percebe que ela precisa de ajuda. Alguém está muito entusiasmado? Você pode se inspirar nisso. Embora existam outras formas de ser um ótimo colega de equipe, a sensibilidade social é a característica que os cientistas sabem como medir que melhor prevê a efetividade do grupo em uma ampla variedade de tarefas.

TAMANHO É DOCUMENTO

Deixei a pergunta mais importante sobre a composição do grupo para o final: qual deve ser o tamanho do seu grupo? Quanto maior, melhor, certo? Quanto mais mãos, menor o esforço, e coisas do tipo. Isso é muito bom se tivermos um grupo de coatuação, como uma central de atendimento. Mas equipes de verdade precisam que todos estejam em sincronia. E, como uma junta de bois, quanto maior a equipe, mais difícil será sincronizá-la. Então, qual tamanho é grande demais e qual é pequeno demais?

Felizmente, esse é o tipo de pergunta que pesquisas são capazes de responder: equipes de verdade devem ter de três a sete membros. Em média, grupos com três a sete membros têm melhor desempenho (embora isso dependa, claro, da tarefa).[26] E a satisfação dos membros da equipe atinge o pico entre quatro e cinco membros.[27] Portanto, equilibrando a satisfação dos membros e o desempenho da tarefa, temos de três a sete membros.

O raciocínio é matemática simples: em um grupo, o número de relacionamentos diádicos (ou seja, vínculos entre pares de membros) aumenta exponencialmente com a adição de cada membro, porque cada novo membro tem um relacionamento com cada um dos demais. E cada relacionamento abre a possibilidade de que haja perspectivas não compartilhadas, mal-entendidos e conflitos. Uma dupla precisa gerenciar apenas um relacionamento. Um grupo de cinco pessoas, no entanto, precisa lidar com dez relacionamentos diádicos. Um grupo de dez precisa gerenciar 45. E um grupo de vinte tem 190 relacionamentos diádicos! Em um grupo de vinte pessoas, provavelmente há pares que mal se conhecem. As chances de sinergia são baixas, e é quase garantido que haja perdas do processo.

Quando digo isso aos gestores, eles entendem. Mas odeiam ouvir, porque têm equipes muito maiores, geralmente de dez a trinta membros. Portanto, se você tiver uma "equipe" maior, provavelmente vai precisar dividi-la em diferentes tarefas, como uma força-tarefa, um grupo de projeto ou um comitê. E esses novos grupos devem ter de três a sete membros. Não há nada pior do que uma reunião com vinte pessoas tentando ter um debate significativo e tomar uma decisão — exceto uma reunião com 25 pessoas! Não faça isso. Essa é a causa da má fama das reuniões. Se o seu grupo tem 25 membros, você tem uma pequena organização, não uma equipe de verdade. Subdivida o trabalho e o grupo, para não causar sofrimento à equipe. Grupos maiores podem votar em propostas, fazer comentários e perguntas ou dividir o trabalho. Mas eles não têm a flexibilidade inerente aos grupos menores. Portanto, lembre-se: em grupos, tamanho é documento. Mas maior não é sinônimo de melhor.

Uma última observação sobre tamanho do grupo. É comum haver grupos muito grandes porque grupos procuram resolver problemas acrescentando mais membros. Está faltando uma habilidade ou um determinado especialista? O projeto está atrasado? Vamos agregar mais uma pessoa! Grupos de todos os tipos — de gestores de alto escalão a associações de pais e professores, de conselhos administrativos a clubes do livro — quase sempre aumentam em número com o passar do tempo, porque pedir para as pessoas saírem é constrangedor, mas pedir para elas entrarem é fácil. Empresas, em particular, na maioria das vezes entendem que precisam crescer para mostrar que são bem-sucedidas.

No entanto, expandir o grupo não é obrigatoriamente o melhor caminho se você precisa concretizar coisas. Fred Brooks, engenheiro de software da IBM, cunhou sua famosa Lei de Brooks: "Adicionar mão de obra a um projeto de software faz com que ele atrase ainda mais".[28] Embora seja um exagero, há um fundo de verdade nisso. Quando há pessoas demais, não trabalhamos tanto quanto poderíamos (preguiça social) e fica mais difícil coordenar o projeto; as perdas do processo comprometem o potencial de sinergia. Portanto, a quantidade certa de qualquer recurso, inclusive de pessoas, é: "Apenas o necessário, mas não demais". (Alerta: se um grupo estiver trabalhando duro e não dispuser de recursos suficientes, os gestores devem estar dispostos a fornecer-lhes mais. Mas é melhor começar com menos e ter de pedir mais do que começar com excesso.)

Resumindo, então, equipes de verdade — aquelas que buscam sinergia — devem ter de três a sete membros. Os líderes devem procurar membros com sensibilidade social e habilidades e perspectivas adequadas, porém diversificadas. E essas equipes devem ser treinadas juntas e começar a cooperar o mais rápido possível. Pode pular o *team building* na fórmula de Tuckman.

DEFININDO OBJETIVOS: AS CARACTERÍSTICAS DAS METAS COOPERATIVAS ADEQUADAS

Depois da Olimpíada de 2004, a confederação norte-americana de basquete masculino montou uma combinação melhor de jogadores, com habilidades adequadas à competição internacional, em vez de apenas reunir os maiores astros. Alguns dos fracassos de 2004, no entanto, foram provocados pelo contexto de atuação.

Participar da Olimpíada de 1992 parecia uma missão importante para um jogador de basquete norte-americano. Os astros da NBA estavam ansiosos para vingar as derrotas da equipe do país contra a União Soviética em 1976 e 1988, lutando sua Guerra Fria particular. Mas, em 2004, a Guerra Fria havia acabado e essas derrotas já tinham sido vingadas havia muito tempo. Os principais rivais eram agora a Argentina, a Itália, a Lituânia e a França — e não o "império do mal" soviético, que outrora assombrara o imaginário dos Estados Unidos. Disputar as Olimpíadas não parecia mais tão importante para jogadores que precisavam descansar o corpo após a temporada da NBA. Como observou Gregg Popovich, auxiliar técnico do Scream Team: "Não se pode culpar os jogadores norte-americanos que vieram às Olimpíadas. Não podemos culpá-los por quererem fazer turismo e sair para jantar. Não era uma meta para eles. Era uma viagem de férias para jogar basquete".[29]

Em 2005 Mike Krzyzewski, o famoso treinador da Universidade Duke, conhecido como "Coach K", assumiu o comando da equipe masculina dos Estados Unidos. A imprensa apelidou o time que competiu na Olimpíada de 2008 de "Redeem Team", o que iria redimir o fracasso de 2004. Krzyzewski era um treinador universitário de carreira com pouca experiência na NBA. Para convencer os melhores jogadores da NBA, como alguns que haviam ficado de fora 2004, ele acreditava que a mentalidade das viagens de verão precisava mudar.

Felizmente, para ele, convencer os melhores jogadores não foi problema. O núcleo jovem e inexperiente da equipe de 2004 — LeBron James, Dwyane Wade e Carmelo Anthony — não era mais tão jovem e inexperiente em 2008. Entravam no auge de suas carreiras, tinham jogado juntos e melhorado seus arremessos de três pontos; LeBron era comparado aos melhores da história. LeBron, Dwyane e Carmelo estavam inflamados e motivados para mudar a narrativa de 2004. E Kobe Bryant, provavelmente o jogador mais proeminente a ficar de fora em 2004, emprestou à equipe seu foco absoluto em vencer a qualquer custo. Outros grandes jogadores da NBA seguiram seu exemplo e responderam à convocação. Montar uma equipe bem-sucedida, com a combinação certa de habilidades, foi muito mais fácil dessa vez.

Krzyzewski e o diretor da confederação, Jerry Colangelo, aproveitaram a oportunidade para fortalecer as bases do grupo. Para fazerem parte da equipe, os jogadores agora tinham de assumir um compromisso de três anos treinando com o time norte-americano. Os Estados Unidos finalmente seguiam o exemplo de outras equipes bem-sucedidas – e aquilo que as pesquisas recomendavam. Times que treinam unidos e permanecem unidos melhoram com o tempo.

Krzyzewski fez uma preleção contida para uma posterior iteração da equipe norte-americana no início dos treinos. "Todos nós poderíamos estar fazendo um monte de outras coisas agora", começou ele, dirigindo-se ao bando de multimilionários mundialmente famosos.[30] "Isso é a coisa mais importante que vocês poderiam fazer, e é uma experiência incrível, porque vocês podem jogar pelo seu país. Mas todos vocês vão crescer. Mesmo nesses quatro dias [de concentração] em que estamos juntos, vocês vão crescer. Vão crescer porque cada um faz o outro crescer. Todos vocês são jogadores excepcionais, e jogar contra outro jogador excepcional ou ao lado de jogadores excepcionais faz vocês crescerem."

E continuou: "Vocês não vão ser julgados por terem sido titulares da equipe norte-americana, nem por terem o maior número de pontos ou de rebotes. A pergunta vai ser uma só: 'Vocês ganharam?'. E é nossa responsabilidade que cada jogador do time tenha uma resposta só: 'Sim'".

Nessa preleção, Krzyzewski cumpre os critérios fundamentais para a formação de uma equipe. Primeiro, ele articula uma *meta clara* (ganhar a medalha de ouro). Mas também explica por que é *importante* atingir essa meta. É importante não para a glória individual como titular nem como líder em cestas ou rebotes, mas para a identidade compartilhada do "seu país". E também aborda por que valem a pena as concessões envolvendo necessidades individuais e coletivas. Nesse caso, você se beneficia como indivíduo ao se tornar um jogador melhor – o processo literal ganha com a participação no grupo. O fato de ganhar ou perder não afeta em muito a riqueza e a fama individuais; eles já chegaram perto do topo em suas carreiras. Mas uma só pergunta será feita sobre essa experiência – e eles sabem o que acontece com ambas as respostas.

Espero que não seja tão surpreendente que ter **metas claras** e **importantes** seja essencial para se iniciar uma colaboração efetiva.[31] Metas específicas e significativas e cooperação efetiva andam de mãos dadas. Grupos precisam que as pessoas queiram fazer parte deles e que deem o melhor de si. As equipes masculinas norte-americanas de basquete de 1992 e 2008 foram alimentadas por um propósito que se baseou em identidades profundas enquanto norte-americanos e grandes atletas. As derrotas em 1988 e 2004 puseram em xeque a ideia de que o basquete dos Estados Unidos havia chegado ao topo. Isso fez com que mais pessoas aderissem à causa do grupo.

E, uma vez formado o grupo, ter um objetivo claro dirige a atenção de todos os membros para o mesmo fim. Se estivermos tentando ir para dois lugares distintos, a separação é inevitável. Objetivos claros são tanto autoajuda quanto um fundamento básico de gestão. Clareza corresponde aos componentes "Specific" e "Measurable" das chamadas metas SMART (*Specific, Measurable, Achievable, Relevant, Time-bound*) [específico, mensurável, alcançável, relevante e com prazo determinado], ensinadas em toda parte, de programas de MBA de Harvard até as aulas de educação física no colégio do meu filho. Essas metas ajudam pessoas diferentes a visualizarem o futuro de forma semelhante, permitindo que assim coordenem suas ações.

Mas a razão pela qual a definição de metas é ensinada em todos os lugares é porque, muitas vezes, ela é algo malfeito. E isso se deve ao fato de haver uma tensão oculta entre clareza e importância. As metas mais importantes são abstratas. Os admiráveis "Grandes Desafios" da ONU, por exemplo, incluem o aprimoramento nos direitos humanos, a redução da pobreza, a disseminação da democracia e a provisão de paz e segurança. Muito importantes, mas não específicos nem mensuráveis.

Essa tensão inerente entre clareza e importância dificulta a organização de uma colaboração efetiva em torno de metas significativas. Andrew Carton, professor da Universidade da Pensilvânia, estudou extensivamente a tensão clareza-importância, observando que "as próprias características que tornam as maiores aspirações significativas — amplitude e atemporalidade — comprometem a capacidade de os funcionários verem como suas responsabilidades diárias estão associadas a elas".[32] A solução, sugere ele, é que os líderes usem uma linguagem que descreva como será o futuro quando atingirmos a meta. Por exemplo, em 1980, Bill Gates imaginou um futuro com "um computador em cada mesa de trabalho e em cada casa", motivando o grupo que se tornou a Microsoft. O presidente norte-americano John F. Kennedy revigorou a Nasa, em vias de falência, pedindo que levassem um ser humano à Lua antes do fim da década. Se Krzyzewski quisesse dar um passo além, poderia ter pedido aos jogadores que se imaginassem no pódio com o mundo inteiro assistindo, recebendo suas medalhas de ouro ao som do hino norte-americano. Uma imagem vívida e compartilhada do futuro nos ajuda a gerir a tensão entre clareza e importância.

Metas coletivas precisam de um último ingrediente: serem desafiadoras. Mas esse desafio precisa ser específico.

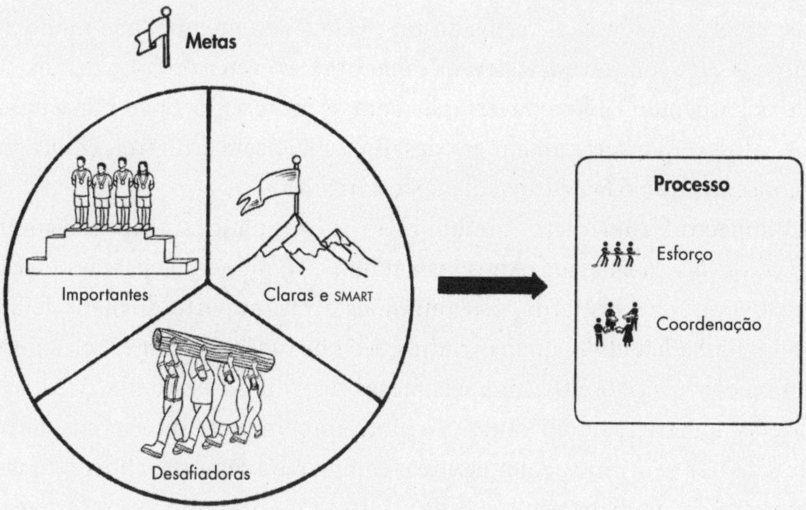

Os psicólogos organizacionais Ed Locke e Gary Latham descobriram as profundas implicações desse princípio.[33] Em vários estudos, compararam metas do tipo "Dê o seu melhor" com metas específicas, mensuráveis e desafiadoras. O engraçado é que, se levado ao pé da letra, "Dê o seu melhor" é a meta mais desafiadora que alguém pode estabelecer: significa que você precisa equiparar-se a tudo ou superar tudo o que já alcançou no passado. Mas "Dê o seu melhor" não produz esse resultado. Pesquisas demonstraram que, se a pessoa tivesse a sensação de que a meta mensurável era possível de ser alcançada (mesmo que fosse extremamente difícil), um número específico e desafiador ajudava as pessoas a superarem metas do tipo "Dê o seu melhor".

Em 1975, Latham havia deixado temporariamente o mundo acadêmico e estava trabalhando para a madeireira Weyerhaeuser, em Tacoma, no estado de Washington. Ele e seu colega James Baldes elaboraram um estudo para pôr à prova essa teoria de definição de metas na Weyerhaeuser.[34] Eles notaram que os 36 caminhões de transporte de madeira da empresa costumavam ser carregados com apenas 60% de sua capacidade antes de partir. Isso era uma grande ineficiência para a empresa. Mas os motoristas não se importavam; eles recebiam um valor fixo por hora, independentemente da quantidade de madeira que transportassem.

Latham e Baldes pediram que fosse dada aos motoristas uma meta do tipo "Dê o seu melhor", para estabelecer um parâmetro. Embora o "melhor" fosse mensurável e evidente, as metas do tipo "Dê o seu melhor" não mudaram a situação – eles continuaram a levar caminhões com cerca de 60% da capacidade. Mas Latham e Baldes conversaram com os motoristas e pediram a opinião deles sobre o que seria uma meta desafiadora porém atingível. Chegaram a um consenso de 94% da capacidade de carga.

O impacto foi imediato. Em um mês, os caminhões transportavam mais de 70% de sua capacidade. Após mais um mês, o número já passava de 80%. E, quatro meses mais tarde, os caminhões estavam perto da meta de 94%. Embora tenha havido pequenas flutuações nos meses seguintes, eles permaneceram em torno de 90% nos seis meses restantes do estudo.

Metas numéricas desafiadoras nos motivam porque tocam em nossa necessidade de nos sentirmos competentes, como se fôssemos senhores do nosso ambiente. Elas transformam conceitos importantes porém abstratos em algo sobre o qual podemos agir de imediato.

Mas metas não são apenas um veículo para a conclusão de tarefas. Todo grupo tem metas de tarefas e metas relacionais. É apenas uma questão de importância relativa. Os grupos de amizade são quase inteiramente relacionais (com tarefas ocasionais, como ajudar na mudança ou levar comida quando o outro está doente). Grupos e equipes de trabalho priorizam as tarefas em detrimento dos relacionamentos, mas, ainda assim, precisam promover relacionamentos e não ser tão terríveis a ponto de fazer todo mundo desistir. Famílias têm mais a ver com relacionamentos, mas também envolvem tarefas, como administrar as finanças da casa, alimentar e vestir cada membro ou criar filhos felizes e saudáveis. Grupos sociais, como clubes de leitura, estão em um ponto intermediário.

Você deve estar enxergando a perspectiva coletiva começando a tomar forma, espero. Até aqui, abordamos três condições essenciais que dão origem a grupos efetivos: tarefas, composição e metas. Esses são três dos quatro aspectos principais do que chamaremos de **estrutura do grupo** — o DNA do seu grupo.

A estrutura molda o processo de grupo. Boas metas e tarefas bem elaboradas são motivadoras e ajudam na coordenação. Equipes de verdade bem compostas têm mais facilidade para coordenar suas ações. Se os grupos alinham seus esforços de forma efetiva, eles geralmente afinam suas metas e tarefas iniciais, aprimorando ainda mais o processo. Não admira que eles sejam ainda mais efetivos.

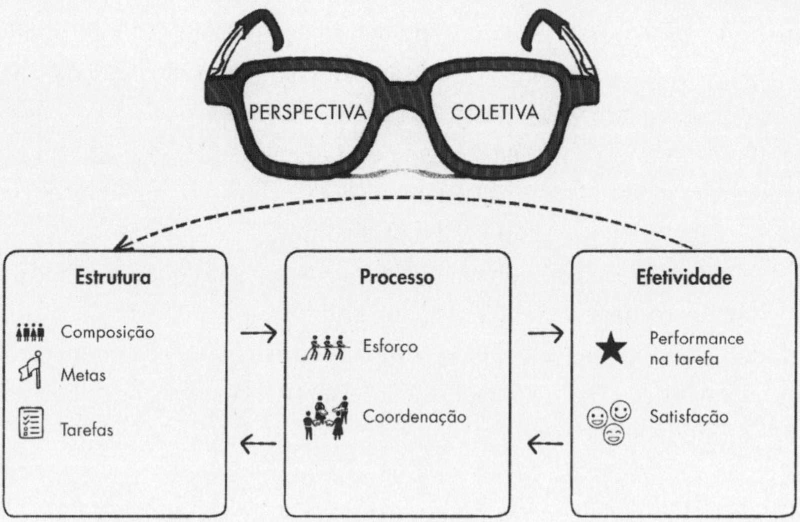

Esses benefícios levam a um círculo virtuoso. Equipes que trabalham duro e coordenam seus passos de forma eficiente têm muito mais probabilidade de realizar bem suas tarefas. E as pessoas gostam disso! Elas ficam mais satisfeitas com a participação no grupo. Membros mais satisfeitos têm maior probabilidade de se esforçarem ainda mais em nome do grupo. Com o tempo, os grupos efetivos mantêm seus membros — e atraem novos de alto valor. E os membros costumam aprender e mudar com a participação no grupo, expandindo sua base de conhecimentos e suas habilidades. Eles estabelecem novas metas, coletivamente. Aperfeiçoam sua estrutura inicial. Fazer parte de um grupo efetivo — seja uma empresa, seja uma escola, seja a família — pode ajudar você a crescer; você aprende e aproveita mais.

E o oposto é válido quando a estrutura do grupo é falha. Metas pouco claras e tarefas desmotivadoras provocam insatisfação. Você não obtém aprimoramento nas suas habilidades por fazer parte do grupo. Os membros não dão o máximo de si. O grupo tem dificuldades para atrair novos membros talentosos. Ninguém se importa em corrigir os objetivos mal descritos e as tarefas mal elaboradas. O grupo cai em um ciclo disfuncional do qual é difícil escapar. E é péssimo ser parte do grupo. Os membros vão embora e ele se desintegra.

É por isso que o lançamento é um momento tão crítico na vida de um grupo — é quando a estrutura se transforma em processo coletivo. Se você é um líder formal, pode ajudar seu grupo a maximizar as chances de sinergia montando cuidadosamente a equipe, articulando as metas e elaborando tarefas motivadoras. Se for um membro, pode ajudar a dar vida à estrutura debatendo — e até questionando — as metas, as tarefas e a composição. Esses debates mantêm todo mundo na mesma página e são facilmente desencadeados por qualquer membro que faça uma pergunta. Não é necessária nenhuma dinâmica de grupos excêntrica longe do local de trabalho!

Mas a diversão está só começando, porque, mesmo quando temos uma equipe bem estruturada, a dinâmica dos grupos ainda pode sair dos trilhos. Ela pode ser comprometida pelos companheiros voláteis da cooperação: a conformidade (Seção II) e a competição (Seção III). Portanto, o melhor a fazer é dar continuidade à leitura!

REFLEXÕES DE GRUPO SOBRE COOPERAÇÃO

As "Reflexões de Grupo" são aplicações práticas dos insights baseados em pesquisas apresentados. O gerenciamento da dinâmica dos grupos não se presta às pequenas "dicas e truques" que dominam os gêneros de autoajuda e gestão; não há solução mágica para administrar grupos e equipes. Mas existem algumas questões que emergiram repetidas vezes nas décadas em que venho ensinando os alunos a gerenciar o trabalho e a vida coletiva. As "Reflexões de Grupo" detalham as formas mais comuns de usar a ciência da dinâmica dos grupos para melhorar o seu trabalho, o seu bem-estar, ou para fazer sua parte na construção de um mundo mais justo e pacífico. OK, talvez as Reflexões de Grupo sejam mesmo dicas e truques.

Reflexão 1: Limites claros para promover equipes de verdade.

Problema: Muitos dos principais problemas no trabalho em equipe são relacionados à compreensão das fronteiras da equipe — é difícil trabalhar em conjunto se você não sabe com quem deve trabalhar.

Solução: Como evitar confusão sobre quem faz parte do grupo? Diga isso às pessoas! Repetidamente. Pergunte a elas se estão dispostas a participar, e diga a elas quando você as considera membros. Liste todos os integrantes da equipe em pautas e memorandos. Crie grupos virtuais, usando plataformas como Teams, Slack ou WhatsApp, apenas para os membros da equipe. Envie e-mails para toda a equipe, em vez de para subconjuntos de membros. Se fizer essas coisas de forma consistente, elas podem parecer desnecessárias. Mas pense nelas como um seguro. Quando as pessoas ficam confusas sobre as fronteiras de uma equipe, trabalhar em conjunto se torna muito, muito difícil.

Reflexão 2: Seja explícito em relação às metas.

Problema: Um grupo em que os membros têm ideias diferentes — mas não declaradas — sobre sua meta está fadado à disfunção. Um grupo como esse pode ter divergências fundamentais sobre como equilibrar a realização de tarefas e a satisfação dos membros. Por exemplo, você pode fazer parte de um time de futebol em que algumas pessoas estão lá para ganhar e outras apenas para se divertir e tomar algumas cervejas depois. Ou, como eu, pode fazer parte de comitês de trabalho com propósitos pouco claros e reclamar das convocações para reuniões que parecem desnecessárias e que não exigem de fato a sua presença. Isso dificulta a coordenação e a motivação!

Solução: Grupos têm sempre vários objetivos — a questão é como equacioná-los. Sempre que um grupo se reúne, o equilíbrio de metas e propósitos deve ser explícito. Quando você chega ao vestiário, quanto há de "Vamos nos divertir" e de "Vamos dar uma surra neles"? Na primeira vez que um grupo se reúne, alguém precisa verbalizar por que todos estão ali e por que isso é importante.

Quando dou início a um novo grupo ou coordeno uma reunião, articulo minha versão (a) do propósito do grupo e (b) das metas da reunião. Isso é breve, não mais do que algumas frases. Em seguida, convido outras pessoas a falarem se tiverem uma perspectiva diferente. Ontem, por exemplo, lançamos um "grupo de ideias de pesquisa incompletas". Eu disse que o objetivo não era apenas ajudar uns aos outros a examinar e desenvolver nossas ideias novas e incompletas (uma meta de trabalho), mas também para nos atualizarmos e termos um maior senso de comunidade (uma meta relacional). Depois, perguntei o que as outras pessoas queriam obter do grupo.

Às vezes, o objetivo da primeira reunião é descobrir o propósito do grupo. Não há problema – mas verbalize isso. Em voz alta. Se vocês estão se reunindo apenas para se divertir e desfrutar da companhia uns dos outros, diga. Pode ser algo simples como: "Estou muito animado em ver vocês e pôr a conversa em dia! Tem mais alguma coisa que precisamos fazer?". O ponto principal é: deixe explícito o propósito do grupo (porque ele existe) e a meta da reunião (o objetivo específico que deve ser alcançado ao final do tempo passado juntos).

Reflexão 3: Quando tomar decisões, ponha-as no papel.

Problema: Embora tenhamos conversado sobre nossas metas e sobre como cooperar, nosso grupo não se mantém fiel a elas. As crianças não realizam as tarefas mesmo tendo concordado com elas. Meus colegas de trabalho não fazem um acompanhamento das mudanças como disseram que fariam. Bob continua chegando atrasado!

Solução: Ao debater metas e processos, ponha no papel o que foi acordado! Os pesquisadores chamam isso de "Pactos da Equipe"[35] – documentos que explicam claramente o propósito do grupo, as metas SMART, as funções de cada um e as normas iniciais (mais sobre normas na Seção II). No entanto, os pactos não devem ser uma lei imutável – você deve ajustá-los a meio caminho de qualquer tarefa, depois de atingir marcos ou obter conquistas importantes, ou se eles parecerem estar criando mais problemas do que resolvendo.

Outra boa prática no lançamento é tentar identificar os prováveis obstáculos para atingir as metas. E uma maneira útil de fazer isso é um pré-mortem, uma discussão em que o grupo imagina que as coisas deram terrivelmente errado. Isso funciona porque os grupos são surpreendentemente bons em intuir potenciais problemas, como cronogramas muito apertados ou a falta de habilidade para tecer cestas subaquáticas – desde que dediquem tempo para pensar sobre isso. Os pré-mortens ajudam o grupo a adequar sua estrutura e seus processos para evitar esses prováveis obstáculos.

Reflexão 4: Negocie papéis, tarefas e cargos.

Problema: Em um grupo, adotamos papéis. E esses papéis vêm com as expectativas de como vamos nos comportar. O baterista dita o ritmo, o piano fornece a nuance harmônica e o baixista mantém os dois juntos. Na vida corporativa, cargos têm títulos e descrições. O mesmo se aplica às famílias, em que papéis como os de esposa, mãe, marido, pai ou filho vêm com expectativas. Muitas vezes queremos, e precisamos, nos libertar desses papéis restritivos, mas é difícil fazê-lo!

Solução: Em uma equipe de verdade, o papel de cada um é negociado. Especialistas como Amy Wrzesniewski, professora de Yale, chamam isso de *job crafting*,[36] em que as pessoas criam formas idiossincráticas de pensar suas funções e desempenhá-las. Não sabemos o que os outros pensam sobre as funções que exercem, a menos que perguntemos. E os outros não sabem o que pensamos sobre as nossas, a menos que lhes contemos. Tenha conversas regulares sobre as funções formais e informais de cada um. Novamente: o início, o meio e o fim são bons momentos. Tire um tempo para que as pessoas reflitam sobre o que gostam e o que mudariam. Se você tiver poder sobre as funções dos outros, certifique-se de não ficar com todo o trabalho interessante e bem planejado para si, delegando apenas as tarefas braçais e repetitivas. Abrir espaço para a reflexão e a conversa ajuda todos os membros do grupo a criar tarefas bem planejadas para si mesmos — e, em geral, é isso que as pessoas querem.

Seção II

Conformidade

A conformidade parece ruim, mas tem um propósito. Nossa tendência à conformidade está incorporada em nossos cérebros paleolíticos, auxiliando na união e na coordenação dos grupos. As diferenças surpreendentes no que é normal entre grupos distintos se manifestam por meio de forças ocultas conhecidas como *influência social* — as formas pelas quais outras pessoas mudam seu modo de pensar e de agir. O Capítulo 5 explora o lado mais leve da influência social: por que, às vezes, precisamos nos unir para ter sucesso. Isso nos leva à condição fundamental para a mudança incorporada à estrutura do grupo: *normas sociais*. Os Capítulos 6 e 7 examinam os lados sombrios da nossa tendência à conformidade — os momentos em que somos sutilmente (e não tão sutilmente) forçados a nos adequar à vontade do coletivo. As estruturas da Seção I que promovem a boa cooperação são as mesmas que evitam essas disfunções. Porém, há alguns princípios que se aplicam exclusivamente a evitar pressões disfuncionais de conformidade, que você aprenderá no Capítulo 8.

5. Diga-me com quem andas que te direi quem és

A influência de muitos sobre poucos

Depois de um dos primeiros jogos, vários atletas mais novos da equipe olímpica de basquete masculino dos Estados Unidos de 2008 saíram para comemorar a vitória. Eles voltaram tarde da farra... ou melhor, bem cedo na manhã do dia seguinte. Pouco antes das cinco da manhã, eles estavam passando pelo saguão do hotel e deram de cara com o colega de equipe Kobe Bryant. Bryant tinha ido dormir cedo e estava a caminho dos treinos. Ele cumprimentou cordialmente seus colegas de equipe, mas com um toque de deboche que mudou tudo.[1]

Bryant era um dos maiores trunfos do Redeem Team, não apenas por seu talento, mas também por sua influência. Embora fossem jovens, aquelas eram algumas das pessoas mais competitivas do mundo. Davam duro — mas a ética de trabalho de Bryant era lendária. Ali, ao depararem com Bryant como colega de equipe e mentor, eles sentiram com clareza o significado daquela pontadinha de escárnio — a pressão dos pares. Em pouco tempo, toda a equipe estava indo para a cama cedo e chegando à sala de musculação às cinco da manhã.

No final de quase todos os livros de autoaperfeiçoamento há uma advertência que nos encoraja a fazer parte de grupos em que o bom comportamento seja a norma, em que o talento seja aprimorado com dedicação e perseverança. Em *Hábitos atômicos*,[2] James Clear fala sobre a equipe britânica de ciclismo que dominou as Olimpíadas de 2008 e 2012; sobre a família Polgár, que conta com três irmãs que se tornaram campeãs mundiais de xadrez; e sobre a turma de dez alunos do MIT de onde saíram quatro astronautas. Todos esses grupos foram essenciais para o extraordinário sucesso de seus membros.

Seja no trabalho, na escola, em um grupo de doze passos que se apoia mutuamente no combate ao vício ou em uma equipe olímpica, ser membro de um grupo dedicado a uma causa muda sua perspectiva sobre o que é considerado normal. E, em cada grupo, "normal" é muito mais diferente do que se imagina.

NORMAS SOCIAIS

A influência social é uma parte necessária da vida em grupo. Obtemos informações ao observar o comportamento dos outros. Nossa programação evolutiva nos incentiva a imitar o comportamento daqueles com quem nos identificamos — que vemos como membros do mesmo grupo.[3] Em um nível individual, isso nos ajuda a satisfazer um dos nossos maiores imperativos evolutivos: não se separar do grupo! Se você seguir o rebanho, vai chegar ao mesmo lugar a que todos se dirigem.

Mas andar na mesma direção não é suficiente. Queremos sinergia — que nossos grupos dancem conforme uma batida oculta, que sejam capazes de prever os passos uns dos outros e rapidamente se ajustar. Todos os exemplos de trabalho de equipes de verdade sobre os quais falamos — times de basquete, bandas de jazz e equipes de projeto — exigem uma profunda compreensão de "como as coisas são feitas por aqui". E essa profunda compreensão se dá porque temos um radar para as regras não escritas da vida social que silenciosamente ajudam um grupo a se manter unido: **as normas sociais**.

As normas sociais são as regras que regem o comportamento de uma pessoa dentro de um determinado grupo. O que é totalmente normal em um grupo pode ser proibido em outro. Seja mexer no celular durante uma refeição em família, seja clicar em "Responder para todos" em um e-mail do departamento, seja namorar seu primo de segundo grau, as normas sociais de um grupo determinam o que pensamos e o que fazemos, e com quem.

Dentro de um grupo, as situações também determinam quais normas se aplicam. Na maioria das culturas, não podemos gritar a plenos pulmões perto de outras pessoas, a menos que estejamos em um show ou em um evento esportivo. Não podemos tirar a roupa em público, a menos que estejamos em um vestiário ou na piscina. As circunstâncias determinam se um comportamento é adequado ou não.

Quando as normas são passadas de geração para geração, nós as chamamos de tradições ou rituais. No trabalho, elas podem ser formalizadas como políticas ou procedimentos. Em nível social, concordamos em aplicar algumas normas com tanta rigidez que as codificamos na forma de leis.

Podemos ver com clareza as normas sociais ao comparar diferentes culturas — as comidas, as roupas e os pequenos rituais de interação. Em muitos casos, as normas se alinham aos valores e aos objetivos de um grupo. A norma "nada de celular durante o jantar" em uma família reflete o valor que os pais dão a uma conversa atenta. Muitas normas sobre vestuário e aparência têm raízes religiosas. Os uniformes no trabalho ou na escola refletem o valor da união e da disciplina. Até mesmo as normas de espera em uma fila refletem valores de igualdade, paciência e perseverança.

As normas também têm funções de tarefas específicas. Em uma *jam session* de jazz, as normas mantêm a música audível e os músicos em sincronia. O mesmo se dá no trabalho. A Ideo, por exemplo, tem normas para brainstorming em todas as paredes, como: "Adie o julgamento", "Mantenha o foco no tema" e "O que vale é a quantidade". Durante o famoso projeto do carrinho de compras, mencionado no Capítulo 3, o líder da equipe, Peter Skillman, disse que quem violasse aquelas normas de brainstorming seria repreendido com o toque de um sino, para sinalizar seu erro. "Você vai tomar um sino", nas palavras dele.

Essas normas não são arbitrárias. Foram desenvolvidas não só para reforçar os valores da empresa como também para ajudar na tarefa específica de brainstorming em grupo. Se você já participou de uma sessão de brainstorming, acredito que vá entender imediatamente sua função. Se julgarmos cada ideia assim que for apresentada, isso não só vai consumir tempo (resultando em menos ideias), como também fará com que as pessoas tenham medo de serem julgadas e, portanto, fiquem menos dispostas a dar sugestões. E sair do tema ou falar sobre os outros é obviamente indesejável. As normas específicas são baseadas até mesmo em pesquisas que ajudam a gerar ideias criativas, como adiar o julgamento e focar na quantidade. Pôr essas normas na parede e garantir que sejam mencionadas na cobertura da imprensa são atos simbólicos que enviam uma mensagem aos membros do grupo e a pessoas de fora sobre o que é valorizado.

Normas exercem uma influência poderosa e invisível sobre o nosso comportamento. Elas moldam sutilmente o que fazemos e o que deixamos de fazer. O que discutimos abertamente e o que está fora dos limites. Quem toma decisões pelo grupo e de que forma. Como dizem os cientistas organizacionais e especialistas em normas Kenneth Bettenhausen e Keith Murnighan: "As normas sociais estão entre as formas menos visíveis e mais poderosas de controle social sobre a ação humana".[4] (Isso não significa que você, enquanto indivíduo, não possa exercer nenhuma influência sobre as normas sociais — trataremos disso em detalhes no Capítulo 8.)

Algumas normas não têm uma função de tarefa óbvia e parecem não ter relação com os valores e objetivos do grupo. Por exemplo, nos dois lugares em que morei (Estados Unidos e Reino Unido), o aperto de mão é um gesto educado quando somos apresentados a alguém. Fui ensinado a estender uma mão firme e disposta quando fosse apresentado a uma nova pessoa. Apertos de mão frouxos eram malvistos. E deixar de oferecer a mão ou de aceitá-la quando oferecida? Era indiscutivelmente uma grosseria.

Mas, se você for para outro país, o aperto de mão nem sempre é a forma correta de cumprimentar alguém. As pessoas se curvam no Japão, apertam os narizes entre o povo maori, da Nova Zelândia, ou dão beijos nas bochechas na França. E, durante a pandemia de covid, muitas pessoas abandonaram completamente seus rituais de saudação por contato físico, sem serem consideradas mal-educadas. Mesmo dentro de um país, a forma como você cumprimenta alguém diz algo sobre os grupos aos quais você pertence (ou aos quais almeja pertencer) e sobre o seu relacionamento com a outra pessoa — punhos, meios abraços ou a dancinha do momento no TikTok comunicam diferentes identidades, relacionamentos e associações a grupos. A questão é que, embora cumprimentar as pessoas seja universal, a forma exata que o cumprimento assume é específica de um grupo ou circunstância — e um tanto aleatória.

Essa aleatoriedade tem um propósito oculto. As normas nos ajudam a identificar outros membros do nosso grupo — você pertence ao grupo quando aprende o aperto de mão secreto. A conformidade às normas pode incluir a forma como você se veste, seu sotaque ou suas atitudes. Se pensarmos como um ser humano pré-histórico, é fácil ver por que os grupos tendem a desenvolver normas rígidas sobre roupas, penteados, maquiagem e joias, que podem ser observadas clara e rapidamente à distância.

Normas sobre a aparência ajudavam nossos ancestrais a determinar se queriam chegar mais perto de alguém desconhecido, ou se afastar. Nos tempos pré-históricos, quando alguém se aproximava, era possível avaliar se esse estranho era um parceiro cooperativo viável. Saber a saudação adequada, juntamente com ter um sotaque semelhante e outros maneirismos, sinalizava que o desconhecido vinha de um grupo relacionado e, portanto, havia menor probabilidade de que representasse uma ameaça.

Hoje fazemos deduções semelhantes. De maneira lógica, deduzimos que aqueles que conhecem uma forma correta específica de agir também conhecem outros comportamentos adequados. Portanto, julgamos que existe maior probabilidade de sermos capazes de cooperar efetivamente com eles no trabalho, na amizade ou no amor. Aqueles que se dedicam o suficiente a usar as roupas certas — ou que possuem marcas mais permanentes, como tatuagens ou piercings — podem ser identificados de forma confiável por grupos internos e externos. A conformidade às normas, assim, é uma sinalização tanto para os amigos quanto para os inimigos.

Essas normas simbólicas fazem mais do que nos ajudar a distinguir amigos de inimigos; elas também acrescentam previsibilidade às interações. Quando somos apresentados a alguém, apertamos as mãos e dizemos algo como "Muito prazer!" (mesmo que não haja tanto prazer assim). São decisões que seu cérebro não precisou tomar. As normas sociais dão ao seu cérebro tempo livre para descobrir o que fazer. Como nós, seres humanos, não gostamos de incertezas, valorizamos qualquer coisa que limite as pequenas decisões e o constrangimento que permeiam o mundo social. Como encerrar uma conversa de maneira educada? Quanto devemos dar de gorjeta? Saber as normas significa que não precisamos tomar decisões sobre como agir. Conhecer uma pessoa, iniciar e encerrar conversas, pagar a conta em um restaurante — tudo isso são transições em comportamentos cooperativos. Saber como essas transições se dão lubrifica as engrenagens.

Como nos dizem os oniscientes deuses dos memes: "Tradições são apenas pressão dos pares vinda da parte de pessoas mortas". Isso faz parecer que tradições e normas são inúteis. No entanto, esses pequenos rituais comuns fornecem informações sobre o pertencimento aos nossos grupos e ajudam aqueles que fazem parte deles a criar afinidade e confiança. Portanto, as normas sociais são imprescindíveis para uma cooperação efetiva — e as normas certas são um grande catalisador para a sinergia.

Mas de onde elas vêm?

AS ORIGENS DAS NORMAS SOCIAIS

> Pelo telescópio, via-se um círculo azul-escuro onde o pequeno planeta redondo flutuava. Parecia tão insignificante, tão pequeno, imóvel e brilhante, levemente marcado por listras transversais e ligeiramente achatado em vez de uma esfera perfeita. Mas tão pequeno ele era, tão cintilante — um ponto minúsculo de luz! Parecia tremular, mas na verdade era o telescópio que vibrava com a atividade do mecanismo que mantinha o planeta na mira. Enquanto eu o observava, o planeta parecia crescer e diminuir, avançar e recuar, mas isso se devia apenas ao cansaço dos meus olhos.
>
> H. G. Wells, *A guerra dos mundos*, 1898*

Quando olhamos para o céu à noite, as estrelas nos enganam. Essas imemoriais cabeças de alfinete de luz viajaram milhões de quilômetros para dançar em nossas retinas. Mas será que a dança delas é a ilusão que Wells acredita ser?

Em 1799, o polímata alemão Alexander von Humboldt descobriu as "estrelas oscilantes",[5] que ele acreditava refletirem o movimento real dos corpos celestes. Foi somente em 1857 que se descobriu que cada pessoa via o movimento da mesma estrela oscilante de uma forma diferente. Na escuridão, nosso cérebro sofre de um problema previsível: vemos movimento onde não há movimento nenhum. Na ausência de um referencial, nosso sistema visual falha e interpreta os movimentos dos olhos e a fadiga muscular como movimentos da luz. Pontos de luz estacionários parecem tremer, avançar ou recuar. Causa de muitos relatos de avistamento de OVNIs, essa ilusão visual é conhecida como "efeito autocinético".

* Citado em tradução de Thelma Médici Nóbrega para H. G. Wells, *A guerra dos mundos*. Rio de Janeiro: Suma, 2016, p. 50. (N. T.)

Em 1935, o lendário psicólogo social turco-americano Muzafer Sherif (nascido Muzaffer Şerif Başoğlu) se valeu do efeito autocinético para investigar as origens das normas sociais — e talvez até da própria verdade.

Sherif viveu entre muitos grupos com realidades aparentemente incompatíveis. Nascido em 1906, teve a infância marcada por guerras entre grupos sedentos por encontrar um espaço em meio aos escombros do Império Otomano. Pela expulsão e o assassinato de 1 milhão de armênios, assim como de milhares de cristãos ortodoxos assírios e gregos. Pela ocupação de sua cidade pelos Aliados durante a Primeira Guerra Mundial. Pelo confronto entre nacionalistas turcos e curdos, que perdura até hoje.

Sherif fugiu de seu país natal, teve sua cidadania cassada e se tornou um imigrante apátrida nos Estados Unidos. Suas primeiras experiências alimentaram seu fascínio pela dinâmica dos grupos. Como ele mesmo disse,

> enquanto adolescente cheio de curiosidade sobre as coisas, vi os efeitos da guerra: famílias que perderam seus homens e deslocamentos de seres humanos. Vi a fome. Vi pessoas mortas que eram minhas compatriotas; vi pessoas mortas do outro lado. Inclusive, foi um milagre eu não ter sido morto [...]. Fui severamente afetado quando jovem e testemunhei a séria questão da transação entre grupos humanos. Isso me influenciou profundamente a ver cada grupo com um grau altruísta de camaradagem dentro de seus limites, e um grau correspondente de intensas animosidade, destrutividade e vingança em relação ao detestado grupo externo — um comportamento caracterizado por compaixão e preconceito, extremos de autossacrifício e de bestial destrutividade.[6]

Sherif se deu conta de que o fato de ser membro de um grupo mudava a forma como as pessoas enxergavam a realidade. Dois grupos podem testemunhar o mesmo evento, mas acreditar em coisas totalmente diferentes em relação a ele.[7] Os grupos eram uma lente através da qual os membros viam o que era verdade.

Ele elaborou um estudo para demonstrar o papel dos grupos em nossa percepção da realidade, usando a ilusão autocinética como ferramenta. Em seus "experimentos autocinéticos", Sherif levou estudantes universitários para seu laboratório, tendo em mãos um projetor de luz primitivo, um cronômetro e uma sala totalmente escura. A tarefa consistia em que os participantes, distribuídos de forma aleatória em trios, estimassem algo objetivo e verificável: quantos centímetros a luz havia se movido em diversas ocorrências sequenciais. (A resposta certa, claro, era zero, mas o efeito autocinético fazia com que a luz parecesse dançar.)

Existem muitas versões desse estudo, mas vou falar aqui sobre uma particularmente importante, com duas condições experimentais. Na primeira condição, os participantes estimaram a distância que a luz percorria, sozinhos, na primeira ocorrência, mas depois em trios, nas ocorrências seguintes. Na primeira, independente, os três participantes divergiram sobre quanto a luz se movia; em um grupo típico, isoladamente, um membro estimaria cerca de seis milímetros e outro, vinte centímetros. Mas, à medida que os testes prosseguiam e os membros davam seus palpites em grupo, suas estimativas convergiam, e a maioria das pessoas confiava no grupo em vez de em suas próprias percepções.[8]

Na segunda condição, os participantes primeiro fizeram suas estimativas em grupos. Ouvir os palpites dos outros teve um efeito profundo — as estimativas dos membros se agrupavam em torno de quem falasse primeiro. Ninguém sabia ao certo quanto a luz estava se movendo, então o que quer que a primeira pessoa dissesse parecia muito bom para os demais. O mais surpreendente aconteceu no teste final. Nele os participantes fizeram suas estimativas sozinhos, sem a influência do grupo. No entanto, a norma que havia surgido se manteve — os indivíduos continuaram a seguir a norma, mesmo quando o grupo não estava mais reunido.

Os experimentos autocinéticos foram replicados, postos à prova e ampliados inúmeras vezes. Em uma variação, os pesquisadores realmente moveram a luz por uma distância definida (cinco ou vinte centímetros) na primeira tentativa, e descobriram que a norma se mantinha mesmo depois de meses, quando a luz não se movia. Os membros podiam ser substituídos um de cada vez até que todos os membros originais do grupo tivessem saído, mas as normas iniciais continuavam a se impor.

Quando uma situação é nova e incerta, rapidamente normas surgem, e a maioria das pessoas se alinha a elas, em vez de defender seus (incertos) pontos de vista próprios. Inclusive, muitas pessoas adotam as normas do grupo tão rápido que nem percebem que mudaram de ponto de vista.

Tuckman acertou pelo menos uma coisa em seu modelo *-orming*: em um grupo sem normas, todos ficamos à procura de informações sobre o que é apropriado. Devemos conversar um pouco ou olhar silenciosamente para o celular antes da reunião? Começamos no horário ou um pouco atrasados? Como nos experimentos autocinéticos, o que acontece primeiro tem uma influência desproporcional sobre o que vem depois. Onde nos sentamos, quem fala primeiro, quem nunca fala — os grupos tendem a seguir essas normas desde o início. Em suma, normas são persistentes.

Embora estejamos constantemente transitando entre grupos em nossa vida diária, eles estão inseridos em uma rede de grupos maiores. E grupos maiores, como nações e religiões, foram isolados o suficiente para que suas normas se consolidassem em tradições e rituais exclusivos. Com o passar dos dias, anos ou gerações, os membros internalizam os valores implícitos dessas normas. Não apenas nos comportamos como os outros membros, mas também pensamos de forma mais similar a eles. Sabemos como nos comportar em cada situação. Podemos diferenciar o que é divertido do que é chato, o que é importante do que é trivial, ou o que é certo do que é errado. Como Sherif havia imaginado, nossos grupos definem nossas verdades. Desenvolvemos uma realidade compartilhada.[9]

Precisamos de alguma conformidade para cooperar. Ter uma realidade compartilhada nos ajuda a cooperar de maneira efetiva, sobretudo em um ambiente estável. Podemos prever o comportamento dos outros membros do grupo, inferir suas intenções e interpretar novos eventos de forma semelhante.[10] Às vezes, isso é algo tão simples quanto seguir as normas sociais, o que permite que os outros nos vejam como um colega e ajuda a tornar nossas ações mais previsíveis. Outras vezes, significa concordar com as opiniões alheias para manter as ações coordenadas e o grupo coeso. Como diz o ditado: diga-me com quem andas que te direi quem és.

Com normas claras e uma realidade compartilhada, a comunicação fica mais fácil e crescem as chances de sinergia. As normas tornam mais previsível e compreensível o comportamento dos nossos colegas. Elas nos permitem coordenar sem palavras, não só ao perceber as pistas mais sutis, como também nos deixando em posição de dá-las, em primeiro lugar.

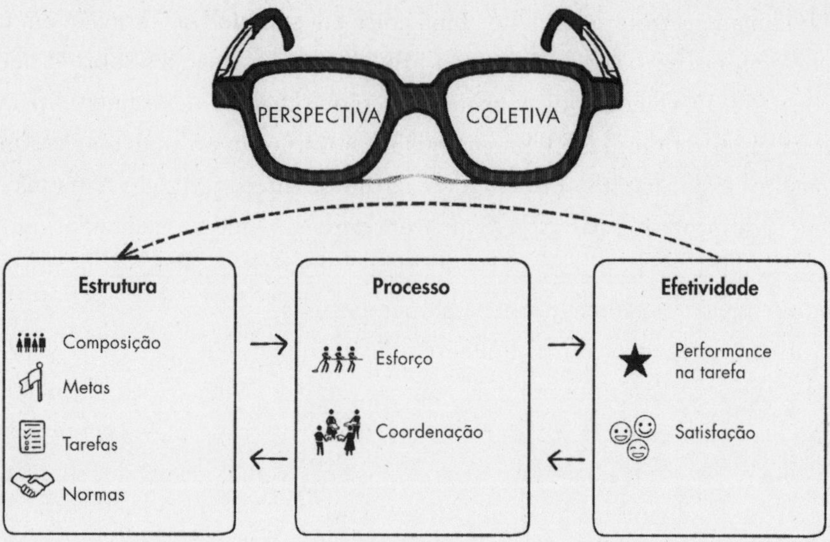

É por isso que as normas são a quarta condição que temos para promover a efetividade do grupo. Elas fazem parte do arcabouço que mantém o processo de grupo em funcionamento, o ingrediente final da estrutura do grupo. Algumas normas são alteradas pelo próprio processo de grupo – como em uma brincadeira de telefone sem fio, com o tempo o aperto de mão secreto se transforma um pouco em algo diferente. Outras normas se consolidam pela repetição frequente, tornando-as mais poderosas ainda.

NORMAS SÃO PERSISTENTES

Se você tem um iPhone, eis uma lição oculta sobre normas nas configurações gerais dele. Nas configurações do teclado, se você escolher inglês, vai encontrar várias opções, inclusive o teclado-padrão QWERTY que a maioria das pessoas usa. Mas você também vai encontrar o Dvorak.[11]

O teclado QWERTY não foi projetado para facilitar a localização das letras. A lenda de que ele reduz o risco de as teclas da máquina de escrever se prenderem umas às outras ao afastar as letras mais usadas não é verdade e não faz muito sentido, se pensarmos bem. Na verdade, a configuração QWERTY surgiu em resposta aos hábitos já ultrapassados dos operadores de telégrafo em relação ao código Morse.[12] Por tentativa e erro, o QWERTY permitiu que os primeiros usuários, acostumados com telégrafos, digitassem com mais rapidez e precisão.

O professor August Dvorak, da Universidade de Washington, acreditava que havia uma forma melhor. Em 1936, ele criou uma disposição alternativa para letras e números que, segundo argumentava, aumentava a velocidade porque reduzia o movimento dos dedos. A principal diferença é que as letras menos comuns, como Q, J, K e X, estão na linha inferior, de modo que a maioria das palavras requer o uso apenas das duas linhas superiores. E há alguns motivos para acreditarmos que ele tinha razão. Em 1976, Barbara Blackburn entrou para o *Guinness Book* como a "datilógrafa mais rápida do mundo" — com 212 palavras por minuto — usando o teclado Dvorak.

É provável que você nunca tenha usado, ou mesmo visto, um telégrafo. Então, por que a maioria de nós ainda usa o QWERTY? Se o motivo original para usar o QWERTY não existe mais, por que não somos treinados em um teclado mais eficiente? Bem, muitas pessoas aprenderam a digitar nesse teclado sem sentido. Poderia ser um pouco melhor para a humanidade se mudássemos. Mas não o suficiente para que uma pessoa adote um novo teclado que a obrigaria a reaprender a digitar. Os pesquisadores de inovação chamam isso de *dependência de trajetória*. Com o tempo, novas tecnologias, novas plataformas e novos usuários aprendem e fazem coisas que dependem do status quo.

Então, por que o pouco usado sistema Dvorak acabou se tornando uma opção nos iPhones quase noventa anos depois? O Dvorak tinha alguns adeptos fiéis, inclusive o cofundador da Apple, Steve Wozniak. Levando em conta que o layout do teclado do iPhone é apenas digital, o custo para que a Apple oferecesse uma opção Dvorak era baixo.

Mas o engraçado é que o Dvorak não é muito útil em um iPhone, porque ele só tem vantagem sobre o QWERTY se você digitar com os dez dedos, não com os dois polegares. Inclusive, depende apenas do quão acostumado você estiver — o layout do teclado digital não importa muito no que diz respeito à velocidade.

Com as normas, é igual. Assim como os layouts de teclado e os cumprimentos, as normas, em sua maioria, não são boas nem más. Mas são reconfortantes em sua familiaridade. Mesmo que nos tornássemos anarquistas de verdade e quiséssemos nos livrar de todas as normas sociais, iríamos simplesmente desenvolver novas normas. Até mesmo o fato de ser anarquista exige a conformidade a normas de não conformidade! Portanto, a existência de normas – e alguma pressão dos pares para nos adequarmos a elas – é inevitável.

Como as normas costumam ser reconfortantes e vantajosas, muitas pessoas as protegem contra mudanças. Como a ciência social nos ensina, em nossa mente o status quo tem uma vantagem inerente sobre a mudança. Temos uma propensão pelo que nos é familiar, tanto que isso tem nome: "viés do status quo".[13] Na maioria das vezes, as pessoas não querem fazer mudanças, a menos que haja uma alternativa claramente melhor ou um grande problema – e, às vezes, nem assim elas querem fazer mudanças. Com frequência, é mais problemático falar a favor da mudança do que simplesmente seguir a multidão.

Isso faz com que as normas sejam muito persistentes. Alguns grupos têm normas que permitem atrasos de cinco minutos ou intervalos que durem mais do que o planejado. A maioria logo desenvolve normas sobre onde as pessoas se sentam e quem deve falar primeiro. Nenhuma dessas normas parece ser importante o suficiente para ser debatida. Afinal, não podemos ficar debatendo cada detalhe, não é mesmo?

Quando a maioria das pessoas segue as normas, é difícil para um indivíduo mudá-las. Assim, como na primeira lei do movimento de Isaac Newton, os grupos tendem a ser *inerciais*[14] – seguem padrões de interação semelhantes ao longo do tempo até que algo realmente relevante aconteça. Continuamos a contar com as regras da prova social – que o comportamento dos outros é um bom guia para o nosso próprio comportamento. O desejo de mudança é mais fraco do que o custo de se manifestar. A inércia mantém as normas, os rituais e os processos em vigor. Andamos juntos para sermos quem somos.

Embora muitas vezes as ignoremos, as normas sociais são uma bênção para a humanidade – conseguimos tornar o mundo mais seguro e mais próspero em grande parte por meio de normas sociais voltadas para a pró-socialidade.[15] As pessoas são mais virtuosas quando tratam os outros com bondade e generosidade; são mais más quando usam a violência ou fazem mal aos outros. Você deveria ser grato às normas sociais por poder andar por aí com muito menos medo de outros seres humanos do que em praticamente qualquer momento do passado.

Com o tempo, essas normas podem se afastar de suas funções originais. Participamos de pequenos rituais de interação sem saber o motivo, porque é assim que as coisas são. Nos casos mais nocivos, as normas promovem obediência sem nenhum benefício em troca. Isso é assustador. Em nossas mentes individualistas, às vezes é tão assustador que se torna o protagonista numa ficção científica de terror.

6. Você será assimilado

O lado sombrio das pressões de conformidade

Para os fãs, *Star Trek* é um refrescante antídoto contra visões distópicas do futuro como *Duna*, *Mad Max* ou *Black Mirror* — uma visão tecno-otimista na qual as necessidades básicas das pessoas são supridas e somos livres para explorar o espaço. Esse otimismo já levou a mudanças no mundo real: a função de pesquisa do Google nasceu do desejo de seus fundadores de concretizar o quase onisciente computador da série.

Mas as pessoas gostam do universo de *Star Trek* para além de suas atrações tecnológicas. A série também retrata um coletivo de particular efetividade — uma sociedade extremamente diversificada, composta de espécies de todo o universo. Eles estão sempre aprendendo com essa diversidade, adotando novas tecnologias e ideias sem aquele incômodo viés do favoritismo intragrupal. Não há segredos nem jogos políticos — todos os conhecimentos e bens são livremente compartilhados. Parece uma ótima receita para a sinergia!

O único problema é que esse coletivo efetivo é o vilão. Os Borg — o poderoso grupo em questão — estão empenhados na assimilação. Eles conquistam outros grupos, usando a cibernética para vinculá-los a uma "mente de colmeia" coletiva, despojando-os de sua individualidade. Isso permite que os Borg instantaneamente compartilhem o conhecimento de um indivíduo assimilado com todo o coletivo. Eles têm as melhores armas e tecnologias, o que lhes permite dominar quase todos os novos lugares que encontram. Ótimo para o coletivo, não tão bom para os indivíduos assimilados.

* * *

Os Borg têm um análogo fora da ficção, ainda que este não assimile outras espécies: as formigas. As formigas colonizaram quase todos os cantos da Terra. Elas são os insetos mais numerosos do planeta (os cientistas estimam que existam 20 quatrilhões delas) e, coletivamente, pesam cerca de 12 milhões de toneladas – mais do que todas as aves e mamíferos selvagens somados![1] De uma perspectiva estritamente evolutiva, elas existem há muito mais tempo que os humanos e têm uma boa chance de permanecer depois da nossa extinção.

As formigas, os humanos e os Borg têm mais em comum do que você imagina. Edward O. Wilson, biólogo e professor de Harvard, ganhou dois prêmios Pulitzer por seu trabalho comparando a socialidade das formigas com a nossa. As formigas cultivam alimentos, formam comunidades e travam guerras. Elas se comunicam, assumem diferentes papéis e ajudam umas às outras de forma altruísta. Wilson argumenta que os pontos em comum entre os seres humanos e as formigas explicam por que as duas espécies superaram todas as outras e se tornaram o que ele chama de "superorganismos".[2]

Nossos cérebros individualistas acham repugnante a ideia da humanidade como um superorganismo, como engrenagens em uma vasta máquina que serve a seus próprios fins. A ficção científica está repleta de histórias de coletivos vilanescos com a intenção de assimilar ou destruir a humanidade. Dos Borg a *Matrix*, passando pelos Ood de *Doctor Who*, fica claro que temos uma inimizade profunda com os coletivos de mente única. Na esteira da Guerra Fria, principalmente, o Ocidente temia que, na pior das hipóteses, uma sociedade coletivista bem organizada pudesse derrotar nossa sociedade mais individualista.

Temos uma necessidade inata de autonomia e individualidade. O problema com os superorganismos é que eles resolvem quase todos os conflitos entre as necessidades individuais e coletivas em favor do coletivo.[3]

Neste capítulo, vamos tratar do lado sombrio da conformidade – as ocasiões em que agimos como se tivéssemos uma mente de colmeia, de forma a provocar perdas do processo e acabar com o potencial de sinergia. Nos casos mais graves, essas forças se combinam para produzir turbas irracionais, tomando decisões catastróficas e fazendo com que os membros se sintam coagidos e controlados.

MAIS EXAMES DE VISTA FEITOS POR PSICÓLOGOS

Imagine que você se inscreveu em um estudo para ajudar o nobre empreendimento da ciência (e está sendo pago para isso). Depois de chegarem, você e mais sete estranhos se sentam em uma sala completamente escura para fazer um exame de vista. No entanto, não se trata de um exame de vista normal. Em vez de lerem letras cada vez menores em um painel, você e seus colegas são solicitados a associar o comprimento de uma linha curta a uma de três opções, como no exemplo a seguir.

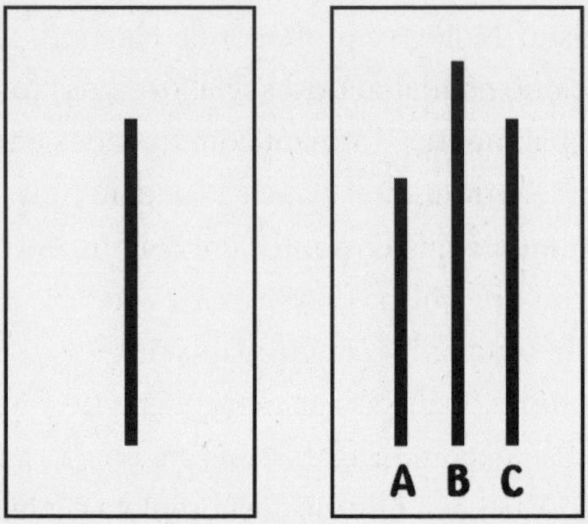

Esses pesquisadores têm uma forma muito peculiar de exame de vista: eles pedem a cada pessoa que responda à pergunta em voz alta; a primeira pessoa responde que a linha à esquerda é obviamente igual à linha B; a segunda pessoa concorda; e, ao longo da fila, todas as sete pessoas antes de você respondem com confiança que a linha B tem o mesmo comprimento que a linha à esquerda. Você é o último a responder.

A essa altura, você está bastante confuso. A resposta é obviamente C — não é?! Mas, se sete outras pessoas disseram B de forma unânime e confiante, deve haver algum tipo de ilusão de ótica que você não está percebendo. E, mesmo que seus instintos estejam corretos, será que você quer ser o único a dar uma resposta diferente? E, de todo modo, como é que isso pode ser um exame de vista?

O psicólogo social Solomon Asch realizou esse experimento clássico em 1951 para examinar não a visão, mas a conformidade.[4] As outras sete pessoas a responder faziam parte da equipe de pesquisa (conhecidas como "confederados", mas não do tipo da Guerra Civil Americana). Esses confederados haviam planejado dar uma resposta claramente errada. E 76% dos participantes de verdade da pesquisa (como você) concordaram com a maioria equivocada pelo menos uma vez, mesmo que discordassem em particular.

Asch e outros pesquisadores de dinâmica dos grupos da época estavam desvendando como tantas pessoas "normais" poderiam ter se conformado com a vontade da Alemanha nazista, concordando com pensamentos e ações malignas. Descobriram que essas pessoas desconfiavam de seus próprios sentidos (pelo menos publicamente) quando o grupo expressava opiniões diferentes — elas diziam que pontos verdes eram azuis, que linhas curtas eram compridas e que objetos parados se moviam, caso ouvissem outros dizerem isso antes. Às vezes, suprimiam seus próprios pontos de vista; às vezes, de fato acreditavam nos pontos de vista alheios em lugar da evidência de seus próprios sentidos. Esses estudos de conformidade ajudaram a demonstrar que, quando se sentem inseguras, as pessoas tendem a preferir se manter junto da manada. Elas seguem a multidão — mesmo quando acham que a multidão está errada.

Quando não temos certeza (ou não damos muita importância), gostamos de nos fundir à multidão. É mais trabalhoso argumentar para convencer os outros do que apenas concordar com eles. Internamente, o desejo de pertencimento faz com que desejemos nos adequar, encontrar pontos em comum com as pessoas com as quais nos identificamos, por isso as imitamos, muitas vezes de modo inconsciente. Buscamos pontos em comum e recorremos a outras pessoas para obter informações sobre o que é apropriado.

Mas, às vezes, seguir a multidão provoca catástrofes.

PENSAMENTO DE GRUPO: QUANDO INDIVÍDUOS INTELIGENTES PRESSIONAM UNS AOS OUTROS A TOMAR DECISÕES ESTÚPIDAS

Na década de 1960, John F. Kennedy e seus assessores no governo eram os queridinhos do Ocidente. Jovens (todos homens) aparentemente inteligentes e carismáticos, eles anunciavam uma era de governança nova e mais sábia que expulsava o velho provincianismo do pós-guerra. Mas, logo no início de seu mandato, o governo Kennedy tomou uma decisão espantosamente insensata:

ordenou a invasão de Cuba, na esperança de desencadear uma revolta popular para tirar o líder comunista Fidel Castro do poder – apesar da recente revolta popular que havia *levado* Castro ao poder.[5]

Para o psicólogo Irving Janis, a impressão era de que todos os indivíduos envolvidos tinham ficado mais estúpidos por estarem em um grupo. Parecia loucura que o governo altamente instruído de Kennedy pudesse decidir invadir Cuba, no fiasco da baía dos Porcos, quando era óbvio que a invasão fracassaria. Como, de fato, fracassou. Por que os renomados consultores de Kennedy não se manifestaram com mais veemência? Por que o restante do grupo não viu que eles claramente tinham razão? Como afirmou depois o próprio Kennedy: "Como pude ser tão estúpido?".

Ao analisar esse e outros desastres políticos de alto nível e evitáveis, Janis se inspirou em *1984*, o romance distópico, porém presciente, de George Orwell no qual as autoridades policiam impiedosamente os pensamentos dos cidadãos. Janis sugeriu que os membros do grupo policiavam de forma análoga os pensamentos uns dos outros. Seu livro *Groupthink* [Pensamento de grupo][6] popularizou o termo, explicando como as pressões de conformidade permitiram que grupos de pessoas que pareciam inteligentes e capazes tomassem decisões extraordinariamente ruins.

O pensamento de grupo, juntamente com suas conotações negativas, tem ocupado o imaginário popular há muito tempo. É um dos poucos termos da pesquisa de dinâmica dos grupos que entrou para o léxico popular. É usado para descrever erros de líderes políticos, times e empresas – um termo abrangente para decisões equivocadas que pareciam facilmente previsíveis. Por exemplo, políticos de todo o mundo – de John F. Kennedy a George W. Bush, passando pelo ex-primeiro-ministro britânico Boris Johnson – foram acusados de pensamento de grupo quando suas decisões não deram certo. E isso soa verdade para nós porque todos já fizemos parte de um grupo e guardamos nossas dúvidas para nós mesmos, ou fomos levados a um desfecho insensato pelas convicções e pelo entusiasmo alheios. De fato, é da natureza humana tentar se adequar a um grupo com o qual nos identificamos.

A ideia de pensamento de grupo é familiar para as pessoas porque todos nós sentimos diariamente as sutis pressões de conformação da vida em grupo. Imagine que cinco amigos tenham se encontrado para almoçar. Alguém começa a conversa dizendo: "Estou lendo um livro maravilhoso sobre dinâmica dos grupos!". O próximo interlocutor provavelmente vai concordar ou fazer uma pergunta que implique concordância, como: "Ah, qual é o nome?". Se alguém imediatamente disser: "Aquele livro do Colin Fisher? Eu odiei", provavelmente acharíamos essa pessoa um pouco desagradável. Essas normas sutis de concordância nos ajudam a criar relacionamento e identidade compartilhados — buscamos pontos em comum na maioria das conversas. Mas essas mesmas normas fazem com que informações e pontos de vista semelhantes dominem as discussões em grupo. Nos grupos, em particular naqueles em que os membros compartilham visões de mundo semelhantes, é preciso um esforço para que perspectivas e informações contraditórias sejam verbalizadas.[7]

Mesmo quando novas informações e perspectivas conseguem entrar em uma conversa, as pessoas precisam interpretá-las. Infelizmente, esse processo de interpretação é ainda mais influenciado pelas preferências dos membros — opiniões, gostos e desdéns. Nós nos lembramos melhor de informações consistentes com nossas preferências e esquecemos ou racionalizamos informações inconsistentes com elas. Isso é o que os psicólogos sociais chamam de "viés de confirmação".

O viés de confirmação decorre da forma como nossa memória é organizada: quando temos uma hipótese, como "A pena de morte ajuda a conter a criminalidade", nosso cérebro começa a reunir argumentos para embasá-la. Quando confrontado com novas informações — por exemplo, inúmeros estudos que mostram que a pena de morte não ajuda a conter a criminalidade —, nosso cérebro não ouve. Ele está ocupado demais se preparando para convencer os outros de que estamos certos. Assim, acabamos por ignorar informações que contradizem nossas preferências e crenças — nosso cérebro é muito melhor em confirmar do que em desmentir. Em termos evolutivos, isso não é algo tão ruim — na prática, estamos certos sobre a maioria das coisas; intuímos corretamente que pular de uma janela do terceiro andar é perigoso e que as coisas que cheiram mal costumam ter gosto ruim. Se cada nova informação nos fizesse repensar nossas crenças, ficaríamos paralisados. Mas o viés de confirmação não é tão bom para a tomada de decisões em grupo.

Juntas, essas forças levam os grupos a um "processamento enviesado de informações", um fenômeno que aumenta as pressões de influência social em direção à conformidade. O debate em grupo é dominado por aquilo que todos sabemos e com que concordamos. As coisas das quais discordamos tendem a ser ignoradas ou esquecidas. As pessoas que discordam costumam ficar em silêncio.

Por meio do processamento enviesado de informações, os grupos atuam como filtros de informações. Quando não se presta atenção a isso, esses fatores levam grupos a ignorarem evidências cruciais, resultando em todos os tipos de decisões extraordinariamente equivocadas. A explosão do ônibus espacial *Challenger*, em 1986, o lançamento desastroso do Ford Pinto, com problemas de segurança, em 1971, e a decisão da Coca-Cola de mudar seu sabor e lançar a new coke, em 1985, foram associados a esse problema.

E se você discordar da multidão? Se você for a pessoa no estudo de Asch que sabe que C é a resposta correta, depois que todos disseram B? Se os outros querem comer pizza, mas você acabou de comer pizza no almoço há algumas horas? É uma posição desconfortável — ninguém quer ser a única pessoa que se recusa a ir ao restaurante novo que todo mundo quer experimentar, nem argumentar contra uma nova política que achamos que os outros preferem. Por isso, escondemos nossa discordância. Por ora, o pertencimento é mais importante do que conseguir o que queremos. Os estudos de Asch descobriram que ou nos censuramos ou nos convencemos de que estamos errados, ao concordar com o que imaginamos ser a vontade do grupo.

Esse é o lado sombrio da influência social. A conformidade nos força a reprimir nossos conhecimentos e perspectivas exclusivos, priorizando inconscientemente a harmonia e o pertencimento ao longo da execução da tarefa. Assim, abrimos mão das vantagens de termos um grupo diversificado e da nossa chance de que ocorra sinergia. Os grupos se tornam "câmaras de eco", em que os membros só compartilham informações e ideias que acham que os outros querem ouvir — e não o que os ajudará a atingir suas metas.

SOCIALIZAÇÃO

É famoso o momento em que, antes da invasão da baía dos Porcos, Arthur Schlesinger, professor de Harvard e conselheiro de JFK, expôs suas reservas quanto ao plano de invasão proposto. Porém Robert Kennedy, procurador-geral e irmão de John, chamou Schlesinger à parte. "Você pode estar certo ou errado, mas o presidente já tomou a decisão dele. Não insista mais nesse assunto", falou. "Agora é a hora de todo mundo ajudá-lo no que puder."[8] Schlesinger disse: "Tive a sensação de que não podíamos nos manifestar", escrevendo mais tarde que "nossas reuniões ocorriam em uma curiosa atmosfera de consenso presumido, e ninguém se manifestou contra isso".[9]

Pressão dos pares não é apenas autocensura e questionamento do nosso próprio julgamento. Grupos reforçam a conformidade, censurando membros que saiam da linha. Isso pode ser algo tão pequeno quanto a conversa de Robert Kennedy e Schlesinger ou o comentário de Kobe Bryant sobre o fato de ficar festejando até altas horas.

Quando não estamos certos de que pertencemos a um determinado lugar, ficamos bastante atentos aos sinais de que estamos recebendo a aprovação dos outros. Interpretamos um olhar ou algo que alguém não disse como pistas de que estamos fazendo algo errado. Esse é o nosso cérebro paleolítico em ação, protegendo-nos do ostracismo.

As pressões de conformidade são cristalizadas em processos formais e repetitivos do grupo por meio da socialização,[10] na qual as normas são ensinadas aos novos membros. Essas pressões podem ser codificadas em processos formais, como instruções. Qualquer universidade, empresa, time e irmandade tem instruções. Em um extremo do espectro, uma empresa pode exibir um vídeo curto para dar as boas-vindas ao novo funcionário e direcioná-lo ao site para obter mais informações. No outro extremo, temos o trote, a doutrinação e o abuso.

Em 2017, o estudante da Universidade Estadual da Pensilvânia Timothy Piazza morreu, aos dezenove anos, em decorrência de ferimentos sofridos durante sua "afiliação" a uma fraternidade, o que levou ao maior julgamento criminal da história norte-americana contra uma irmandade. De acordo com relatos da imprensa,[11] depois que a fraternidade incentivou o consumo de quantidades absurdas de álcool, Piazza tinha 40% de álcool no sangue – 500% acima do limite legal para dirigir. Ele se machucou ao cair da escada. Quando outro membro da fraternidade tentou chamar assistência médica, três outros membros supostamente o jogaram contra a parede para impedi-lo.

Embora seja raro que os processos de socialização exagerados terminem em morte, todo tipo de grupo é famoso por eles. Fraternidades, times e academias militares têm as semanas infernais, repletas de trotes, tanto bem-humorados quanto abusivos. Quem os defende acredita que os trotes unem os grupos, por se tratar de tradições compartilhadas que marcam transições simbólicas de não membro para membro. Quem os critica teme que o poder que o grupo tem sobre os recém-chegados leve com maior frequência a casos como o de Piazza.

A maioria dos grupos não é tão radical, mas, ainda assim, exige sutilmente pedágios daqueles que procuram ser aceitos. Podem ser tradições, como os calouros comprarem café ou carregarem as malas dos outros ou deixarem a individualidade na porta com códigos de vestimenta e uniformes rígidos. Assim como as normas, muitos desses pedágios são simbólicos, por meio dos quais os candidatos demonstram sua disposição de participar de um grupo subordinando sua individualidade à autoridade do grupo. Dizemos: "Faça essa coisa desagradável ou embaraçosa!", e a pessoa faz.

Assim como outros comportamentos normativos, os processos de socialização são bons quando são de desenvolvimento — ou seja, quando têm o objetivo de ajudar os novos membros a se prepararem para fazer parte do grupo. Mas a socialização pode se tornar coercitiva quando tem a obediência ao grupo e a seus líderes como principal objetivo.

Existe uma paródia melhor da burocracia inútil do que o filme *Como enlouquecer seu chefe*? Nele, a personagem Joanna (interpretada por Jennifer Aniston) trabalha em um restaurante casual chamado Chotchkie's Bar & Grill. Uma das políticas do restaurante é que os funcionários usem *flairs* em seus uniformes — bótons decorativos para comunicar bom humor e personalidade aos clientes.

A política é que todos os funcionários usem, no mínimo, quinze bótons. Ao notar que ela está usando exatamente quinze, o gerente de Joanna pergunta o que ela acha das pessoas que usam apenas o mínimo necessário. Afinal, Brian está usando 37! Depois de ser criticada pela terceira vez por sua falta de bótons, Joanna dá o dedo do meio para seu chefe e sai. A norma, que talvez tivesse começado como uma ideia para os funcionários personalizarem seus uniformes, havia se tornado apenas mais uma via de controle e conformidade.

De forma divertida, a paródia da vida corporativa de *Como enlouquecer seu chefe* influenciou as políticas de estilo no mundo real. O criador do filme, Mike Judge, comentou que tinha ficado sabendo que a rede de restaurantes

TGI Fridays havia encerrado sua política de obrigar a equipe de garçons a usar bótons em seus uniformes. "Cerca de quatro anos depois do lançamento do filme", disse Judge ao *Deadline.com*,

> o TGI Fridays acabou com toda aquela história dos bótons, porque as pessoas chegavam e faziam piadas sobre isso. Uma vez, um dos meus [colegas] perguntou por que não havia mais os bótons, e eles disseram que o removeram por causa do filme *Como enlouquecer seu chefe*. Então, talvez, eu tenha tornado o mundo um lugar melhor.[12]

Consolidamos normas e procedimentos em leis e instituições que estão tão desvinculadas de seu propósito original que não são do interesse de ninguém; são meros "bótons" que não permitem mais que a equipe se expresse nem contribuem para a imagem do grupo. É apenas mais uma coisa que fazemos porque é o que sempre fizemos. Mas, assim como o gerente de Joanna, os membros do grupo continuam a impor a norma. As políticas e os procedimentos se tornam fins em si mesmos, em vez de meios para atingir um fim.

Regras extremas e sua aplicação também são comuns no mundo real. Meus filhos se inscreveram numa escola de ensino médio, não muito longe da minha casa, que obtém resultados acadêmicos extremamente bons. Ela também tem normas e políticas bastante rígidas. Os alunos precisam usar paletó e gravata todos os dias — e recebem suspensão se os usarem de forma inadequada. A escola tem um sistema particular de deambulação em suas dependências. A penalidade por desvio também é suspensão. E, o que é mais ultrajante, o contato físico com outros alunos dentro das dependências da escola é proibido. Qualquer toque leva a uma suspensão.

Todos nós poderíamos apresentar alguma lógica por detrás dessas regras e punições. Mas a verdade é que você poderia facilmente substituir essas regras por outras, porque elas não são fins em si mesmas: limitam-se ao objetivo de ensinar "disciplina" — com o que eles querem dizer conformidade ao modo como os líderes da escola acham que as coisas devem ser feitas.

Outra maneira de os grupos imporem a conformidade é por meio da formalização de suas normas. "Lei" é apenas uma palavra para as normas formalizadas de uma nação — aquelas com as quais ela se preocupa o suficiente para punir as pessoas que as violem. Embora a maioria dos grupos não tenha o poder de prender os membros que se desviam das normas, eles podem reter recompensas, como bônus ou promoções no trabalho, ou aplicar punições, como suspensões na escola. Ou simplesmente ridicularizá-los, ou gritar com eles — afinal, parte do que queremos obter dos grupos é um senso de pertencimento. Negar-nos esse sentimento, ou nos ameaçar sutilmente de ostracismo, é uma forma de punição que nosso cérebro paleolítico leva muito a sério.

Em geral, as normas formalizadas, como regras, leis e políticas, partem de um bom princípio, como o desejo de evitar erros custosos ou de reforçar "boas práticas". Mas, com bastante frequência, acabam como os bótons no Chotchkie's — regras que são aplicadas sem propósito nenhum. Além disso, engessar demais as "boas práticas" em políticas e procedimentos é um jogo perigoso. Pessoas e situações mudam, deixando normas desatualizadas em seu rastro. Em pouco tempo o manual está apartado de sua finalidade original.

Usar normas e socialização apenas para fins simbólicos é um exemplo de "controle coercitivo"[13] — a tentativa de mudar o comportamento das pessoas por meio de monitoramento, recompensas e punições. E isso é muito comum em grupos. Em sistemas coercitivos, o foco dos membros é evitar punições. Uma das maiores lições da psicologia social nos últimos cinquenta anos é: o negativo é mais forte do que o positivo em nosso cérebro.[14] Nós nos lembramos de eventos negativos cerca de cinco vezes mais do que de eventos positivos equivalentes. Quanto as pessoas se sentem mal perdendo cem dólares é em média mais intenso do que quanto se sentem bem quando encontram cem dólares.[15] Também descobrimos que pessoas que se esforçam para evitar punições não estão necessariamente se esforçando para atingir as metas.[16]

Na prática, evitar punições consome tanta energia mental que temos dificuldade para aprender ou ser criativos.[17] Não corremos riscos nem experimentamos coisas novas. Nosso cérebro prioriza caminhos familiares, o que dificulta a criação de novas conexões neurais. Portanto, as chances de sinergia despencam em grupos coercitivos.

E grupos poderosos têm a capacidade de monitorar nosso comportamento como nunca antes. Muitos de nós carregamos dispositivos de escuta o tempo todo. Na internet, registramos publicamente dados sobre nossas preferências e opiniões que qualquer pessoa pode comprar. Muitos de nós temem que as empresas de tecnologia e os governos estejam tentando nos controlar (e alguns temem que alienígenas ou homens-lagarto estejam fazendo o mesmo). Talvez não precisemos de implantes cerebrais cibernéticos para nos tornarmos Borg.

Os mesmos sistemas que constroem uma realidade compartilhada (e nos ajudam a cooperar!) muitas vezes reprimem a divergência e rejeitam os membros que não seguem as regras. Aqueles que se afastam demais da linha são empurrados para baixo na hierarquia e têm menos influência. Muitas vezes, são expulsos.

Assim como o Chotchkie's Bar & Grill, grupos perdem quando se tornam pouco atraentes para aqueles que não querem seguir todas as normas de maneira irrefletida. Quando um grupo fica famoso por uma determinada forma de fazer as coisas, as pessoas que poderiam questionar essa forma não tentam ser admitidas nele.

Mesmo que você convença pessoas novas e diferentes a participarem, os processos de socialização e coerção vão dificultar a obtenção do benefício de suas perspectivas novas e diferentes. Nossos cérebros paleolíticos nos convencem a imitarmos os outros até começarmos a pensar e a agir de modo mais parecido com as pessoas que já estão lá.

Com o tempo, isso cria um ciclo em que os grupos passam a ser cada vez mais "versões concentradas deles mesmos". Os novos membros são as pessoas para as quais o mais atraente é a reputação do grupo. O grupo seleciona aqueles que têm maior probabilidade de se adequar às suas normas. Por meio da socialização, ele começa a impor essas normas. Os que não se adaptam vão embora. O éthos do grupo se enrijece, tornando-se resistente a mudanças.

Em 1961, a famosa teórica social Hannah Arendt assistiu ao julgamento de Adolf Eichmann, um dos principais arquitetos do Holocausto. Assim como o resto do mundo, Arendt, que estava entre os resgatados pelo Comitê de Resgate de Emergência (do qual falamos na Introdução), ficou chocada com a aparente falta de aversão de Eichmann por judeus como ela. Repetidamente, ele argumentou que não deveria ser responsabilizado por suas ações durante a Segunda Guerra Mundial porque estava apenas "fazendo o seu trabalho".

O livro de Arendt *Eichmann em Jerusalém*[18] é mais lembrado por seu poético subtítulo: *Um relato sobre a banalidade do mal*. Essa expressão, "banalidade do mal", sintetiza o perigo da pressão à conformidade. Arendt enxergou corretamente além de uma perspectiva individualista que classificaria todos os nazistas como motivados pela maldade e pelo ódio. Em vez disso, eles eram motivados pela dedicação ao grupo e pela necessidade de pertencimento. Como ela disse: "Seguir os demais e querer poder dizer 'nós' foi o suficiente para possibilitar o maior de todos os crimes".

Grupos têm má reputação por causa da pressão à conformidade. Mas precisamos de influência social e socialização, porque as normas sociais são determinantes para a construção de uma realidade compartilhada e para a cooperação efetiva. No entanto, esses mesmos processos que promovem harmonia, identidade e coordenação muitas vezes se voltam para a estupidez e o mal. Grupos que se conformam com a tradição de maneira irrefletida ou que coagem os membros à aceitação estão entre as ferramentas mais perigosas — os Borg, determinados a assimilar ou destruir todos em seu caminho, sem aceitar divergência, diferença ou individualidade. Vamos falar sobre como evitar esses problemas no Capítulo 8. Mas, primeiro, precisamos nos aprofundar ainda mais em como e por que a conformidade pode levar os grupos a extremos.

7. Vermelho e azul

Como grupos se tornam polarizados

Em 23 de janeiro de 2023, a conta oficial do Twitter (atual X) dos chocolates M&M's fez um anúncio incomum: "Ano passado, fizemos algumas mudanças em nossos amados chocolates. Não sabíamos ao certo se alguém iria reparar. E, definitivamente, não achávamos que isso iria quebrar a internet. Mas agora entendemos — até mesmo os sapatos de um chocolate podem gerar polarização".[1]

Os sapatos de um chocolate podem gerar polarização? O que aconteceu para provocar essa mensagem desconcertante de uma marca de chocolates em formato de botão? Os "Spokescandies", personagens antropomórficos animados que representam os M&M's, com rostos de desenho animado e braços e pernas de borracha, são mascotes de longa data da marca. Eles apareceram em anúncios em ônibus, depois em filmes e na televisão. Além das personalidades coloridas, cada M&M era estereotipadamente masculino ou feminino. Na representação original, o M&M marrom usava sapatos de salto alto e o verde, botas compridas. Na nova campanha publicitária, calçavam respectivamente sapato de salto baixo e tênis.

A imprensa conservadora foi à loucura — por isso o comentário da M&M's sobre "quebrar a internet". Na última vez que conferi, o comunicado original havia sido visualizado mais de 50 milhões de vezes e retuitado mais de 26 mil. Durante vários dias, os comentaristas da Fox News procuraram vincular as mudanças nos calçados imaginários aos esforços da sociedade para promover a igualdade e a inclusão. O infame ex-comentarista da Fox News Tucker Carlson se enfureceu:

A M&M's não se dará por satisfeita até que todos os personagens de desenhos animados sejam profundamente desagradáveis e totalmente andróginos; até o ponto em que você não vai querer tomar um drinque com nenhum deles. Esse é o objetivo. Quando você tiver perdido totalmente o interesse, teremos alcançado a equidade. Eles venceram.[2]

Opiniões sobre as escolhas de moda que chocolates animados "fazem" se transformaram em um indicador de crenças políticas.

Esse tipo de "guerra cultural" na política é um exemplo fantástico de "polarização de grupos". A polarização se tornou outro bicho-papão dos grupos na imprensa popular, em especial nos Estados Unidos. Todo mundo, de políticos e celebridades até seu primo que não se encaixa bem na família, expressa opiniões cada vez mais radicais sobre quase tudo, desde política até moda. As pessoas estão se agrupando em um extremo ou em outro, e parece não haver nenhuma forma de cruzar essas divisões.

Infelizmente, isso não é mera impressão. Pesquisadores descobriram que a polarização vem aumentando em todo o Ocidente.[3] Nos Estados Unidos, por exemplo, os membros dos principais partidos políticos não gostam dos membros do partido adversário em uma medida que em 2020 era quase duas vezes o que era em 1980. No Reino Unido, o Brexit expôs divisões profundas, com um distanciamento cada vez maior entre os que eram a favor e os que eram contra. É impossível abrir um jornal ou entrar em uma livraria sem ver muitas teorias de botequim sobre o percurso de diferentes grupos em direção aos extremos de cada questão política e social, ao ponto de todo mundo ter que se posicionar sobre as escolhas de calçado dos M&M's.

Embora a polarização possa ser mais óbvia agora (obrigado, internet!), ela não é novidade. Em 1961, o estudante de pós-graduação James Stoner descobriu acidentalmente a polarização de grupos.[4] Ele acreditava que a pressão da conformidade tornaria os grupos avessos ao risco. Embora todo grupo possa ter um ou dois Tucker Carlson, Stoner achava que a interação levaria as decisões coletivas para o centro, não para os extremos. Em sua dissertação de mestrado, previu, portanto, que os grupos tomariam decisões mais cautelosas do que a média dos indivíduos que o compunham.

Mas, para surpresa geral, descobriu o oposto: a interação do grupo parecia puxar o coletivo para os extremos.[5] Os psicólogos sociais replicaram esse efeito centenas de vezes, tentando encontrar o motivo. Em um estudo, descobriram que, individualmente, estudantes universitários se dispunham a colocar 3,20 dólares, em valores atuais, numa aposta com chance de um para dez de decuplicar esse dinheiro. Mas, depois que esses mesmos indivíduos debateram o assunto em um grupo, se dispuseram a apostar 3,73 dólares — um aumento de 17%.

Décadas de pesquisa mostraram que, apesar da tendência à conformidade, os grupos raramente regridem em direção à média. Inclusive, isso se deve, em parte, às pressões por conformidade. Quando um grupo se inclina em uma determinada direção, a interação entre os membros os empurra ainda mais nessa direção. Se a média das preferências individuais inicialmente privilegia o risco, a interação do grupo torna as opiniões individuais e as decisões do grupo ainda mais arriscadas. E se os membros inicialmente privilegiam a cautela, a interação os torna mais cautelosos. A interação leva os grupos não para o centro, mas na direção da média de suas preferências iniciais — para um extremo ou outro. Em outras palavras, ela os polariza.

Como vimos no Capítulo 5, quando nos identificamos com outras pessoas queremos nos afiliar a elas. Tendemos a concentrar nossas conversas em áreas de concordância, o que faz com que nos sintamos mais próximos dos outros e nos dá um maior senso de pertencimento. Afinal, é difícil construir um relacionamento sem um ponto em comum! Porém, se você estiver apenas observando a conversa de outros membros do grupo, é provável que ouça informações e argumentos majoritariamente de uma única perspectiva. Talvez você tenha aprendido alguma coisa e tenha sido convencido a mudar sua própria opinião. Uma vez convencido, você também se manifesta. Sim, dessa vez os M&M's foram longe demais! Sim, o povo cubano pode nos receber como libertadores se os invadirmos! Sim, os NFTs (tokens não fungíveis) parecem um bom investimento! Se você discordar, provavelmente ficará em silêncio: você não quer se destacar, como Schlesinger, que se preocupava em se tornar um "incômodo". Isso ecoa muito, espero, o último capítulo — a opinião da maioria ganha maior tempo de audiência. Aqueles que falam acreditam que o grupo os apoia e ficam mais confiantes de suas posições.

Em grande parte, a "teoria dos argumentos persuasivos" — que diz que a polarização se deve, sobretudo, ao fato de as pessoas serem logicamente convencidas pelas informações disponíveis — não é tão ruim assim para a humanidade. De uma perspectiva evolutiva,[6] ela pode até ser útil. Grupos que vão mais longe na direção das preferências iniciais dos membros costumam ser mais decisivos. Dessa forma, os grupos pré-históricos podiam aproveitar rapidamente as oportunidades e evitar ameaças. Você ouviu dizer que há uma nova área de pesca que ainda não foi explorada? Vamos motivar todo mundo e pegar alguns peixes! Uma grande tempestade desponta no horizonte? Abriguem-se nas cavernas!

Mas, como você decerto imaginou, a polarização não para por aí e acaba fazendo mais mal do que bem.

LOVE HAS WON

Em 29 de abril de 2021, a polícia encontrou um pesadelo em uma casa em Crestone, Colorado: um cadáver humano azul.[7] O corpo da mulher de 45 anos estava embrulhado em um saco de dormir enfeitado com luzes de Natal e purpurina, com sua pele mumificada em um tom azulado sobrenatural. Embora ela estivesse morta havia várias semanas, os sete adultos e as duas crianças da casa não chamaram um médico quando a saúde dela se deteriorou, nem relataram sua morte à polícia. Na verdade, não acreditavam que ela estivesse mesmo morta. Achavam que ela havia "ascendido à quinta dimensão".

Amy Carlson foi a fundadora da seita espiritual Love Has Won [O Amor Venceu]. Ela afirmava ser a 534ª messias reencarnada, conhecida por seus seguidores como "Mãe Deus" ou "Mamãe". Suas vidas passadas incluíam Jesus, Cleópatra e Marilyn Monroe. Sua sabedoria vinha dos "Galácticos", seres sobrenaturais que haviam passado pela Terra — celebridades como Robin Williams, Michael Jackson e Donald Trump. Os Galácticos lhe haviam confidenciado que a nossa realidade mundana — o "mundo 3D", como eles o chamavam — era uma ilusão propagada por uma cabala obscura de progressistas e judeus. Os teóricos da conspiração QAnon tinham descoberto muitas coisas. A Mãe Deus logo desfaria essa ilusão para exatamente 144 mil dos seus seguidores, que então ascenderiam com ela à quinta dimensão.

Em seu auge, o Love Has Won chegou a ter cerca de vinte membros, vivendo juntos em cabanas remotas e estacionamentos de trailers, seguidos por milhares de fãs na internet. Carlson começou a postar vídeos no YouTube em 2009, transmitindo seus ensinamentos para milhares de lares em todo o mundo. Para aqueles que estavam prontos para abandonar as falsas armadilhas da medicina 3D (ou seja, real), ela e seus seguidores vendiam produtos de bem-estar e de cura espiritual. Um de seus campeões de vendas eram as "tinturas" de prata coloidal – partículas de prata suspensas em um líquido.

É importante observar que a prata é tóxica. Ela não é um mineral necessário, como o ferro ou o magnésio. A ingestão de uma grande quantidade pode levar a insuficiência hepática. E um efeito colateral peculiar é que ela deixa sua pele azulada.

Carlson acreditava nos produtos que vendia. Ela se sentia doente com frequência, pois lutava contra o vício e a anorexia. Cada vez mais tomava tinturas para se tratar. Provavelmente devido ao envenenamento por prata, acabou perdendo o uso das pernas.

Em seus poucos momentos de lucidez, enquanto sua saúde se deteriorava, expressou dúvidas sobre a história que havia inventado e sobre ser realmente a Mãe Deus. Pela primeira vez em nove anos, ela ligou para sua família 3D e pediu que a visitassem. Escreveu para os três filhos que havia abandonado e disse que os amava. Pediu para ser levada a um hospital – um hospital de verdade.

Mas seus seguidores, de quem ela agora dependia para tudo, se recusaram a levá-la. "Mamãe jamais iria a um hospital 3D", disse um deles. Mesmo quando Carlson pedia, eles encaravam seus pedidos para ver a família ou ir para um hospital como alucinações – desdobramentos do doloroso processo de "ascensão".

À medida que ficava mais doente, Carlson não conseguia mais se alimentar sozinha. Alguns de seus seguidores aumentaram sua dosagem. Eles competiam para demonstrar sua dedicação, levando-lhe tintura após tintura. Afinal, o que poderia ser mais importante do que curar a Mãe Deus? Eles explicavam a fragilidade dela como um sinal de que sua ascensão estava próxima. Mesmo depois que ela morreu, não conseguiam acreditar que tudo aquilo estivesse errado. (Sete membros do Love Has Won foram detidos como suspeitos e acusados de vilipêndio de cadáver e abuso infantil, mas as acusações foram posteriormente retiradas.)

Todos os grupos – de seitas a partidos políticos, passando por conselhos administrativos – têm uma tendência à polarização. O catalisador é a homofilia — a tendência humana de caminhar cada vez mais junto do próprio grupo. Somente aqueles que estavam abertos à mensagem de Carlson aderiram ao Love Has Won. Assim como os membros dessa seita, é mais provável que busquemos nos associar a grupos em que vemos outras pessoas com a mesma opinião — a homofilia influencia a faculdade que escolhemos, os empregos que aceitamos e os clubes aos quais nos associamos.

Nos Estados Unidos, a homofilia política agora influencia a geografia. Etnia, religião, escolha de carreira, gosto por caminhadas — era esse o tipo de coisa que costumava orientar as decisões sobre onde morar. Mas agora as pessoas estão escolhendo com base na política, mudando-se para locais com maior concentração de pessoas com crenças políticas semelhantes. Por exemplo, nunca foi tão difícil encontrar um democrata em Corpus Christi, Texas (75% de republicanos) ou um republicano em Baltimore, Maryland (87% de democratas) — as duas cidades mais politicamente homogêneas dos Estados Unidos em 2022.[8] De acordo com Shanto Iyengar, especialista em polarização e cientista político de Stanford, 85% dos casais norte-americanos compartilham o mesmo partido político;[9] esse número era de 60% em 1965. Isso é parte do que queremos dizer quando afirmamos que a sociedade norte-americana está cada vez mais polarizada politicamente. As fronteiras políticas e ideológicas estão ficando mais fortes porque semelhante atrai semelhante.

De acordo com o psicólogo social Amit Goldenberg, de Harvard, há outra força além da homofilia que explica a polarização, força que ele chama de "acrofilia", um amor pelo extremo.[10] Infelizmente, gostamos de ouvir pessoas com versões um pouco mais radicais dos nossos próprios pontos de vista. Em um estudo, Goldenberg e seus colegas perguntaram a norte-americanos progressistas e conservadores suas opiniões a respeito de questões políticas polêmicas, como ação afirmativa, controle de armas e soluções para a brutalidade policial. Em seguida, foram mostradas aos participantes seis outras pessoas que defendiam uma ampla gama de pontos de vista sobre o assunto. Assim como nas redes sociais, os participantes escolheram quais dessas pessoas adicionariam à rede deles — de quem gostariam de ouvir mais no futuro. Independentemente da opinião que tinham, os participantes escolheram desproporcionalmente pessoas que concordavam com eles — mas que eram um pouco mais radicais em seus pontos de vista.

A acrofilia explica por que as notícias e as redes sociais amplificam conteúdos radicais. Porque nós queremos! Gostamos de consumir opiniões com as quais concordamos, mas um pouco mais barulhentas e vigorosas do que as nossas. Os algoritmos das redes sociais dos quais reclamamos são estruturados para se adequar aos nossos cérebros.

Isso ajuda a explicar a polarização em todo tipo de grupo, não apenas nos políticos. Quando estamos inseridos em um grupo, começamos a dar mais crédito às vozes mais radicais. Como as opiniões mais radicais atraem mais atenção, elas ganham influência. Os Tuckers Carlsons e Nigels Farages do mundo detêm o microfone. Eles são confiantes e falam alto. Em grupos de todos os tipos, os mais apaixonados (e extremistas) provavelmente são os que mais falam e mais se esforçam para persuadir os outros. Os demais ouvem.

Chegamos agora à ironia final da polarização. Como as opiniões extremas ganham influência, os membros do grupo desenvolvem um senso distorcido do que é "normal" no grupo. O aumento da atenção e do tempo de audiência das vozes radicais faz com que os outros membros acreditem equivocadamente que a opinião que fala mais alto está no centro. Afinal, é a que você mais ouve. É como um grupo de crianças incitando umas às outras a descer uma colina perigosa de bicicleta, mesmo que quase nenhuma queira. Está com medinho?

Assim, a maioria dos membros do grupo (e, definitivamente, os membros dos outros grupos) superestima o grau de extremismo das opiniões do membro médio. As pessoas que têm as opiniões mais extremas são vistas como as mais prototípicas. Como nos identificamos com o grupo, queremos alinhar nossos pontos de vista com suas normas. Com o tempo, as opiniões dos membros caminham gradualmente para os polos — porque eles acham que essa opinião é normal para o grupo e, de modo consciente ou não, querem se adequar.

Assim, podemos ver como o Love Has Won se distanciou da realidade. Um grupo de pessoas que já era predisposto a desconfiar das instituições e da sociedade se uniu. Elas gostavam de ouvir aqueles que falavam um pouco mais alto e tinham mais confiança em como o mundo tridimensional era um caos, e em como a promessa da Mãe Deus era plausível. Com o tempo, o que era "normal" foi se tornando cada vez mais extremo. De uma tintura de vez em quando, subiu para dez doses por dia. Até que não havia mais para onde ir.

CÂMARAS DE ECO E AQUILO QUE QUEREMOS OUVIR

A internet deveria ser o grande equalizador que daria a toda a humanidade acesso a todas as informações do mundo. Ela conecta pessoas do mundo todo, permitindo que elas se comuniquem, independentemente da distância. Isso deveria proporcionar a diversidade de informações e perspectivas que afastaria a conformidade e a polarização, não?

Como era de se esperar, as pessoas raramente usam a internet para mudar de opinião. Elas a utilizam para entretenimento e pertencimento. Dedicamos a maior parte da nossa atenção a coisas que nos dão uma dose momentânea de dopamina. E nossos gostos são fortemente influenciados por nossos cérebros tribais paleolíticos.

Assim, é fácil a internet e, mais especificamente, as redes sociais se tornarem câmaras de eco perfeitamente projetadas. É uma câmara de eco mais intensa, porque essa dose de dopamina vem de um aspecto um tanto sinistro de nós mesmos: adoramos ouvir as pessoas falarem mal de outros grupos. Os psicólogos sociais Steve Rathje, Jay Van Bavel e Sander van der Linden analisaram 2,7 milhões de publicações no Facebook e no Twitter (atual X). Independentemente da afiliação política, nada previu melhor os compartilhamentos e retuítes do que o ódio por outros grupos.[11] Recentemente, o ódio por outros grupos se tornou ainda mais popular do que o amor por outros grupos — uma tendência nova e preocupante.

Existem algumas razões para isso. Como já falamos, nosso cérebro tende a preferir o negativo ao positivo; na disputa por atenção, as emoções negativas estão destinadas a vencer. Uma vez que expressar emoções negativas sobre seu próprio grupo pode fazer com que você seja expulso dele, você precisa de um alvo diferente: outros grupos. Ficar indignado ou com raiva de outros grupos fortalece a identidade e o orgulho do grupo. Apresentar seu grupo como vítima também funciona muito bem. Publicar palavras como "ódio", "ataque", "luta" e "destruição" está entre os indicadores mais potentes de obtenção de curtidas e compartilhamentos da sua mensagem.

Em termos coletivos, a indignação com grupos externos é uma forma infalível de obter atenção e aprovação do próprio grupo. Em seu livro *Outraged: Why We Fight about Morality and Politics*, o psicólogo social Kurt Gray explica por que a indignação baseada em grupos parece estar perpetuamente no centro do discurso público: "Todos nós temos uma mente moral fundamentada em danos", escreve Gray.[12] "Nosso passado evolutivo faz com que nos preocupemos com os danos, mas hoje as pessoas discordam sobre quais danos são mais importantes ou mais reais, gerando indignação moral e discordância política."

O segundo problema é que ficamos presos em câmaras de eco ou "bolhas de informações", nas quais somos expostos exclusivamente às informações dos nossos pares. A homofilia nos diz que é mais provável convivermos com pessoas que pensam de forma semelhante a nós. E, ao interagirmos, pensamos de modo cada vez mais semelhante ao longo do tempo. Assim, as informações e opiniões que você ouve provavelmente vão reforçar o que você já pensa. Se não tivermos um regime constante de grupos diversificados (ou se não fizermos parte de grupos com perspectivas e informações diversificadas), ficaremos expostos a mais e mais do mesmo. Nossa vida social passa a ser dominada por pessoas que geralmente concordam conosco. Nossas fontes de informação se tornam parte da identidade do grupo — buscamos informações de organizações que atendem a "nós" e não a "eles".

Felizmente, as pessoas não são estúpidas. A maioria se dá conta de que pode receber informações falsas de quem tem intenções políticas. Desconfiamos de tabloides e de organizações explicitamente politizadas, cientes de que eles podem fornecer uma visão distorcida do mundo. Afinal, a desinformação é tão antiga quanto a humanidade. Antes das fake news já existiam a propaganda e a boa e velha mentira.

Mas hoje há algo diferente se passando nos Estados Unidos — uma lacuna partidária na confiança nos veículos de notícias. Historicamente, a maioria das pessoas confiava nos noticiários não partidários "tradicionais" e desconfiava dos explicitamente partidários e dos tabloides. Nos Estados Unidos, existe agora uma grande divisão em quase tudo.[13] Há pouquíssimas fontes de informação que pessoas de ambos os partidos concordam que sejam confiáveis. Em outras palavras, mais do que nunca o seu grupo político determina em quais informações você acredita.

A polarização faz com que muitos grupos vejam com desconfiança informações que não sejam originárias do próprio grupo. Para os adeptos do Love Has Won, os médicos não eram fontes confiáveis porque estavam presos à mentalidade 3D. As mesmas forças atuam em diversos outros grupos. A verdade se torna relativa, uma questão de identidade, em vez de uma realidade verificável.

A realidade compartilhada de um grupo fica mais idiossincrática, afastando-se do resto do mundo.[14] Informações que vêm de fora não conseguem penetrar nessa realidade compartilhada do grupo.[15] Até mesmo as perspectivas vindas de dentro podem ser desconsideradas caso se desviem demais da identidade e dos valores do grupo — mesmo quando vêm da própria Mãe Deus.

Sabemos de tudo isso intuitivamente. Inescrupulosos usam esse conhecimento para ganhar influência e tornar suas câmaras de eco cada vez mais atraentes e com paredes mais fortes. Quando essas paredes estão erguidas, eles podem dizer praticamente qualquer coisa.

PROVANDO SEU VALOR

Em grupos nos quais todos se inclinam para um determinado lado, você avança se for um pouco mais radical do que a média. A M&M's estava errada em mudar. Boicote à M&M's! Queime os M&M's que você tiver em casa — e suas barras de chocolate Mars também, por precaução!

Isso leva a uma corrida em direção aos polos dentro de um grupo — os membros mais entusiasmados competem para provar que são fiéis verdadeiros. O membro mais comprometido do Love Has Won prova isso dando à Mãe Deus o maior número de doses de prata coloidal. Cortando para sempre o contato com a família, em vez de telefonar duas vezes por ano e ir às comemorações de fim de ano. Doando não apenas parte, mas todo o seu dinheiro para a causa. Os arquitetos da realidade compartilhada dos nossos grupos também não são escolhidos aleatoriamente. São aqueles que ascenderam ao poder em função da nossa tendência aos extremos.[16] Os guardiões e seus acólitos modelam e aplicam uma visão mais radical que a do membro médio, pedindo 38 bótons em vez dos quinze necessários.

A polarização extrema não se dá da noite para o dia. Pizzagate,* QAnon, Love Has Won e até mesmo a baía dos Porcos não aconteceram de repente. Foram desvios graduais que ocorreram ao longo de meses e anos. Aqueles que se afastaram da ortodoxia foram ridicularizados pelos que estavam no poder.

* A teoria da conspiraçao Pizzagate surgiu em 2016 e dizia que Hillary Clinton e outros democratas mantinham crianças como escravas sexuais dentro de uma pizzaria. (N. T.)

Os mais moderados foram expulsos ou se retiraram, deixando para trás um grupo gradativamente mais radical e uniforme. Cada vez mais, as pessoas sentem que suas opiniões sobre diversas questões, como mudança climática, desigualdade racial e sapatos de personagens de chocolate, são interdependentes — não é possível ser um "verdadeiro" membro do grupo sem estar em conformidade com a norma em todas elas.

As crenças extremas se tornam gradualmente normalizadas, e só aqueles que acreditam chegam ao poder. Sem uma minoria significativa com uma visão contrária, os membros continuam empurrando uns aos outros para cada vez mais perto do limite. Visões políticas malucas, teorias da conspiração e seitas surgem por meio desse processo.

Grupos altamente polarizados vivem e morrem por meio da coerção. As punições por desvios se tornam mais severas, contudo o aumento do radicalismo dificulta a atração de novos membros. O grupo geralmente vai ficando cada vez menor.

Porém mesmo grupos pequenos e extremistas podem causar muitos estragos. Terroristas dispostos a dar a vida para matar aqueles que não fazem parte do seu grupo são vistos pelos seus seguidores como mártires da causa. E, em resposta, os que são vítimas desses atos cada vez mais extremos radicalizam suas opiniões contrárias. Ambos os grupos desumanizam um ao outro e concluem: "Não há como argumentar com eles".

Sempre existem alguns extremistas em um grupo que desumanizam outros grupos. Deixar que os pontos de vista deles se propaguem livremente é perigoso, pois faz com que esses pontos de vista ganhem força de ambos os lados. Uma pessoa que diz "Não há como argumentar com eles" logo se torna um punhado de pessoas. E, então, as opiniões podem se disseminar.

Portanto, o que podemos fazer?

8. A meritocracia das ideias

Vencendo a batalha contra o lado sombrio do conformismo

Evitar os lados sombrios da conformidade, como o pensamento de grupo e a polarização, é uma batalha contínua contra nosso cérebro paleolítico, que busca segurança dentro do rebanho. Como vimos nos dois capítulos anteriores, essa parte pré-histórica de nós mesmos é um inimigo bem-intencionado, mas perigoso.

Em nossa batalha, a vantagem do cérebro paleolítico é que ele é rápido e furtivo. Ele exerce sua influência automaticamente, muitas vezes sem nossa percepção consciente. Para derrotá-lo, precisamos acrescentar perspectivas externas, promover um ambiente psicologicamente seguro e coletar informações de maneira sistemática. Quando fazemos isso, podemos manter o lado obscuro da conformidade sob controle. Infelizmente, esse inimigo é tão furtivo que, muitas vezes, o ignoramos. Somos complacentes e nos esquecemos de usar nosso arsenal.[1]

Nunca vi uma organização se preparar para essa batalha de forma tão completa quanto a Bridgewater Associates.[2]

A Bridgewater Associates é o maior fundo de hedge privado do mundo e um lugar inusitado para se trabalhar. Seus colegas usam tablets para avaliar você em tempo real. Você está sendo assertivo, aberto e criativo? Você vai descobrir isso por meio da ferramenta de feedback interno da empresa, o Dot Collector, que reúne constantemente as opiniões de seus colegas de trabalho sobre você. Está discutindo com um colega sobre o que foi ou não foi dito de fato em uma reunião? Não se preocupe, você pode ouvir de novo: toda reunião é gravada em vídeo e arquivada em um banco de dados pesquisável. Todo esse esforço está a serviço daquilo que o fundador, Ray Dalio, chama de "meritocracia de ideias", que usa uma transparência radical para garantir que todos questionem seus próprios pontos de vista e suposições ao tomar decisões coletivas.

Mas será isso uma armadura infalível contra a conformidade ou um pesadelo corporativo distópico? É impossível contestar os resultados da Bridgewater: ela superou a maioria de seus rivais e ganhou uma quantidade obscena de dinheiro. Mas também é verdade que cerca de um terço dos novos funcionários deixa a empresa nos dois primeiros anos — e isso falando apenas das pessoas que se candidataram e foram contratadas. A Bridgewater não é lugar para qualquer um.

A empresa está claramente fazendo algumas coisas certas na luta contra a conformidade. Os líderes sempre pedem a opinião de todo mundo — e não começam nenhum debate compartilhando as próprias opiniões. Os processos de avaliação da Bridgewater exigem que as pessoas compartilhem suas ideias, informações e perspectivas. E Dalio sempre prega que não tem todas as respostas e espera que todos deem sua contribuição.

A abordagem da Bridgewater para combater a conformidade é um pouco diferente da utilizada pela maioria das pessoas: a de "advogado do diabo". O advogado do diabo defende uma posição contrária, aparentemente para ajudar a expor possíveis falhas no raciocínio da posição dominante. Pesquisas mostram que o advogado do diabo é melhor do que nada[3] — ao destacar a pressão da conformidade, praticamente qualquer intervenção ajuda alguma coisa.

Mas o advogado do diabo é uma arma imperfeita, porque contém parte do problema: a defesa. A defesa costuma ser um passo na direção errada, sobretudo no início de um debate em grupo. A alternativa é abordar esses debates como uma dinâmica compartilhada de solução de problemas. Devemos pensar como detetives ou, conforme Adam Grant nos aconselha, como cientistas (não que nós, enquanto cientistas sociais, tenhamos vieses ou algo do gênero).[4] Os cientistas podem ter hipóteses, mas reúnem evidências para testá-las e atualizam seus pontos de vista à medida que novas evidências surgem. Bons cientistas também buscam informações que contradigam suas hipóteses, para garantir que elas resistam a um escrutínio minucioso. E, se as evidências não fornecerem embasamento para o seu ponto de vista, um bom cientista vai recomeçar o processo de raciocínio.

Grupos que buscam evitar o lado sombrio da conformidade devem fazer o mesmo. Estamos todos na mesma equipe, tentando descobrir juntos um caminho a seguir. Se os membros têm pontos de vista divergentes, é provável que haja uma razão para isso; vamos aprender algo se tentarmos entender essas razões. Quando houver discordância, os membros devem perguntar: "Por que você pensa assim? O que o levou a esse ponto de vista?". Não seja vítima da norma da enxurrada de concordância nas conversas, em que todo mundo acumula informações e opiniões que vão no mesmo sentido.[5]

Pense em como o episódio da baía dos Porcos poderia ter se desenrolado de forma diferente se alguém tivesse reagido à fala "O povo cubano vai nos saudar como libertadores" com algumas perguntas desse tipo. O debate poderia ter tomado um rumo bem diferente se todos os que tivessem dúvidas tivessem sido convidados a expressá-las.

Inclusive, foi isso que Kennedy compreendeu: que precisamos conduzir as discussões em grupo de forma diferente. Durante a Crise dos Mísseis de Cuba, o mundo esteve à beira de uma guerra nuclear. A União Soviética havia deslocado mísseis balísticos para Cuba, a apenas 150 quilômetros da Flórida. Como os Estados Unidos deveriam reagir?

Kennedy e sua equipe aprenderam com os erros cometidos durante o fiasco da baía dos Porcos. Eles propuseram e desenvolveram uma ampla gama de possíveis respostas, sem endossar nenhuma delas. Em vez de um debate do tipo "sim ou não?" à invasão, como ocorrido anteriormente, foram apresentados os prós e os contras de cada opção.

Eles também foram mais cuidadosos ao analisar as perspectivas de outros grupos. Durante o episódio da baía dos Porcos, os assessores de Kennedy se basearam muito nas opiniões dos imigrantes cubanos — que haviam deixado Cuba porque não gostavam de Fidel Castro. A visão dos Estados Unidos como libertadores[6] veio deles, e poucos dos assessores de Kennedy cogitaram que os cubanos que haviam saído poderiam ter uma opinião diferente daqueles que haviam ficado. Mas, durante a Crise dos Mísseis de Cuba, a equipe de JFK se concentrou em entender os motivos de Cuba e da União Soviética.

Há algumas coisas boas aqui. O método do advogado do diabo geralmente organiza as decisões em termos binários e pede aos membros que argumentem a favor ou contra, tentando arregimentar as pessoas para o seu lado. Mas decisões em grupo não devem ser uma competição. É aí que lideranças como de Dalio ou Kennedy podem ajudar. Uma pesquisa realizada por Randall Peterson, professor da London Business School, mostra que os grupos tomam decisões melhores quando os líderes tratam do "como", não do "quê".[7] Líderes efetivos orquestram o processo de tomada de decisões. Exigem que os grupos corram atrás de todas as informações possíveis antes de tentar entendê-las. Os melhores líderes também evitam defender opções específicas. Dessa forma, os membros não tentam imitar nem bajular o líder escolhendo a mesma opção que a dele — em vez disso, ganham pontos por seguir o processo.

Essa é uma exceção à máxima do general Patton, mencionada no Capítulo 3, sobre nunca dizer às pessoas como fazer o trabalho delas. Líderes podem e devem dirigir o compartilhamento de informações e os processos de tomada de decisão. Todos nós sabemos que discussões e decisões em grupo muitas vezes parecem caóticas e ineficientes, por isso as pessoas em geral apreciam quando os líderes dão alguma estrutura a elas. Mas não saia por aí dizendo às pessoas como fazer o trabalho delas o tempo todo, e sim apenas quando elas quiserem a sua ajuda.

FORTALECENDO SUAS LINHAS

Durante décadas, pesquisadores tentaram contornar a conformidade disfuncional ao mudar as coisas dentro dos grupos — eles experimentaram o advogado do diabo, técnicas complexas de tomada de decisão como o método Delphi (com suas várias rodadas de previsão e atualização de especialistas) e muitas outras.

A professora Deborah Ancona, do MIT, percebeu, no entanto, que as pesquisas negligenciavam um campo de batalha igualmente importante — aquilo que estava além dos limites dos grupos. Ancona e seus colegas descobriram que as equipes mais inovadoras e efetivas não se concentravam apenas nos desafios que enfrentavam internamente, como evitar as pressões de conformidade:[8] em vez disso, olhavam para fora. Os grupos que olham para fora se adaptam mais rápido a um mundo em constante mudança.

Grupos *boundary-spanning* [alargadores de fronteiras], como Ancona os denominou, podem ter muitas vantagens se usarem suas armas corretamente.

A maioria dos grupos — sua equipe de trabalho, sua família nuclear e seus amigos — faz parte de redes mais amplas. E equipes diversificadas tendem a estar conectadas a um conjunto mais diversificado de outros grupos.

Isso faz com que muitos membros de grupos *boundary-spanning* possam ser vistos como "corretores", conectando duas partes que de outra forma não se conectariam. Os corretores oferecem o que o sociólogo organizacional Ronald Burt chama de "uma vantagem de visão":[9] eles têm acesso à rara combinação de realidades compartilhadas de diferentes grupos. Vejamos a Ideo, por exemplo. Eles já trabalharam para centenas de clientes em dezenas de setores. Projetaram de tudo, de escovas de dentes Oral-B até motores a jato e a baleia mecânica do filme *Free Willy*. E trabalhar com todos esses clientes diferentes lhes dá a capacidade de pegar ideias de um projeto e aplicá-las em outros totalmente diferentes.[10] A diversidade de suas conexões sociais ajuda a alimentar sua criatividade.

Logo, grupos diversificados são mais bem equipados para evitar a pressão disfuncional da conformidade, pois é mais provável que contenham uma perspectiva e informações variadas. Isso significa que os membros têm mais oportunidades de aprender uns com os outros e menos chances de partir de opiniões homogêneas que levem à polarização. Via de regra, grupos com uma profunda diversidade têm diversas oportunidades de cruzar fronteiras e de intermediação, porque essas diferenças de perspectiva vêm de algum lugar. Tudo o que resta é assegurar que os grupos tirem proveito disso.

Provavelmente, o exemplo mais emblemático de composição de um grupo para evitar a pressão da conformidade foi o de Abraham Lincoln, que ficou famoso por reunir uma "Equipe de Rivais" para servir como seus conselheiros. Conforme documentou a historiadora Doris Kearns Goodwin, Lincoln estava determinado a recrutar os candidatos mais capazes,[11] mesmo que discordassem dele e uns dos outros. Dessa forma, ele recrutou para seu gabinete seus adversários na corrida presidencial, que discordavam dele em tudo, de escravidão a imigração.

Depois do fiasco da baía dos Porcos, Kennedy fez o mesmo, mudando seu gabinete e preenchendo-o com uma gama mais diversificada de assessores. Talvez o mais importante seja o fato de ele ter reformulado o processo de tomada de decisões do governo para abrir espaço a debates que comportassem divergências.

Pesquisas sugerem que Lincoln e Kennedy estavam no caminho certo. Em seus estudos sobre a formação de normas, os cientistas organizacionais Kenneth Bettenhausen e Keith Murnighan descobriram que, quando os membros do grupo têm experiências semelhantes antes da interação, eles adotam as normas sem pensar.[12] Quando têm experiências diferentes, é mais provável que debatam e negociem suas normas. Isso não é garantia do aprimoramento das normas, mas é melhor do que quando avançamos sem pensar,[13] pautados pelo hábito ou pelo modo como as coisas sempre foram feitas.

Como vimos nos Capítulos 6 e 7, porém, a diversidade de perspectivas nem sempre se eterniza nos grupos. A pressão natural para colaborar e se afiliar significa que os grupos desenvolvem uma realidade comum e são expostos a informações e perspectivas semelhantes ao longo do tempo. Isso é simplesmente consequência de se fazer parte do mesmo grupo.

É por isso que os recém-chegados são essenciais na luta contra a conformidade. Os novos membros não são apenas novatos a serem doutrinados – eles são ótimas oportunidades para se aprender.[14] O Comitê de Resgate de Emergência (tratado na Introdução) não tentou simplesmente doutrinar os novos membros sobre a forma como as coisas eram feitas – eles recrutaram ativamente membros com novas informações e habilidades úteis. E aprenderam com eles. Os melhores grupos fazem o mesmo.

Ainda que não tenha o poder de montar sua própria "equipe de rivais", você pode fazer sua parte na luta contra a conformidade e a polarização. Primeiro, pode pensar como um corretor. Aposto que você é membro de pelo menos dois grupos que não se conhecem. Isso o deixa em uma posição de oferecer a ambos os grupos uma perspectiva diferente. De levar ideias de um grupo para outro. De conectar pessoas de mundos diferentes, que de outra forma talvez permanecessem isoladas. Garantir que você saia da realidade de um grupo e aprenda sobre outro é um antídoto saudável contra as pressões da conformidade. E, em segundo lugar, você pode participar de novos tipos de grupos. Faça um curso de *street dance*. Participe de uma banda ou de um coral, mesmo que você (ainda) não tenha muito conhecimento de música. Seja voluntário em uma causa com a qual você se importa. Ao fazer isso, estará dando a si mesmo uma vantagem de visão e se vacinando contra o lado sombrio da conformidade.

O MISTÉRIO DAS REAÇÕES ADVERSAS A MEDICAMENTOS

Na década de 1990, a professora da Harvard Business School Amy Edmondson era estudante de doutorado e trabalhava sob a orientação do guru de grupos Richard Hackman. Edmondson pesquisava equipes de enfermagem responsáveis por administrar medicamentos a pacientes em hospitais.[15] O hospital queria usar as teorias de Hackman para reduzir as "reações adversas a medicamentos" — danos que os pacientes sofriam com os remédios administrados pela equipe de enfermagem. Na época, as reações adversas também eram a principal medida de desempenho da equipe de enfermagem do hospital.

Quando analisou os dados sobre a eficiência da equipe, Edmondson descobriu algo alarmante: as equipes com as melhores condições, que deveriam ser as mais efetivas de acordo com a teoria de Hackman, relatavam o maior número de reações adversas. Em outras palavras, as equipes mais bem estruturadas pareciam ter o pior desempenho.

Já contei a milhares de alunos sobre essa descoberta em minhas aulas. "Como pode ser?", pergunto. "As equipes mais bem estruturadas eram confiantes demais", sugerem alguns alunos. "Elas se tornaram complacentes." "Corriam mais riscos." "Estavam mais preocupadas em se relacionar bem do que em fazer as coisas direito."

Mas essas não são as explicações corretas.

Depois de algumas tentativas, alguém sugere a resposta certa: a métrica de desempenho do hospital estava errada. As equipes mais bem estruturadas não *cometiam* mais erros; elas *reportavam* mais erros. As equipes mal estruturadas provavelmente cometiam mais erros, mas não os reportavam.

Em suas entrevistas com enfermeiras, Edmondson encontrou evidências para essa hipótese, que desde então tem sido confirmada por inúmeras pesquisas. Em equipes bem estruturadas, os profissionais falavam abertamente sobre seus erros, com todos contribuindo e tentando melhorar seu desempenho. Como uma enfermeira de uma dessas equipes disse a Edmondson: "Erros são uma coisa grave devido à toxicidade dos medicamentos [que usamos], por isso nunca temos medo de contar à gerência de enfermagem".

Mas, em equipes mal estruturadas, falar abertamente não era a norma. Uma enfermeira de outra equipe diferente no mesmo hospital afirmou: "Você é julgado. As pessoas são culpadas pelos erros... ninguém quer ter cometido um".

O contraste é visível. Em uma equipe, era normal que todos debatessem sobre seus erros. Em equipes assim, os membros tendem a compartilhar seus conhecimentos, dar ideias e fazer perguntas. Na outra equipe, as pessoas guardavam suas ideias para si mesmas, pois sabiam que seriam julgadas pelos erros e ridicularizadas pelas sugestões.

A base para evitar o lado sombrio da conformidade é o que Edmondson chama de **segurança psicológica** – a sensação compartilhada de que os membros podem admitir erros,[16] dar novas ideias e fazer perguntas sem medo. Em um ambiente psicologicamente seguro, as pessoas não ficam preocupadas demais com serem condenadas ao ostracismo pelo grupo se disserem algo de que eles discordam, ou se admitirem que não são perfeitas. E, juntamente com os quatro elementos da estrutura, a segurança psicológica é a quinta condição essencial para coletivos verdadeiramente efetivos.

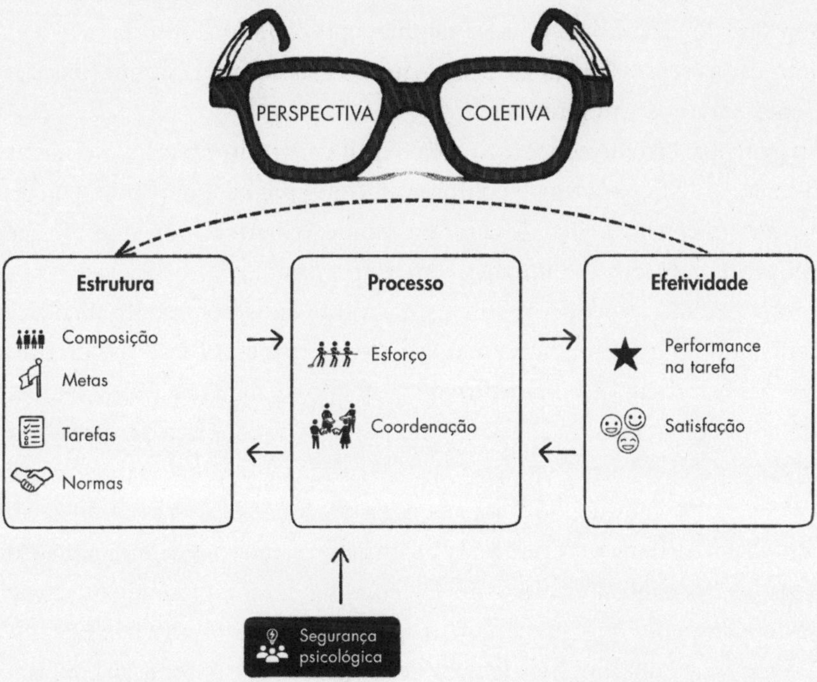

Segurança psicológica não é um sentimento individual. Uma mesma pessoa pode se comportar de forma totalmente diferente em dois grupos diferentes. Pense nas suas próprias experiências. Se você se lembrar de alguns dos grupos mais e menos efetivos dos quais já fez parte, é provável que eles sejam diferentes em termos de segurança psicológica. Nos melhores, você sabe que não há problema em expressar suas frustrações, apontar quando as coisas não estão indo bem ou pedir ajuda se necessário. Nos piores, você hesita em se manifestar ou fazer perguntas, pois sabe que há o risco de ser humilhado se o fizer.

Segurança psicológica permite que os grupos desenvolvam normas e comportamentos que mantêm as pressões de conformidade sob controle. Um importante fator preditivo da efetividade da equipe são as normas sobre quanto cada um fala. A professora Anita Woolley, da Universidade Carnegie Mellon, e seus colegas descobriram que grupos com tempo de fala semelhante têm melhor desempenho em uma variedade de tarefas.[17] Normas que incentivam todo mundo a participar em igual medida parecem ajudar. Outras também parecem ser úteis, como responder rapidamente a mensagens, de modo que a comunicação seja "vibrante", ou seja, que os grupos concentram suas comunicações em um curto intervalo.

O principal erro de concepção com o qual deparo ao ensinar sobre segurança psicológica é que ela é algo confortável, como um banho quente. Um grupo com segurança psicológica deve ser harmonioso, certo? Mas, muitas vezes, é o contrário: o decoro é o inimigo. Um grupo psicologicamente seguro pode, às vezes, parecer combativo, com os membros constantemente provocando o status quo. O que está funcionando? O que não está? Por que fazemos as coisas dessa forma? Existem alternativas que não estamos levando em conta? É um grupo que discorda abertamente, porque os membros desenvolveram a habilidade e a confiança para fazer isso de forma efetiva. Eles também podem dizer uns aos outros quando é hora de parar de discordar e entrar em sincronia.

Provocar o status quo pode ser incômodo e ameaçador para aqueles encarregados de mantê-lo. É isso que faz com que líderes e membros se irritem quando alguém dá sugestões demais ou faz uma pergunta que você achava que já tinha respondido. Mas lembre-se: na psicologia, o negativo é mais forte que o positivo. Esse pequeno estalo é quatro ou cinco vezes mais memorável do que todos os elogios que você poderia fazer a essa mesma pessoa, como o tom de deboche de Kobe Bryant. A segurança psicológica é frágil porque somos muito sensíveis ao ostracismo. Nosso cérebro paleolítico teme que a ridicularização seja um precursor da expulsão do grupo. Portanto, mesmo pequenas ameaças ao nosso senso de pertencimento nos levam a guardar para nós mesmos nossas ideias e perguntas.

Segurança psicológica é muito importante quando estamos tentando algo novo, quando precisamos aprender e ser criativos. Mas todo grupo está tentando algo pelo menos um pouco novo, porque hoje é diferente de ontem. Portanto, há novidade, descoberta e aprendizado a cada momento de interação de um grupo, o que torna a cultura da segurança psicológica um dos aspectos mais importantes a serem cultivados (voltaremos a falar sobre como fazer isso em um minuto).

NORMAS PRÓ-COMUNICAÇÃO, COMO VOZ E ESCUTA

Se voltarmos ao Comitê de Resgate de Emergência, talvez você se lembre de Albert Hirschman, o jovem economista que ajudou refugiados como Hannah Arendt a atravessar as montanhas. Assim como ela, Hirschman teve uma carreira acadêmica célebre. A maior parte de seu trabalho em economia política não estava diretamente relacionada ao poder e à dinâmica dos grupos — ele não seguiu o caminho de Arendt ou Sherif. Uma exceção, porém, foi sua obra-prima, *Saída, voz e lealdade*.[18]

Hirschman postulou que, quando os membros de um grupo se dão conta de um problema, eles têm duas opções. Podem ou se manifestar (voz), ou deixar o grupo (saída). De volta à Alemanha, Hannah Arendt começou a se manifestar para tentar impedir que o país se transformasse em um Estado nazista autoritário e intolerante, mas acabou decidindo que a situação era insustentável e que ela precisava fugir.

Todos nós enfrentamos decisões semelhantes em uma escala menor. Nenhum grupo é perfeito, e sempre existem coisas que precisam ser mudadas. Nosso trabalho é nos manifestarmos quando vemos a necessidade de mudança e incentivar os outros a fazerem o mesmo, sobretudo os menos poderosos.[19] Mas sempre há uma análise de custo-benefício em se expressar. O tempo que vamos gastar debatendo essa questão será um tempo bem empregado? Quanta importância dou a essa questão — ou a esse grupo? Se eu for o único a me manifestar, ficarei encarregado de resolver o problema? Talvez seja melhor ficar quieto.

Embora eu lecione sobre esse assunto, fico calado com mais frequência do que falo em muitos grupos no trabalho. A maioria das universidades é dirigida por professores. Se eu expressar um problema ou sugerir uma nova iniciativa, as chances de eu ter de liderar o esforço de mudança são altas. Isso significa trabalho adicional para mim. E se eu aponto um problema (como em meus tantos discursos contra provas e aulas demoradas, que acredito estarem na categoria "instituições medievais" de Edward O. Wilson), muitas vezes afasto meus colegas que discordam de mim. As cartas estão marcadas contra quem fala.

É por isso que grupos como a Bridgewater Associates e as equipes de enfermagem de Edmondson precisam elogiar aqueles que se manifestam e criar normas e estruturas que incentivem isso.

Mas, para que esse sistema funcione, os líderes de grupos devem ter outra habilidade fundamental: a escuta. Como sugere minha pesquisa com o professor Jeffrey Yip, da Simon Fraser University, ouvir de verdade significa que o orador se sente compreendido em seu significado e sua intenção.[20] Se os membros se manifestarem, mas não se sentirem ouvidos, acabarão desistindo de se manifestar. E, se tiverem a sensação de que não são compreendidos, seu senso de pertencimento e de lealdade ao grupo diminuirá. Se isso acontece com muita frequência, o grupo começa a se desintegrar.

A SABEDORIA DAS MULTIDÕES

Outra forma de combater a conformidade é fazer com que seu grupo interaja menos — ou, na prática, mais estrategicamente. E o modo de fazer isso é agregando informações, preferências e opiniões dos membros sem que haja interações. Tudo, desde os mercados de apostas esportivas até as previsões políticas, é mais preciso quando se faz a média de inúmeras opiniões independentes. Pesquisas mostram que os métodos que fazem isso são surpreendentemente efetivos e levam a um fenômeno interessante: a sabedoria das multidões.[21]

Uma área que se beneficia da sabedoria das multidões é a das previsões. Pesquisas têm constatado de forma consistente que, ao preverem coisas como a quantidade de jujubas em um pote, como será o desempenho do mercado de ações no ano seguinte ou quem vencerá uma eleição, as multidões (ou seja, grupos não muito grupais com pouca ou nenhuma interdependência ou interação significativa) geralmente superam até mesmo os prognósticos individuais de profissionais talentosos.[22] Ou seja, calcular a média de vários julgamentos independentes é uma aposta muito boa. Isso se deve ao fato de que os julgamentos independentes não podem ser vítimas de enxurradas de concordância nem de efeito manada. Não temos de buscar conformidade se não soubermos o que as outras pessoas estão dizendo.

As multidões superam os indivíduos e os grupos interativos quando os julgamentos são independentes, mas são vítimas de influência social quando veem os julgamentos uns dos outros. Portanto, o mercado de ações, as pesquisas políticas ou as apostas esportivas podem ser valiosos por um tempo, mas também vítimas de vieses. Além disso, a sabedoria das multidões é mais efetiva com problemas bem definidos, como quantas jujubas há no pote, mas não tanto para trabalhos criativos ou objetivos que ainda não foram concluídos.

O problema é que, quando temos acesso a julgamentos alheios, as multidões se tornam menos sábias e caminham em direção à loucura com a mesma frequência com que miravam a sabedoria. Tornam-se turbas. Os economistas chamam isso de "efeito manada", quando os investidores seguem uns aos outros, supondo que a multidão deve estar sabendo de alguma coisa. Mercados eficientes se transformam em bolhas. Dependendo do século em que você está, tulipas, Beanie Babies ou NFTs podem ser irracionalmente supervalorizados por pessoas que entram na onda.

É por isso que os sistemas de informação e o processo pelos quais os julgamentos individuais são obtidos, armazenados e agregados são tão importantes. Na Bridgewater, Ray Dalio sabia que as tentativas de tirar proveito da sabedoria coletiva exigem sistemas para armazenar e organizar informações. Foi por isso que a empresa criou o Dot Collector — o sistema que coletava as opiniões dos colegas de trabalho sobre você e registrava todas as reuniões de que você participava — para juntar pontos que as pessoas pudessem ligar. Somos incrivelmente preguiçosos na busca por informações. Qualquer coisa que reduza o atrito na hora de achar o que queremos saber é bom. Grupos com arquivos compartilhados de informações e normas sobre como usá-los têm uma grande vantagem.

GUIA RÁPIDO PARA UMA DISCORDÂNCIA EFETIVA

Meus colegas que lecionam sobre grupos e equipes costumam exibir aos alunos o filme *12 homens e uma sentença*, de 1957. Esse filme mostra um júri deliberando sobre o assassinato de um pai abusivo por seu filho adolescente. Dos doze membros do júri, onze inicialmente votam pela condenação, mas apenas o jurado oito, interpretado por Henry Fonda, defende a inocência do réu. Spoiler: no decorrer da trama, o jurado oito convence todos os onze a mudarem de posição e votarem pela absolvição.

Não uso esse exemplo em sala de aula porque essa situação é quase impensável: as pressões de conformidade são fortes demais para que uma minoria de um supere uma maioria determinada de onze.[23] Felizmente, mesmo quando achamos que estamos sozinhos em nossa opinião às vezes não estamos. Como vimos no Capítulo 6, tendemos a superestimar o tamanho das posições da maioria. Se, internamente, discordarmos da maioria, é provável que outra pessoa também discorde. Em termos estatísticos, se presumirmos que as informações são distribuídas de maneira aleatória entre as pessoas, mas que existe uma decisão objetivamente "certa", é improvável que haja uma maioria esmagadora que esteja errada (embora Galileu e outros talvez salientassem que isso pode, sim, ocorrer).

Se você faz parte da minoria e está tentando influenciar a maioria, tem duas abordagens para expressar sua posição. Uma delas é ser um membro leal do grupo em todos os outros aspectos, para ganhar o que o psicólogo social Edwin Hollander chamou de "créditos de idiossincrasia".[24] Os membros leais do grupo recebem um passe livre ocasional para desrespeitar algumas normas ou discordar da maioria. Desde que você não esteja violando as normas mais sagradas do grupo, é provável que seja levado a sério quando apresentar sua divergência.

Os créditos de idiossincrasia permitem que um indivíduo tome um desvio em um grupo, mas eles só se traduzem em mudança de opinião de outros membros quando usados por quem está no poder para defender a mudança. Infelizmente, isso não é tão comum quanto gostaríamos. Todos nós pensamos "vou fazer as coisas de um jeito diferente" quando ganhamos poder e influência. Mas o tempo que passamos em um grupo nos transforma. Quando chegamos perto do topo, entendemos por que as coisas são feitas do jeito como são feitas — e precisamos escolher nossas batalhas no que diz respeito a defender a mudança. São raros os guerreiros silenciosos da mudança que se comprometem a fazer as coisas de forma diferente depois de terem quitado suas dívidas.

A outra abordagem é desafiar abertamente o status quo ou a maioria — e fazer isso de forma respeitosa, mas consistente. Com o tempo, o grupo aceita que você é a pessoa que pensa aquilo que ninguém mais pensa.

Vejamos o caso de Bernie Sanders, o senador norte-americano. Sanders tem sido um espinho no lado democrata há muito tempo. Ele se recusou a se identificar com o partido, rotulando sua filiação como "independente". Defendia posições que poucos encampavam. Em muitas ocasiões, foi o único a se afastar da bancada democrata. Sua dissidência era tão consistente e previsível que comediantes no mundo todo fizeram paródias do seu discurso de lançamento de candidatura, que começava com "O um por cento do um por cento...".

Mesmo assim, Sanders concorreu à indicação do partido para a disputa da presidência dos Estados Unidos e chegou mais perto do que todos previam — duas vezes. Ele é uma versão clássica do que o sociólogo Dan Forsyth chamou de "divergente tolerado" — um membro do grupo do qual se espera, e se aceita, a divergência.[25]

O segredo para se tornar um divergente tolerado é ser consistente em sua posição ao longo do tempo. Pesquisas descobriram que respeitamos as pessoas que defendem valores e posições consistentes, mas desconfiamos das motivações dos que mudam de opinião com muita frequência. Como Sanders e o jurado oito, a consistência permite que os dissidentes conquistem o respeito dos outros membros.

Mas os divergentes tolerados não podem discordar em todas as questões — se você discorda do grupo em tudo, por que faz parte dele? Os dissidentes mais efetivos defendem os valores e as normas fundamentais do grupo, usando sua dissidência de forma estratégica. Sanders esteve ao lado dos democratas durante anos e votou com o partido na maioria das vezes.

Além disso, é difícil influenciar a maioria sem um amigo. Os dissidentes solitários, como o jurado oito, têm um histórico ruim. Segundo as pesquisas, é preciso ter pelo menos um colega dissidente para que haja chances decentes de converter a maioria. Além disso, como Bernie Sanders, você precisa divergir de modo consistente e visível. Sempre que o assunto for abordado, você tem de expressar sua posição e se certificar de que os outros estejam cientes de sua discordância. Embora a conversão da maioria ainda seja uma batalha difícil, você terá uma chance se houver um subgrupo consistente e visível de dissidentes.

O relativo sucesso de Sanders na formação de uma coalizão minoritária e na obtenção de concessões políticas da maioria é incomum no competitivo mundo da política. E isso se deve ao fato de que a influência da minoria é algo difícil no mundo real. Quando os grupos estão sob pressão — de tempo, competidores ou ameaças —, a tolerância à discordância cai. Guerras, invasões e prazos a cumprir aumentam a pressão da conformidade e nosso desejo de ver unidade em nossos grupos.

CONCLUSÃO: DECISÕES SÃO PROCESSOS, NÃO EVENTOS

As pressões da conformidade nos transformaram em ovelhas que precisam acordar? Existe algo de verdadeiro na ideia de que precisamos de alertas regulares para nos lembrarmos de lutar contra o nosso cérebro, que ama a conformidade.

Ser aceito na tribo era uma questão de vida ou morte para os nossos ancestrais, mas hoje podemos lidar com um pouco mais de divergência. Muitos escritores (inclusive eu?) talvez exagerem um pouco ao descrever os poderes da pressão da conformidade. No estudo de Asch, os grupos de pesquisadores lançam a estatística de que 76% se adequaram ao afirmar pelo menos um comprimento de linha errado. Mas, se você contar cada tentativa individualmente, os participantes ainda deram a resposta correta em 64% das vezes, mesmo diante de uma oposição unânime. E quase um em cada quatro participantes jamais seguiu a multidão e expressou a opinião que considerava correta. Isso é o dobro da proporção que sempre seguiu a multidão. O lado otimista dessas descobertas é que, na maioria das vezes, alguém vai se manifestar quando o grupo estiver errado.

Portanto, o truque é ter certeza de que estamos ouvindo e usando a divergência de maneira produtiva. O psicólogo social Charlan Nemeth descobriu que os grupos que fazem bom uso da divergência são mais criativos e se saem melhor em decisões complexas, mesmo quando o divergente está errado.[26] Ouvir outro ponto de vista quebra o feitiço da conformidade — a ilusão de que ninguém pensa de outra forma se desfaz. O que, muitas vezes, é suficiente para ativar nosso pensamento crítico e nos dar confiança para falar.

Promover a segurança psicológica e a dissidência produtiva e, ao mesmo tempo, preservar os vínculos que nos mantêm unidos é crucial. E também muito, muito difícil. Não existe um truque simples que nos permita fazer isso. Pelo contrário; assim como na Bridgewater Associates, isso exige dedicação diária. Cada reunião, cada jantar em família é um processo. É uma batalha contínua dentro de nós mesmos que nos mantém afastados das seitas, das formigas e dos Borg.

REFLEXÕES DE GRUPO SOBRE CONFORMIDADE

Reflexão 1. Revise suas normas e a realidade compartilhada no início, no meio e no fim das tarefas.

Problema: As pressões de conformidade dificultam o estabelecimento de normas saudáveis. Também podem fazer com que a realidade compartilhada de seus grupos se desalinhe do mundo exterior.

Solução: Fazer debates abertos sobre o alinhamento entre os valores, as metas e as normas de seus grupos a intervalos regulares. Com base no trabalho pioneiro de Connie Gersick sobre desenvolvimento de grupos,[27] recomendo três momentos para programar essas discussões: lançamento, meio e pós-conclusão.[28] No início de uma nova tarefa, o líder ou o facilitador deve verbalizar sua compreensão dos valores e do objetivo principal do grupo (abrindo para perguntas ou pontos de vista alternativos). Se os grupos fizerem isso regularmente, esse exercício é, em grande parte, uma defesa contra o desalinhamento. O grupo deve então analisar as principais tarefas que precisam ser realizadas e debater quais normas são úteis no processo (mais sobre isso a seguir).

Supondo que você tenha definido metas SMART, existe um prazo claro para a conclusão da sua tarefa. A meio caminho entre o lançamento e o prazo final, agende uma rápida revisão em grupo sobre como suas normas e estratégias estão funcionando. Nós as estamos seguindo? Elas precisam ser alteradas? A rubrica Começar/Parar/Continuar é uma boa heurística para essas reuniões. (Eu começo pelo Continuar, para falarmos primeiro sobre o que estamos fazendo bem.)

Imediatamente depois da conclusão da tarefa, faça um *debriefing* no qual você reflita sobre as mesmas ideias, mas com um futuro mais amplo em mente.

É difícil pedir a um grupo que faça uma reflexão significativa quando a pressão do prazo de entrega se intensifica, portanto o momento imediatamente posterior é o melhor para isso.

Reflexão 2. Trate as decisões em grupo como se fossem a resolução de um problema em conjunto, buscando informações e perspectivas únicas.

Problema: Os debates em grupo costumam apresentar um viés contrário a informações singulares e a perspectivas de minorias. Se um grupo só vai tratar de coisas com as quais todos já concordam, para que serve o debate? As decisões coletivas só têm potencial de sinergia quando se concentram em coisas que algumas pessoas não sabem.[29] Além disso, muitas tratam as decisões coletivas como uma competição, na qual a sugestão dos outros compete com a minha.

Solução: As decisões coletivas devem ser do tipo "nós versus o problema". Como mencionei no Capítulo 8, lembretes simples nos ajudam a manter essa visão. Eis um exemplo: "Vamos nos certificar de abordar essa decisão como uma solução de problemas coletiva. Todos nós queremos tirar esses elefantes do prédio e colocá-los nos balões de ar quente. Todos nós queremos o melhor para o nosso grupo, o Esquadrão Banana, mesmo que tenhamos opiniões diferentes sobre a melhor forma de fazer isso. Por favor, concentrem-se em compartilhar todas as informações relevantes antes de começarmos a defender um determinado curso de ação. E podemos precisar de tempo para fazer um brainstorming do maior número possível de hipóteses antes de tomarmos qualquer decisão sobre como mover esses elefantes". Minha própria pesquisa sugere que o melhor momento para dizer isso é logo depois do início da interação.[30] Já falamos sobre pedir perspectivas diferentes e informações contrafactuais, portanto, continue a fazer isso também. Você pode substituir a parte sobre elefantes e balões de ar quente, é claro. Mas, para que dê certo, você precisa, sim, chamar seu grupo de Esquadrão Banana.

Reflexão 3. Mantenha os canais de comunicação abertos e o armazenamento de informações evidente.

Problema: A maioria dos grupos não conta com o Dot Collector da Bridgewater Associates. Na melhor das hipóteses, eles têm uma unidade compartilhada caótica, em que não fica claro quais documentos estão atualizados, nem se todos estão ali. A maioria dos membros do grupo se comunica por e-mail e mensagens de texto, mas alguns conversam nos corredores ou por telefone. Quando você precisa de informações, não é claro onde elas estão nem a quem perguntar a respeito.

Solução: Nem sei dizer quantos problemas em novos grupos poderiam ser evitados com um debate sobre normas de comunicação e armazenamento de informações — isso está no top 5 das soluções fáceis que a maioria dos grupos não faz.[31] As perguntas básicas são: Como vamos nos comunicar? Com que rapidez devemos esperar uma resposta? (E quanto tempo até começarmos a nos preocupar?) Como vamos armazenar as informações de modo que todos tenham acesso a elas e possam encontrar o que precisam?

Por exemplo, quando estou liderando um grupo, compartilho que me comunico melhor por e-mail e tento responder dentro de dois dias úteis para colaborações ativas. Mas que tenho dificuldade em lidar com e-mails muito extensos ou que acumulem um fio de respostas longo demais — e pesquisas sugerem que não sou o único a deixar passar coisas nessas situações. Se precisar da minha atenção rapidamente, o WhatsApp é a melhor estratégia (porém, se eu acordar e vir cem mensagens no grupo, talvez eu o silencie). Sou um defensor da organização de pastas compartilhadas e nomes de arquivos (versão, data, editor no nome do arquivo, por favor). Guardo em outra pasta assiduamente os documentos que não são a versão mais atual. Meus grupos têm anotadores dedicados para as reuniões, que enviam as atas e as adicionam à unidade compartilhada. A questão aqui não é se essas são as melhores normas, mas que deve ser esse o nível de detalhe em que a conversa é realizada.

Reflexão 4. Desenvolver uma cultura de segurança psicológica.

Problema: A segurança psicológica é frágil. Nosso padrão com estranhos é de nos aproximarmos dos outros com cautela, com receio de demonstrar possíveis defeitos. Nosso cérebro enfatiza emoções negativas, como quando nos sentimos inadequados ou expostos. Você precisa se esforçar para estabelecer segurança psicológica e para mantê-la quando a pressão aumenta.

Solução: Honestamente, você deveria ler o extenso trabalho de Amy Edmondson sobre esse assunto.[32] Aqui vão algumas das dicas dela, para começar.

(1) *Descreva o trabalho com precisão*. Como Albert Einstein supostamente disse: "Quem nunca cometeu um erro nunca tentou algo novo". Se formos como Einstein ou a Ideo, para os quais experimentar coisas novas é essencial, teremos de cometer alguns erros ao longo do caminho. Mas se o trabalho for rotineiro e os erros forem uma questão de vida ou morte, como é o caso dos oficiais de segurança de uma usina nuclear, minimizar os erros é fundamental. Portanto, precisamos chegar a um acordo: essa é uma tarefa criativa ou de aprendizado, na qual precisaremos de tentativa e erro esclarecidos? Ou é uma tarefa rotineira, de alto grau de confiabilidade, em que não há espaço para erros?

(2) *Peça sugestões*. Se você quiser que as pessoas façam perguntas, admitam e debatam erros e se manifestem quando tiverem uma ideia para melhorar as coisas, peça isso a elas. Não de qualquer jeito — você deve acreditar mesmo nisso. Caso contrário, estará condenado a comungar com os Galácticos e tomar tinturas.

(3) *Assuma riscos interpessoais*. Confiar nos outros é um paradoxo — você precisa de confiança para assumir riscos, mas precisa assumir riscos para criar confiança. Portanto, vá em frente! Admita seus erros e faça perguntas que você acha que são idiotas. É útil ter alguns créditos de idiossincrasia acumulados, de modo que a tendência é que os membros mais poderosos e de maior status iniciem essa norma. Se você for o líder do grupo, é muito mais importante que seja o modelo dos tipos de comportamento que deseja que os outros apresentem.

Reflexão 5. Mantenha seus limites flexíveis.

Problema: Grupos precisam de limites claramente definidos. No entanto, combater a pressão da conformidade significa permanecer aberto a informações e a ideias de fora desses limites. Há tantos problemas dentro do grupo que pode ser fácil nos esquecermos de sair e respirar um pouco de ar fresco.

Solução: Conforme tratado no Capítulo 8, use os recém-chegados como uma oportunidade de aprendizado. Pergunte o que eles pensam e o que acham confuso, e tente entender seus pontos de vista. Isso é especialmente importante antes que esses recém-chegados estejam totalmente socializados. (É um dos motivos pelos quais gosto de trabalhar com alunos de doutorado — faço com que eles apresentem suas ideias antes de se aprofundarem demais no mundo acadêmico.) Isso também ajuda os recém-chegados a se sentirem parte do grupo. O modo como as pessoas são tratadas no início determina se o grupo vai ou não tirar proveito de perspectivas novas e diferentes.

Além disso, certifique-se de que você tenha uma rede sólida de consultores externos. Na pesquisa sobre mentoria, fala-se sobre a importância de uma forte "rede de desenvolvimento"[33] – pessoas que tenham os melhores interesses em mente e que possam trazer perspectivas e conhecimentos de fora. Os grupos precisam do mesmo. A quem você pode pedir ajuda ou um choque de realidade? É claro que você não quer compartilhar com pessoas de fora coisas com as quais seu grupo não se sinta confortável. No entanto, pode ser útil passar a expô-las para algumas pessoas de fora que sejam confiáveis.

Reflexão 6. Para evitar câmaras de eco, mantenha uma dieta de informações saudável e equilibrada.

Problema: Adoramos consumir indignação em relação a outros grupos – dedicar atenção a pessoas que falam sobre todas as formas pelas quais nosso grupo é vítima e os outros são culpados. Esse é o combustível da polarização. Mas resistir ao impulso de consumir indignação é muito difícil: você está lutando contra as maiores empresas e contra os algoritmos mais poderosos do mundo. Quando está cansado, se sentindo solitário ou mal-humorado, provavelmente vai perder essa batalha, com muita frequência.

Solução: A sugestão simples de dieta de Michael Pollan, autor best-seller de ciência dos alimentos, é comer uma variedade de alimentos não processados, em especial vegetais.[34] Sua dieta de informações deve ser semelhante. As redes sociais são a *junk food* das informações. Se essa for a maior parte da sua dieta de informações, você não terá um cérebro saudável. "Processado" significa que você está ouvindo informações de terceiros – um influenciador falando sobre algo que ouviu de outro influenciador que leu a manchete, mas não o artigo. Dietas informativas saudáveis e não processadas vêm do consumo de relatórios e pesquisas de especialistas. (Você está lendo este livro, então provavelmente não preciso *lhe* dizer isso.) Variedade, nesse caso, pode significar simplesmente ler livros e artigos e variar os tipos de mídia que você consome – alguns jornais, revistas, podcasts e TV. Mas o melhor mesmo é ser membro de diferentes tipos de grupos, interagir com diferentes tipos de pessoas e ouvi-las de verdade.

Seção III

Competição

Na Seção III, vamos falar sobre competição e conflito entre grupos e dentro deles. Dentro de um grupo, a competição funciona como um contraponto à conformidade, como um impulso para progredir, se destacar e ser reconhecido. No Capítulo 9, veremos os lados positivos e negativos da competição em grupo: a competição é um estímulo poderoso, mas você precisa saber quando ela ajuda e quando ela prejudica o desempenho. No Capítulo 10, trataremos do conflito, o primo perigoso e atrevido da competição. Infelizmente, a maioria das pesquisas sobre redução de danos do conflito tem se concentrado em soluções individualistas, que, na melhor das hipóteses, possuem um histórico irregular. No Capítulo 11, discutiremos como colher os benefícios da competição e minimizar seus riscos — competir com nós mesmos, evitar conflitos de relacionamento e perceber que aqueles que buscam dividir e fomentar conflitos entre grupos são os verdadeiros inimigos. Esse conhecimento pode ajudá-lo a usar a competição para aprimorar seus grupos — e se aprimorar.

9. Sempre competindo

Como a competição molda a nós e a nossos grupos

No início da série Harry Potter, a casa Sonserina dominava o esporte fictício do quadribol. A Sonserina tinha usado vassouras superiores e táticas de legalidade questionável para ganhar a cobiçada "Copa de Quadribol" por um recorde de seis anos consecutivos. Mas Harry Potter mudou tudo isso quando se juntou à rival da Sonserina, Grifinória, apoiado por uma Nimbus 2000 – uma vassoura de última geração. E, no primeiro livro da série, essa vassoura ajuda Harry a levar a Grifinória a uma vitória emocionante.

Mas a Sonserina não aceita isso de braços cruzados. No ano seguinte, ela recruta a nêmesis de Harry, Draco Malfoy. O rico pai de Draco compra vassouras ainda melhores para toda a equipe da Sonserina. A tarefa da Grifinória ficou muito mais difícil! Felizmente, Harry logo consegue um modelo de vassoura ainda mais recente que deixa para trás todas as outras.

Ao longo dos livros, vemos uma corrida "armamentista" de vassouras entre as equipes. Cada uma se esforça para obter modelos mais novos, mais rápidos e mais manobráveis para ter uma vantagem sobre os adversários. As equipes empurram umas às outras para alturas cada vez maiores no que diz respeito às vassouras.

O mundo real está cheio de casos semelhantes. Por exemplo, a Carolina do Norte é o lar não de uma, mas duas potências do basquete universitário masculino. A Universidade da Carolina do Norte (UNC) e a Universidade Duke, do treinador Mike Krzyzewski, ficam bem próximas uma da outra, na

Tobacco Road. Suas equipes ganharam vários títulos nacionais a curtos intervalos: a Duke em 1992, depois a UNC em 1993. A UNC em 2009, depois a Duke em 2010. A Duke em 2015, depois a UNC em 2017. No quadro geral, no momento em que escrevo, as equipes estão em terceiro (UNC) e quarto (Duke) lugares em número de títulos do campeonato de basquete masculino da NCAA. Existe alguma coisa na água da Carolina do Norte que torna os jovens de dezoito a 23 anos melhores no basquete?

Uma pesquisa realizada pelo professor da Universidade de Nova York Gavin Kilduff ajudou a descartar minha teoria da água com outra muito mais lógica: a competição com um rival ajuda o desempenho do grupo.[1] Em um estudo, Kilduff e dois pesquisadores da Universidade Columbia, Brian E. Pike e Adam Galinsky, perguntaram se o sucesso de um rival em uma temporada melhorava o desempenho da equipe na temporada seguinte. Será que o campeonato de 1992 da Duke, por exemplo, de fato estimulou a UNC a ter um desempenho melhor em 1993? Ou ambas eram apenas boas equipes que, por coincidência, venceram em anos consecutivos?

Os pesquisadores coletaram uma grande quantidade de dados — não apenas das equipes de basquete masculino da NCAA, como também das quatro maiores ligas esportivas profissionais americanas (NFL, NBA, MLB e NHL), abrangendo mais de 5600 observações de desempenho de equipes rivais. Esse é um número enorme para um estudo de equipes de verdade competindo em condições reais! Eles descobriram que a competição entre rivais de fato estimulou equipes como a Duke e a UNC a se destacarem: em todas essas ligas, as equipes têm melhor desempenho no ano seguinte a um bom desempenho de seus rivais.

Esse é o poder da competição. Você provavelmente não precisa que ninguém lhe convença de que ela pode proporcionar estímulo e concentração. O desempenho do seu rival lhe dá uma meta clara a ser perseguida — uma meta SMART vívida e perfeita, como nos sonhos de Gary Latham (Capítulo 4). Se o seu rival é capaz, por que você não seria?

A competição também tem algumas propriedades cooperativas sorrateiras. A raiz latina da palavra, *competere*, significa "encontrar-se" ou "esforçar-se em conjunto". Em situações de competição podemos, literalmente, trazer à tona o melhor de cada um. Assim como a UNC e a Duke, os atletas olímpicos tendem a estimular uns aos outros a estabelecer novos recordes gerais e pessoais por estarem na mesma competição. Por exemplo, na Olimpíada de 2016, a corredora etíope Almaz Ayana correu mais rápido do que qualquer outra pessoa, baixando o recorde mundial dos 10 mil metros rasos em mais de catorze segundos.[2] No entanto, na mesma corrida, a queniana Tirunesh Dibaba também correu mais rápido do que jamais havia corrido, levando para casa o bronze e batendo seu recorde pessoal em doze segundos. A equipe do Quênia disse à *Sports Illustrated* que treinou estrategicamente para vencer Ayana, portanto, a melhora drástica de Dibaba foi, pelo menos em parte, graças à competição com sua rival.

As coisas são semelhantes na competição entre grupos. A "Corrida Espacial" entre os Estados Unidos e a União Soviética estimulou os dois países a investir recursos no desenvolvimento de novas tecnologias, incluindo satélites e foguetes, em um ritmo mais rápido do que teriam feito sem a competição. A concorrência acirrada entre fabricantes de automóveis nos proporciona carros cada vez mais potentes, seguros e com baixo consumo de combustível — ou pelo menos cada vez mais porta-copos e carregadores de celular. A concorrência entre plataformas de streaming, como Netflix, Amazon, Apple e Disney, nos proporciona spin-offs cada vez mais luxuosos e caros de ficção científica e romances de fantasia. Assim como a competição entre indivíduos, a competição entre grupos e dentro deles estimula a inovação, a conquista e a eficiência de maneiras que trouxeram benefícios a toda a humanidade.

No auge da competição, geralmente temos uma resposta fisiológica ao "desafio".[3] Hormônios energizantes — testosterona e cortisol — são disparados em nossa corrente sanguínea. Nossos vasos sanguíneos se dilatam para permitir uma melhor circulação, possibilitando que esses hormônios e um lastro de oxigênio cheguem ao cérebro e aos músculos. Quando tudo dá certo, ficamos mais aptos, física e mentalmente, para dar o melhor de nós mesmos.

Considerando o poder da competição, não admira que ela esteja em toda parte na sociedade moderna. Nações entram em guerra. Partidos políticos competem nas eleições. Empresas competem por participação de mercado. Até mesmo nosso entretenimento é muitas vezes competitivo, seja no quadribol, seja no basquete, seja no *Survivor*.

Visto que usamos tanto a competição, ela deve ser muito útil para nos incentivar a darmos o melhor de nós, certo?

Não é bem assim. Embora ela possa, às vezes, trazer à tona o que há de melhor em cada um, seu histórico geral de aprimoramento do desempenho humano é irregular. Em sua metanálise, os psicólogos Kou Murayama e Andrew Elliot resumiram 65 estudos sobre a relação competição-desempenho, que analisaram as experiências de 14 721 pessoas. A manchete desse estudo abrangente: "A competição e o desempenho não têm praticamente nenhuma relação detectável".[4]

Isso se dá porque a competição também traz à tona o que há de pior em nós. Sonegamos recursos e informações, o que dificulta a cooperação. Ela pode fazer com que aqueles que não veem um caminho para a vitória desistam no meio, ou nem mesmo comecem. Às vezes, leva os competidores a vencerem mesmo à custa de seus amigos e valores. Os que perdem ou não conseguem atingir suas metas podem ficar tão desmotivados que param de tentar. E, com muita frequência, a competição pode se transformar em um conflito, o que, entre grupos, é a força mais perigosa que a humanidade tem a oferecer.

Para entendermos o efeito da competição nos grupos, vamos primeiro dar um passo atrás em nossa perspectiva coletiva e descobrir o que acontece conosco como indivíduos quando competimos.

O QUE ACONTECE QUANDO VOCÊ COMPETE?

A competição é estressante. E o estresse pode ser bom ou ruim para o desempenho. Em um mundo sem estresse, eu poderia ficar sentado assistindo a reprises de *The Office* e comendo besteiras. A maioria de nós quer um pouco de pressão para se manter motivado a satisfazer nossa necessidade de agir.

No entanto, quando estamos competindo diretamente por alguma coisa que nos interessa, ficamos sob muita pressão. E, em contraste com a manchete da pesquisa de Murayama e Elliot, essa pressão afeta nosso desempenho de formas previsíveis.

Pesquisas sobre a pressão da avaliação — a pressão que sentimos quando somos julgados, que emerge em qualquer tipo de competição — têm produzido resultados irregulares desde a década de 1960. Em alguns estudos, quando as pessoas eram submetidas a situações estressantes, como competir ou se apresentar diante de uma plateia, elas tinham um desempenho melhor do que quando estavam sozinhas. Porém, outros estudos mostraram o contrário – as pessoas se saíam melhor sozinhas do que em meio a uma multidão. Por quê?

A maioria dos pesquisadores da década de 1960 era individualista. Eles consideravam essas descobertas contraditórias sobre como as pessoas respondem à pressão como um sinal de que havia algum tipo de traço de personalidade competitiva, um gene desencadeador que determinava se você prosperava ou murchava diante da pressão.

Mas o psicólogo Robert Zajonc não era individualista. Ele observou que os estudos que demonstravam um efeito positivo da pressão usavam tarefas simples, como pedalar uma bicicleta ergométrica o mais rápido possível. Mas os estudos que mostraram um efeito negativo usaram tarefas mais complexas, como resolver problemas de álgebra diante de uma plateia. Em sua pesquisa, Zajonc mostrou que a chave para entender como a pressão afeta as pessoas era o domínio da tarefa em questão. Para habilidades bem dominadas, como pedalar uma bicicleta ergométrica, a pressão avaliativa tende a melhorar o desempenho. Porém, se não houver um bom domínio, como dizer cada quarta letra do alfabeto de trás para a frente ("Z... W... ééé..."), aumentar a pressão prejudica o desempenho.[5] Infelizmente, Zajonc foi péssimo em dar nomes às coisas, chamando o efeito positivo de "facilitação social" e o efeito negativo de "inibição social".

A facilitação e a inibição sociais nos permitem prever quando as pessoas vão prosperar ou murchar sob o calor da competição.[6] O mesmo vale para qualquer coisa que aumente o que está em jogo, como um prêmio de 1 milhão de dólares ou uma plateia de milhares de pessoas. Obter ou não os benefícios psicológicos e fisiológicos da competição depende de quanto você acha que está à altura da tarefa. Quando, no fundo, você não acredita que tem chance de vencer, não obtém a resposta fisiológica de "desafio" que o estimula.[7] No pior dos casos, pode mesmo obter a resposta de "ameaça", que lhe diz para recuar ou que o impede de tentar.

Isso ajudou Murayama e Elliot a explicar por que a competição tem efeitos tão confusos sobre o desempenho. Para aqueles que acreditam que podem vencer (ou eventualmente atingir seus objetivos), a competição melhora o desempenho. Mas aqueles que apenas tentam não passar vergonha têm uma reação de "ameaça", voltada para a evasão, e, portanto, a competição prejudica o desempenho deles.

Em suma, a competição tem uma relação conturbada com o desempenho humano. Quando você realiza tarefas que domina, aumentar os riscos por meio da competição pode estimulá-lo a atingir novos patamares. Porém, quando ainda está aprendendo, a competição provavelmente será prejudicial. Isso é algo que se deve ter em mente na hora de optar por participar de competições para se impor desafios, incentivar seus filhos ou motivar sua equipe de trabalho.

Mas as pessoas não competem somente para ter melhor desempenho. Também competimos porque isso proporciona uma recompensa viciante: vencer.

COMPARAÇÃO SOCIAL, OU O QUE VOCÊ DÁ AO SUJEITO QUE JÁ TEM TUDO

Em 2021, o bilionário russo Roman Abramovich, antigo proprietário do clube inglês Chelsea, mandou construir para si um iate de 140 metros chamado *Solaris*.[8] De acordo com relatos, o iate tem oito decks, um heliponto e pode abrigar 36 convidados. Mas, inacreditavelmente, Abramovich possui um iate ainda maior, o *Eclipse*, que tem 162,5 metros de comprimento, inclui duas piscinas, um cinema, dois helipontos e um submarino embutido. Apesar de serem usados talvez por um quarto do ano, ambos os iates exigem uma tripulação presente em tempo integral. E outros compatriotas super-ricos planejam superar Abramovich. Há rumores de que "um empresário anônimo da Malásia" comprou um iate ainda mais extravagante, o *History Supreme*, que é feito de 10 mil quilos de ouro e platina, a um custo de 4,8 bilhões de dólares.[9] Outros oligarcas estão trabalhando em iates construídos à imagem de ilhas e de cidades. Não importa quão inutilmente extravagante seja um megaiate, o próximo sempre busca superá-lo.

Mesmo as pessoas que têm tudo querem estar no topo de sua hierarquia social. Não se trata apenas de ter um ótimo iate, uma ótima casa ou um ótimo carro: trata-se de ter o melhor. Ser um pouco melhor do que nossos pares nos dá sempre uma sensação agradável. Os economistas, às vezes, se perguntam por que os super-ricos continuam a trabalhar para acumular uma riqueza que nem sequer poderão usufruir. Mas os psicólogos sociais já conhecem a explicação há muito tempo: comparação social.[10] As pessoas se comparam umas com as outras em basicamente qualquer dimensão imaginável e competem para chegar ao topo. Muitas vezes, não se trata de dinheiro, poder ou função de fato. A eterna competição em nossas mentes é sobre algo muito mais efêmero — status.[11]

Status é ter o respeito e a estima dos outros. É o primo maquiavélico do pertencimento; ambos nos fazem sentir valorizados, mas o status quer subir nas costas dos nossos companheiros de grupo e viver lá, enquanto o pertencimento só quer um abraço.

Enquanto indivíduos, nossa posição nessas hierarquias não afeta apenas o nosso psicológico,[12] mas também a nossa fisiologia.[13] Perder o status altera a pressão arterial e o equilíbrio hormonal, e pode até encurtar a expectativa de vida. O estresse do baixo status perpétuo, na verdade, com o tempo nos torna menos capazes. Embora o status elevado deixe as pessoas mais felizes e saudáveis, ele também significa estar constantemente se defendendo dos desafios vindos de quem está abaixo (como ter de encomendar outro iate maior, mais uma vez). E, no pior dos casos, o status elevado faz com que as pessoas comecem a imaginar desafios e a construir estruturas destinadas a travar possíveis adversários, em vez de beneficiar os membros do grupo.

Para entender a comparação social e o status, é preciso entender os grupos. Via de regra, não nos comparamos a um desconhecido qualquer. Em vez disso, comparamo-nos seletivamente com outros membros do grupo, reais ou imaginários — pessoas com quem compartilhamos, ou aspiramos compartilhar, uma identidade.

Infelizmente, muitas de nossas comparações sociais nos deixam menos felizes. Em um estudo famoso que exemplifica isso, a psicóloga social Victoria Medvec, de Cornell, e colegas descobriram que os medalhistas olímpicos de prata estavam menos satisfeitos do que os medalhistas de bronze que eles haviam superado.[14] Os medalhistas de prata tinham estado prestes a vencer, por isso se comparavam com o topo. Mas os medalhistas de bronze tinham estado prestes a assistir da plateia à cerimônia de entrega de medalhas, por isso se comparavam com os de baixo. É o efeito "eu poderia ter ganhado o ouro". Recentemente, pesquisadores replicaram essa descoberta usando a codificação automatizada de expressões faciais de fotos das Olimpíadas de 2000 a 2016. Os medalhistas de prata eram menos sorridentes do que os medalhistas de ouro e bronze, e, quando sorriam, era mais provável que seus sorrisos parecessem falsos.

A psicóloga social Susan Fiske resume nossas tendências de comparação social como "inveja dos de cima, desprezo pelos de baixo".[15] Essas tendências são venenosas e nos afastam, independentemente da direção em que nos comparamos. Como escreveu Fiske: "A inveja diz: 'Eu gostaria de ter o que você tem', mas isso implica: 'E eu gostaria que você não tivesse'. O desprezo diz: 'Você não é digno da minha atenção, mas sei que você está em algum lugar aí embaixo'". A comparação para cima nos faz sentir inadequados, e a comparação para baixo nos torna mesquinhos.

Pesquisas mostram que as pessoas passam muito mais tempo pensando em comparações sociais que as fazem se sentir mal do que naquelas que as fazem se sentir bem. Na nova era das redes sociais onipresentes e das personas virtuais com curadoria, nossos cérebros são programados para se concentrar em comparações que prejudicam fundamentalmente o nosso bem-estar. Todos nós queremos estar no mesmo patamar que o "vizinho", não importa se o que o vizinho tem são iates de platina do tamanho de uma ilha, abdômens bem definidos ou um sinal de aprovação do chefe. Em suma, procure evitar a comparação social; ela é ruim para você e para o mundo. Mas é muito difícil fazer isso, porque os nossos cérebros são programados para nos compararmos com outros membros do grupo.

Os seres humanos não são os únicos que buscam status vorazmente. Muitos animais têm hierarquias claras que ajudam a organizar sua vida social, por vezes com um único líder empoleirado no topo de uma estrutura em forma de pirâmide, como os lobos alfa e as abelhas-rainhas.

Como muitos animais, somos hipersensíveis a sinais sobre a posição de cada um na hierarquia. Para inferirmos status elevado, nos valemos de pequenos sinais,[16] como falar com confiança, fazer contato visual e ter uma linguagem corporal aberta e relaxada. Usamos vislumbres fugazes do rosto e da postura dos outros para fazer essas análises. Assim como para os grandes símios, nossos primos na escala evolutiva, o olhar baixo ou o queixo levantado nos dão pistas rápidas sobre quem está no comando.[17] Isso pode acontecer em apenas 0,33 milissegundo — literalmente um piscar de olhos.

Devido à nossa capacidade de detectar com rapidez sinais de status, espontaneamente inferimos hierarquia em grupos nos quais ela não existe. Quando outras pessoas demonstram sinais de dominância, como falar mais alto, agir com raiva ou até mesmo levantar o queixo ou fazer contato visual desconfortavelmente intenso, temos duas respostas possíveis.[18] Ou encaramos de volta e levantamos o queixo, espelhando esses sinais e desafiando a dominância, ou endossamos esses sinais com sinais de submissão, desviando o olhar.

Faz sentido sermos tão sensíveis a sinais de status. Nossos ancestrais competiam pelos recursos de que precisavam para sobreviver, com riscos concretos. O "suco de estresse" provocado pela competição ajudou a humanidade a fazer coisas que nenhuma outra espécie imaginou. As baleias-azuis também têm cérebros grandes, mas não estão tão preocupadas com status quanto nós. Elas se limitam a nadar, engolir água e comer krill. A maioria delas nunca nem precisou procurar um segundo emprego!

No entanto, considerando que você comprou este livro, provavelmente não está competindo por comida e água. Você tem algum rendimento disponível. Portanto, para os relativamente privilegiados, o impulso de competir é direcionado para a competição por status. O que é estranho, pois o status não passa de uma construção mental. Você não pode comê-lo, gastá-lo ou vê-lo. Pelo menos não diretamente.

A consequência disso é que mesmo os grupos mais igualitários desenvolvem hierarquias informais.[19] Os membros recorrem desproporcionalmente a determinadas pessoas para obter ajuda e aconselhamento.[20] As vozes desses conselheiros têm um pouco mais de peso na tomada de decisões coletivas. Eles ganham status e influência.

No mínimo, espero que a hierarquia do seu grupo não se baseie puramente na dominância social típica dos primatas. Torço para que se funde em avaliações de competência — fazer o que o grupo precisa que seja feito.

Como o status está embutido em nós por meio da evolução, não podemos evitar por completo as competições por status e a hierarquia. E a evolução está certa — a hierarquia é boa para alguma coisa.[21] Precisamos mesmo de alguma para que haja coordenação e colaboração. A hierarquia social pode ajudar a resolver pacificamente as discussões entre os membros. Também pode acelerar as decisões, pois todos nós recorremos ao nosso superior para que ele nos oriente.

Mas, na maioria dos grupos, acabamos tendo mais hierarquia do que precisamos. Uma boa parte da população de fato aprecia estar no topo de pelo menos uma pequena pirâmide. Mesmo que você não seja o CEO, ainda assim é bom ter algumas pessoas a quem dar ordens. Esse é um traço de personalidade que realmente importa — "orientação de dominância social".[22] Qual é a importância, para você, de subir na hierarquia? Há algumas evidências de que esse traço está ligado aos genes e aos níveis de testosterona (que também predizem o comportamento agressivo), e ele varia bastante de pessoa para pessoa.

Independentemente de estar competindo ou não pelo topo, é provável que você esteja bastante motivado para não ficar na base da pirâmide. Todo mundo quer ter um status superior ao de alguém. A forma mais fácil de conseguir isso é criar mais degraus na escada. Portanto, com o passar do tempo, a hierarquia foi ficando cada vez maior. Não bastava ter um rei e uma rainha. Precisávamos de duques e duquesas, barões e baronesas, lordes e damas. E o mesmo se dá no mundo corporativo atual. Não há apenas o CEO, mas também os vários cargos de chefia, vice-presidentes seniores, vice-presidentes, gerentes seniores, até os gerentes assistentes e os assistentes dos gerentes. Grandes empresas têm dezenas de degraus na escada organizacional, e o número de degraus está aumentando, não diminuindo.

Isso ocorre porque os seres humanos só são felizes em uma hierarquia quando ou permanecem no mesmo lugar ou ascendem. Pesquisas mostram que as pessoas que estão no topo são mais felizes e menos estressadas do que as que estão na base. O status afeta, inclusive, a saúde e o tempo de vida — mesmo depois de equacionarem estatisticamente os preditores relacionados à riqueza e à saúde, as pessoas que se consideram de status inferior morrem mais cedo devido aos efeitos do estresse sobre a saúde cardiovascular! Mas mesmo as pessoas que estão no topo podem ficar estressadas quando acham que há uma ameaça vinda de baixo. O psicólogo social Pranjal Mehta, do University College London, descobriu que as pessoas de alto status que acreditam que sua posição é precária não obtêm os benefícios que o status confere à saúde e à felicidade.[23]

Quando você tem um novo degrau na escada, é muito difícil se livrar dele. Se a sua empresa decidir achatar a hierarquia e seu cargo desaparecer, você será ou promovido, ou rebaixado. As pessoas odeiam tanto o rebaixamento que a maioria dos grupos prefere manter um degrau que já não tem mais utilidade a arriscar o caos que ocorre quando muitos membros do grupo se sentem diminuídos. Assim como as equipes do alto escalão do Capítulo 3, a hierarquia continua crescendo até o ponto em que começa a atrapalhar a coordenação.

É por isso que as pesquisas mostram, cada vez mais, que o excesso de hierarquia é prejudicial à eficiência do grupo.[24] Em geral, sinergia significa ser flexível em relação a quem assume a liderança em quais momentos e adaptar-se para usar o conhecimento e as habilidades que a situação pede. Na prática, as hierarquias costumam ser rígidas e lentas, como a burocracia ridicularizada na série *The Office* ou no filme *Como enlouquecer seu chefe*. E a pessoa que está no topo nem sempre é a que tem os conhecimentos e as habilidades mais relevantes. Mas, de acordo com uma pesquisa realizada por Heidi Gardner, docente de Harvard, se a situação esquenta os grupos tendem a recorrer a quem está no topo da hierarquia.[25] Mesmo quando isso os impede de ouvir a pessoa que sabe mais.

As hierarquias flexíveis têm seus problemas, também.[26] Conforme falamos com relação a normas e funções, os grupos precisam de alguma previsibilidade para se coordenarem de maneira efetiva, e hierarquias estáveis ajudam as pessoas a saber quais são suas funções e reduzem os conflitos. Mas qual é o grau de estabilidade necessário? Essa é uma questão com a qual as pesquisas ainda estão trabalhando, pois está claro que as hierarquias não podem ser tão rígidas a ponto de as pessoas na base estarem condenadas a viver a vida de um lobo ou de um macaco ômega, habitando a periferia do grupo e tendendo a ser mais estressadas e menos saudáveis.

A falácia do pensamento individualista leva as pessoas a acreditarem que as que estão na base de uma hierarquia são inerentemente menos dignas. No entanto, o fato de serem sempre empurradas para baixo também faz com que as pessoas se tornem temporariamente menos capazes.[27] Os que estão no topo querem sempre acreditar que são mais inteligentes e mais capazes. Mas a verdade é que, se estivessem na base, talvez não parecessem tão inteligentes e capazes assim.

A hierarquia faz outras duas coisas interessantes nos grupos. OK, *interessante* provavelmente não é o termo certo. A hierarquia faz outras duas coisas *nocivas* aos grupos.

Primeiro, estar no topo da hierarquia muda as pessoas. Há alguma verdade quando se diz que "o poder corrompe". Um dos motivos pelos quais ele corrompe é a distância psicológica – o espaço metafórico entre você e o outro.[28] Muitas coisas nos fazem sentir mais distantes de outras pessoas, incluindo distância física, virtualidade (como conversar por videochamada em vez de pessoalmente) ou ter muito pouco em comum. Mas entre as mais importantes estão poder e status. Pessoas no topo da hierarquia de um grupo desenvolvem um senso de poder que as distancia das que estão na base. E isso as leva a enxergar os que estão na base mais como ferramentas do que como pessoas. Por exemplo, em um estudo usando o clássico "dilema do bonde", no qual uma pessoa é sacrificada para salvar a vida de outras cinco, 69% dos participantes disseram que era mais aceitável sacrificar a vida de uma pessoa sem-teto do que a de uma pessoa de classe média.[29]

Com o tempo, o status e o poder se fundem às nossas identidades sociais a tal ponto que se tornam uma categoria própria. Nós nos distanciamos dos membros do grupo que estão abaixo na hierarquia. Podemos até nos ver como mais parecidos com os poderosos de outros grupos – outros donos de iates, em vez dos nossos próprios colegas. Viramos os porcos no desfecho de *A revolução dos bichos*, de George Orwell, não mais nos identificando com os outros animais e fazendo as pazes com os humanos.

Se você estiver em uma posição inferior na hierarquia, também poderá se sentir ansioso para agradar e obedecer aos que estão em uma posição superior. Em uma das mais famosas séries de experimentos de todos os tempos, em 1963 o psicólogo social Stanley Milgram tentou ver até onde a obediência à autoridade poderia levar as pessoas.[30] Os participantes foram orientados a aplicar choques de gravidade crescente em outro participante quando este cometesse erros em uma tarefa de memorização.

Ou era o que eles achavam. As pessoas que recebiam os choques haviam sido treinadas para fingir que sentiam dor. O objetivo do experimento era ver quantas pessoas concordariam com os questionáveis pedidos dos autores do estudo – qual seria a voltagem a que elas chegariam só porque uma autoridade havia ordenado? A resposta foi muito alta. Milgram e pesquisadores posteriores descobriram que mais de 70% das pessoas obedeciam às solicitações antiéticas dos autores. O estudo foi replicado na TV algumas vezes, aparecendo no noticiário sempre que atrocidades e torturas são praticadas por seitas, exércitos ou governos.

Naquela época, as pessoas viam os estudos de Milgram como uma explicação da "banalidade do mal" de Arendt. Aqueles que estavam inseridos em uma hierarquia podiam dizer a si mesmos que estavam apenas fazendo seu trabalho. Não precisavam acreditar na causa — o mal sem malícia podia ser explicado pela chata e banal burocracia.

Pesquisas posteriores, no entanto, levantaram dúvidas sobre a interpretação de Milgram. O psicólogo social S. Alexander Haslam e colegas descobriram que as pessoas precisavam se identificar com a causa mais ampla para obedecer;[31] ninguém jamais obedeceu a uma ordem direta do autor, mesmo no estudo original de Milgram. Desde então, Yale liberou as transcrições originais do trabalho de Milgram que constavam em seus arquivos. Em uma reanálise, o psicólogo social David Kaposi observou um aspecto negligenciado desse clássico estudo: "Se as pessoas não só obedecem, mas o fazem visivelmente contra suas tendências, então há um momento de relutância que até mesmo os participantes tecnicamente obedientes por completo precisam superar".[32] O que surpreende nesses estudos não é o fato de as pessoas obedecerem sem pensar a tudo o que o condutor do experimento ordenava. Em vez disso, elas tiveram um momento de conflito — sabiam que havia algo errado com o pedido dos pesquisadores para ir adiante. No entanto, a autoridade e a identificação com os objetivos mais amplos do experimento permitiram que elas prejudicassem seu verdadeiro colega — a pessoa que tomava o choque.

A competição por status em grupos é natural, mas também repleta de perigos. Esses perigos, contudo, são insignificantes em comparação com a força mais poderosa que a Terra já conheceu: o conflito entre grupos.

10. Uma escada para o inferno

Os conflitos dentro de "nós" e entre "nós" e "eles"

Antes de Sócrates ocupar o primeiro lugar na lista dos "Quarenta maiores filósofos da Grécia Antiga", os pensadores mais populares eram os sofistas.[1] Eles eram os professores da época, mas se assemelhavam mais com treinadores de debate itinerantes do que com os professores que conhecemos hoje. E filosofavam em competições. De acordo com Platão (que não era fã dos sofistas), eles faziam competições retóricas estilizadas que eram mais parecidas com batalhas de rap do que com debates — você podia marcar pontos ao criticar tanto o caráter do seu adversário quanto suas ideias. O objetivo do debate não era encontrar a verdade, mas persuadir de modo a obter ganhos pessoais. Inclusive, muitos sofistas eram relativistas morais: não acreditavam que existisse algo como uma verdade objetiva que pudesse ser conhecida. Defendiam uma filosofia do tipo "a lei do mais forte" — se você tivesse força suficiente para impor sua opinião, ela estaria correta. O único objetivo da argumentação era obter poder e status — vencer.

Mas Sócrates discordava disso. Ele tinha uma ideia ousada: devíamos nos concentrar nas ideias em si, e não na pessoa que as verbaliza. O método socrático que conhecemos hoje põe as ideias à prova constantemente, de modo a vasculhar suas suposições subjacentes e buscar a verdade.

A natureza do conflito reflete o antigo debate entre Sócrates e os sofistas. O conflito é a manifestação comportamental de discórdia ou aversão. Mas nem sempre é um bate-boca. Às vezes, ele se limita à divergência de ideias, como Sócrates debatendo com alguns sofistas sobre a natureza da verdade acompanhado de um copo de uzo e de folhas de parreira recheadas, ou aos salões vitorianos, onde as pessoas compartilhavam seus pontos de vista sobre o assunto do dia junto à lareira depois do jantar. O conflito pode ser bastante civilizado quando as pessoas querem!

Quando os nervos são mantidos sob controle e os participantes se atêm às ideias, o conflito pode, inclusive, ser um convidado muito bem-vindo. Muitas vezes, serve na busca pela verdade ou pelo melhor curso de ação. Assim como vimos no Capítulo 8, lançar as ideias umas contra as outras nos ajuda a manter afastado o lado sombrio da conformidade. Isso é o que chamamos de "conflito produtivo".[2]

O conflito produtivo é qualquer atividade em que há divergência. Quando os membros de um grupo expressam preferências ou ideias distintas, isso é um conflito produtivo. Em que restaurante vamos jantar? Em quais empresas a Bridgewater deve investir? Que protótipos a Ideo deve desenvolver? Devemos treinar nosso gato para ir ao banheiro, como fez o mestre do jazz Charles Mingus? Se discordamos abertamente em relação a questões como essas, temos um conflito produtivo.

Dentro dos grupos, o conflito produtivo costuma contribuir para que eles tomem decisões melhores e sejam mais criativos, além de oferecer aos indivíduos a chance de aprender uns com os outros. Pelo menos em tese. Infelizmente, o conflito intragrupal nem sempre está ligado à produtividade. Em vez disso, as divergências extrapolam para batalhas de rap sofistas que chamamos de "conflitos relacionais". Um vigoroso conflito produtivo pode se tornar acalorado e tenso. Podemos atacar nossos colegas de grupo, em vez de nos atermos a uma estrutura coletiva de solução de problemas. "Você sempre diz coisas assim" ou "Você é o tipo de pessoa que..." — frases nessa linha são a marca registrada do conflito relacional.

O conflito relacional não é uma mera divergência de ideias — mas uma notória antipatia. Como você pode suspeitar, isso é escancaradamente nocivo à eficiência do grupo.[3] Grupos com conflito relacional, ainda que de níveis moderados, têm problemas para manter a confiança. Os conflitos relacionais roubam tempo e energia de outros objetivos. E, talvez o mais importante, são uma ameaça ao senso de pertencimento dos integrantes — um dos principais motivos pelos quais as pessoas aderem a grupos.

Quando o conflito se torna pessoal, o grupo corre sérios riscos. O guru de relacionamentos e casamentos John Gottman descobriu que um dos mais fortes indicadores de divórcio é o desprezo.[4] E o desprezo é semelhante em grupos. Como se trata de você como pessoa, o conflito relacional põe em risco o senso de pertencimento. Seu cérebro primitivo teme que o grupo o expulse — isolando-o e deixando-o vulnerável ao ataque de um tigre-dentes-de-sabre —, e por isso em geral reage com raiva. O que faz com que os outros membros do grupo também sintam raiva. E assim por diante.

Conflito em grupos

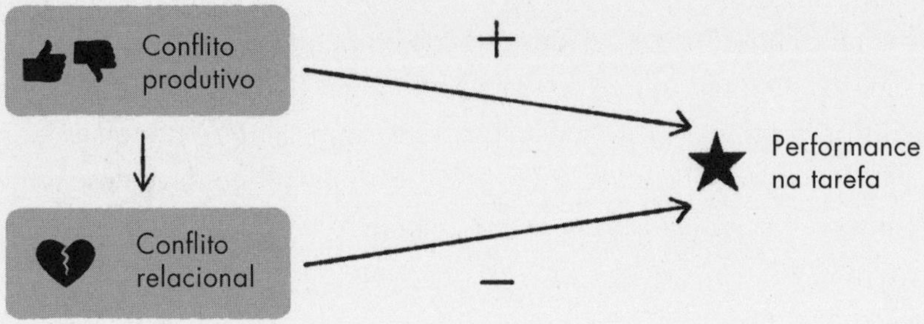

Quando surgir um conflito, faça com que a divergência não gire em torno do indivíduo. Faça com que gire em torno do problema. (Veja as *Reflexões de grupo sobre competição*, ao final da Seção III, para algumas dicas sobre como fazer isso.)

Ao longo do livro (em especial no Capítulo 8), eu o incentivei a promover a divergência dentro dos seus grupos. A formar uma equipe de rivais, como Abraham Lincoln, na qual as pessoas tenham perspectivas e informações diferentes. Dessa forma, elas vão discordar de forma produtiva! Mas não é tão fácil assim. (O que, mais uma vez, garante que eu tenha trabalho...) Pesquisas sugerem que o conflito produtivo frequentemente se transforma em conflito relacional. Isso faz com que seja difícil para os pesquisadores detectarem os benefícios teóricos do conflito produtivo. E, quando o conflito relacional emerge, estamos em sério perigo — sobretudo se ele ocorre entre grupos distintos.

RIXA DE FAMÍLIA

Se você aprendeu história norte-americana com o Pernalonga, como eu, talvez se lembre de que um dos mais famosos conflitos entre grupos é uma batalha de décadas entre duas famílias que viviam em lados opostos do rio Big Sandy, na fronteira do Kentucky com a Virgínia Ocidental. A rixa entre os Hatfield e os McCoy começou em 1878, quando ambas as famílias reivindicaram a propriedade de um porco.[5] O juiz local, Anderson Hatfield, decidiu que o porco pertencia... aos Hatfield! Que surpresa.

Imagine que você é um McCoy. Seu pai, Randolph, chama você e seus doze irmãos até a casa dele. Não sabemos o teor do diálogo, mas suponho que Randolph tenha dito algo como: "Esses Hatfield se acham tão grandes e poderosos, mas roubaram aquele porco! Ele tinha as marcas dos McCoy, claras como o dia. Mas eles têm contatos. Os Hatfield estão por toda parte na polícia da Virgínia Ocidental. A lei não vai nos ajudar, e é apenas uma questão de tempo até que os Hatfield nos roubem novamente... se não fizermos algo a respeito".

Segundo a lenda, pouco depois do julgamento relativo ao porco, a principal testemunha, Bill Staton, parente dos Hatfield, foi morto pelos irmãos Sam e Paris McCoy.

Agora imagine ser um Hatfield. Seu pai, William Anderson "Devil Anse" Hatfield, chama você e seus doze irmãos. "Aqueles McCoy mataram o primo Bill!" Devil Anse deve ter ficado furioso. "Tudo por causa de um maldito porco. Temos de fazer alguma coisa!"

Durante a década seguinte ou além, as famílias assassinaram uma à outra, cada morte em retaliação à anterior. Ellison Hatfield foi morto por Tolbert, Phamer e Bud McCoy, que na sequência foram mortos por outros Hatfield. Mais alguns assassinatos recíprocos resultaram no Massacre de Ano-Novo de 1888, quando os Hatfield abriram fogo contra o clã McCoy enquanto eles dormiam, matando vários McCoy, inclusive uma criança. E isso levou a uma guerra aberta, conhecida como a Batalha de Grapevine Creek. Foi necessária a intervenção da Suprema Corte dos Estados Unidos para que a rixa abrandasse.

O conflito entre grupos tem a infeliz tendência de crescer cada vez mais.[6] Ele se retroalimenta, ganhando força por meio de uma série de ciclos de feedback. E você provavelmente não precisa de nenhuma pesquisa para saber disso. Todos os grupos obtêm vantagens e desvantagens ao ter um inimigo declarado — um grupo rival que nos incentiva a darmos o máximo de nós mesmos. Somos premiados com a motivação, mas também com a pressão da conformidade e a polarização. Nós nos unimos, somamos forças e enfrentamos o inimigo.

O mundo é repleto de histórias — tanto reais quanto fictícias — sobre dois grupos com histórico de conflito à espera de uma desculpa qualquer para atacar um ao outro novamente. A memória dos danos que um grupo inflige a outro perdura por gerações. Todo mundo conhece alguém que foi afetado pelo conflito, então ele se torna pessoal para quase todos os membros do grupo.

Penso no conflito intergrupal como um incêndio florestal que gera cinzas inflamáveis. Mesmo depois que o fogo se apaga, o que sobra é um monte de gravetos secos esperando por outra faísca. Para entendermos o porquê disso, precisamos explorar dois conceitos determinantes: a escalada do compromisso e a vingança.

O CONFLITO INTERGRUPAL É COMO UM "LEILÃO DE UM DÓLAR"

Como dito anteriormente, a Segunda Guerra Mundial foi um grande catalisador para a pesquisa sobre dinâmica dos grupos. Normas, conformidade, polarização, desenvolvimento de grupos e obediência à autoridade tiveram seu início lá. Mas outra guerra despertou o interesse pela escalada do compromisso, nossa tendência a investir mais mesmo quando as evidências dizem que estamos fracassando: a Guerra do Vietnã, ou a "Guerra contra os americanos para salvar a nação",[7] como os vietnamitas a denominam. O conflito matou mais de 58 mil soldados norte-americanos e, do lado vietnamita, 1 milhão de soldados e 2 milhões de civis. Em 1960, os Estados Unidos tinham cerca de oitocentos militares no Vietnã, sobretudo em funções de treinamento e apoio. O número aumentou gradualmente à medida que o envolvimento do país no conflito se intensificou, mas o compromisso norte-americano com as tropas terrestres permaneceu relativamente pequeno até 1965. Foi quando os vietcongues fizeram o primeiro prisioneiro de guerra, depois de um ataque aéreo norte-americano. O então presidente Lyndon Johnson enviou mais 50 mil soldados em resposta e aumentou o recrutamento para 35 mil por mês. Em 1966 havia 400 mil soldados norte-americanos no Vietnã. No ano seguinte, eram 500 mil.

Em 1976, o Vietnã se reunificou sob o domínio comunista. Os Estados Unidos — o Exército mais poderoso do mundo — haviam fracassado completamente. Como o país acabou investindo tanto, por tanto tempo, para obter tão pouco êxito?

Existem duas formas principais pelas quais um conflito se sustenta, em particular conflitos entre grupos.[8] A primeira está enraizada em nossa tendência psicológica de não só continuar fazendo o que sempre fizemos (a inércia, tratada no Capítulo 5), como também de intensificar o compromisso até mesmo diante de um curso de ação malsucedido. E a competição e o conflito reforçam essa tendência.

Quando ensino sobre esse fenômeno, costumo fazer referência ao chamado "leilão de um dólar". Popularizado pelo economista Martin Shubik em 1971,[9] é um leilão incomum, utilizado para demonstrar quanto somos irracionais quando estamos imersos em uma competição. Leilões tendem a fazer com que as pessoas se tornem mais competitivas, pois tentam superar os lances umas das outras por uma besteira qualquer de que elas gostem. Mas, em vez de leiloar um quadro ou um vaso, Shubik leiloou uma nota de um dólar. Esse é um item estranho para um leilão, porque o próprio nome diz quanto você deve pagar. Se fôssemos criaturas racionais e econômicas, o lance vencedor máximo deveria ser sempre de 99 centavos de dólar.

Mas nunca é — porque esse leilão tem uma reviravolta. O maior lance fica com o dólar e o segundo maior lance não fica com nada mas mesmo assim tem de pagar o que ofereceu. Mas a melhor história que ouvi sobre o leilão de um dólar era, talvez, do grande psicólogo organizacional Keith Murnighan, já falecido.[10]

Murnighan tinha uma turma de setenta alunos em um curso de mestrado sobre negociações na Universidade Northwestern. Quando lecionei em programas desse tipo, os alunos eram em geral novos executivos, gestores prestes a ser promovidos ou profissionais como advogados e médicos que se viam administrando uma empresa, em vez de exercer a função para a qual haviam estudado.

Era 1998, e, devido à inflação, Murnighan decidiu leiloar uma nota de vinte dólares em vez de uma nota de um dólar. Como sempre, o leilão atingiu os dezenove dólares. Aí veio a grande questão. Você dá um lance de vinte dólares por uma nota de vinte dólares? Para a pessoa que deu o lance de dezenove, parece inconcebível que alguém faça isso. Mas esse alguém provavelmente teria de pagar por seu lance de dezoito dólares e não receberia nada por ele. Por que não dar um lance de dois dólares a mais para evitar isso? A outra pessoa, sem dúvida, não vai dar um lance de 21 dólares.

O lance vencedor foi de 54 dólares, com o perdedor pagando 53 – um custo um pouco alto, mas dentro da faixa habitual. Não é isso que faz dessa história uma boa história.

Murnighan se dedicou mais do que eu na hora de ensinar essa lição. Ele iniciou de imediato um segundo leilão, para provar que alguém cometeria o mesmo erro novamente, pois isso está arraigado em nossa psicologia. "Quando os lances passam de trinta dólares", escreveu Murnighan, "as consequências monetárias costumam se tornar secundárias. Ambos os licitantes estão agora claramente perdendo... Eles passam a se concentrar em evitar serem vistos como o maior perdedor."

Nesse dia, os lances chegaram a duzentos dólares no segundo leilão. Cansado de contar de um em um, Murnighan pediu lances finais em envelopes fechados, que foram de 250 e 210, respectivamente. Lição aprendida, certo?

Mas Murnighan fez um terceiro leilão. Dessa vez, os lances para a nota de vinte dólares passaram de duzentos... quinhentos... e até de mil dólares. No final, o perdedor se comprometeu a pagar 1950 dólares. Mas o vencedor deu um lance de 2 mil dólares e, portanto, perdeu 1980 dólares, descontados os vinte que ganhou. É isso mesmo: o "vencedor" perdeu trinta dólares a mais do que o "perdedor".

Depois do leilão, Murnighan conversou com os licitantes. "Eles estavam literalmente em choque", lembra ele. "Os dois disseram que não se lembravam de nada do que eu havia falado na aula depois do leilão." Um pouco mais tarde, o vencedor – o presidente de uma empresa – refletiu sobre sua experiência, escrevendo: "Meu ego assumiu o controle, e minha energia competitiva começou a fluir. Eu havia ganhado uma nota de vinte dólares por 2 mil dólares! Por que eu?". O perdedor, um engenheiro, lembrou: "Meu nível de estresse chegou a um ponto em que eu não estava pensando com clareza. [...] Eu estava muito mais preocupado em 'ganhar' e em 'não desistir'".

Ao contrário da maioria dos conflitos crescentes, essa história tem um final feliz. Murnighan não obrigou seus alunos a pagarem os lances que haviam dado.

Em vez disso, todos os que ficaram em primeiro e segundo lugares concordaram em pagar cinquenta dólares cada, que foram doados a instituições de caridade.

Mas a lição aqui é absolutamente séria. E se o seu "lance" for enviar 10 mil soldados para o campo de batalha, e seu oponente mandar 20 mil? É provável que você perca não apenas a batalha, mas também a tropa. Em conflitos crescentes entre grupos, o segundo lugar tende igualmente a perder.

Assim como o leilão de um dólar e o envolvimento dos Estados Unidos na Guerra do Vietnã, as pessoas são lentas demais para aprender a evitar a escalada desses conflitos além do ponto de racionalidade. Com frequência, as duas partes saem perdendo.

O comprometimento cada vez maior com um curso de ação fracassado é um fenômeno tão conhecido hoje que parece quase banal. Ele começa com a nossa tendência de seguir adiante com as coisas porque já investimos tempo, esforço e dinheiro nelas, mesmo quando isso acaba por nos custar ainda mais no futuro. Isso é conhecido como a "falácia do custo irrecuperável".[11] Os investidores de capital de risco, depois de já terem investido 3 milhões de dólares, decidem pôr mais 1 milhão em uma start-up que em seus cinco anos de existência não teve lucro. Um time, por livre e espontânea vontade, passa a pagar mais para um atleta de baixo desempenho que eles mesmos escolheram, em vez de admitir o erro. Você lê 150 páginas de um livro do qual não está gostando, mas continua mesmo assim. (OK, péssimo exemplo! Isso não se aplica a livros! Por favor, continue lendo!) A ideia é: as coisas vão mudar se insistirmos por mais algum tempo. Tudo o que gastamos até aqui não pode ter sido em vão!

Economistas e psicólogos lhe dirão que a falácia do custo irrecuperável é uma forma equivocada de raciocínio. Se você estiver investindo dinheiro, não importa quanto investiu antes. Apenas seu cálculo frio e racional do futuro conta. Os investidores não devem pensar em quanto já gastaram ao decidir se devem se comprometer mais. Eles devem tratar cada decisão como um novo investimento. Isso é o que os melhores empresários fazem — eles são implacáveis ao evitar a falácia do custo irrecuperável. Se você cometeu um erro no passado, isso não significa que você deve dobrar a aposta no erro.

Mesmo assim, dobramos. Detestamos tanto admitir a derrota que pagamos 2 mil dólares por uma nota de vinte. Enviamos mais 50 mil soldados quando os últimos 50 mil não fizeram diferença. Se não lutarmos mais um dia pelo controle desta cidade, qual seria o sentido para aqueles que perderam sua vida ontem? Portanto, continuamos a lutar.

O problema é que, muitas vezes, não percebemos que estamos aumentando nosso compromisso com um curso de ação fracassado. Afinal não conhecemos o futuro e não podemos desistir toda vez que as coisas não saem como gostaríamos. Desde cedo, somos ensinados sobre o valor da persistência — que devemos ir "devagar e sempre" e que desistir é covardia. Mas não é disso que trata a falácia do custo irrecuperável. Ela trata de insistir em algo apenas *porque* você já investiu muito, mesmo acreditando que não vai funcionar. A coragem e a persistência são boas porque muitas coisas importantes na vida são difíceis, e você não vai atingir suas metas na primeira tentativa. Mas o que você já investiu não deve fazer parte da equação. "Já investimos tanto que é melhor continuar" é uma péssima lógica. Se você deu dez lances e chegou aos dezoito dólares, deve reduzir seu prejuízo e desistir, em vez de dar um lance de vinte.

Mas a escalada do comprometimento não é apenas um outro nome para a falácia do custo irrecuperável. Ela também é causada por excesso de confiança. Os Estados Unidos não teriam entrado no Vietnã se não acreditassem que poderiam vencer. Os McCoy não teriam desafiado os Hatfield. O viés do favoritismo intragrupal sugere que é provável superestimarmos as habilidades dos nossos grupos e subestimarmos as dos outros. Ambos acham que o outro cederá primeiro.

O excesso de confiança se estende à escolha dos nossos líderes. Estudos mostraram que pessoas com excesso de confiança são vistas como mais competentes por seus colegas.[12] Isso lhes permite acumular poder e influência dentro do grupo. Se John Kennedy já tivesse tomado a decisão de entrar no Vietnã, ele provavelmente daria o comando a um general que dissesse estar confiante no caminho para a vitória, e não a um general cético. Grupos se formam em torno daqueles que prometem a vitória. Conformidade, polarização e acrofilia (aquele amor pelos extremos do Capítulo 7) unem forças para dar aos grupos líderes superconfiantes com posições mais extremas do que a média dos membros. É pouco provável que líderes excessivamente confiantes e extremistas reduzam a escalada do conflito ou abandonem cursos de ação fracassados.

Infelizmente, os grupos também fazem com que seja difícil para seus líderes abrir mão de suas promessas exageradas e ultraconfiantes. Ainda me lembro da emblemática imitação que o comediante Dana Carvey fez do ex-presidente norte-americano George H. W. Bush, o pai. Carvey exagerava os tiques e a autodepreciação em tom anasalado de Bush, fazendo-o parecer fraco e tímido. A narrativa "Bush é fraco" ganhou força de verdade depois que ele mudou de posição em relação a uma importante promessa de campanha. Um momento marcante da campanha presidencial de 1988 fora a memorável frase de Bush: "Acreditem: sem novos impostos". No entanto, a realidade prática do governo o levou a repensar a promessa. E ele foi criticado por isso. O colunista conservador William F. Buckley Jr. chamou isso de um "ato flagrante de hipocrisia".[13] Pesquisas mostram que as pessoas não gostam de líderes que testam diferentes cursos de ação.[14] Gostam de líderes decididos que se mantêm firmes. Líderes que admitem a derrota são punidos.

Permita-me um breve editorial para apontar que é absurdo exigir consistência dos nossos líderes. Todos devem ter permissão para aprender, crescer e mudar. A opinião de ontem pode não corresponder à decisão de hoje — porque hoje é diferente. Nós somos diferentes. Não há problema nenhum nisso. É claro que não podemos ter líderes caprichosos que fiquem pulando de uma meta para outra sem atingir nenhuma. Mas exigir consistência absoluta ao longo dos anos é autodestrutivo. Os políticos que admitem que uma política que haviam proposto não se encaixa mais no mundo atual devem ser elogiados, não criticados.

Infelizmente, tenho pouca esperança de que esse insight seja útil. Nossa percepção do que é liderança e autoridade emerge das cavernas profundas dos nossos cérebros paleolíticos.

Grupos geralmente agravam a escalada do comprometimento. Já aprendemos no Capítulo 5 que os grupos têm uma tendência à manutenção do status quo. A inércia é forte, e a mudança, uma batalha difícil. Já é difícil para um único indivíduo desistir de algo que não está funcionando. É mais difícil ainda em grupos — tivemos de passar por todos aqueles difíceis processos de decisão e conquistar o apoio de todo mundo! Mudar exige divergência. Continuar conforme o planejado é o padrão.

Assim, os conflitos entre os grupos continuam, porque esse é o status quo. Porque já investimos muito. Porque punimos os líderes que mudam de opinião. E, se mandarmos apenas mais alguns soldados ou oferecermos somente um pouco mais de dinheiro, talvez tudo compense.

Isso sem levar em conta a outra face do problema do conflito intergrupal: os seres humanos adoram um prato nada saudável que se serve frio.

A vingança está em toda parte. E ela não é exclusiva dos seres humanos: criaturas como aves aquáticas, elefantes-marinhos e leões atacam — e às vezes matam — até mesmo bebês fofos de sua própria espécie que lhes roubaram comida. E isso é pura maldade — não há nenhuma forma de recuperar o alimento.

As pessoas dedicam muito tempo e esforço à vingança, mesmo com grande prejuízo para si mesmas. Histórias como a lenda japonesa dos 47 *ronin*, em que um bando de samurais que perderam seu mestre conspira por mais de dois anos para vingar o assassinato, mas depois se matam por causa de seu próprio crime, ou *O conde de Monte Cristo*, em que ao longo de nove anos o personagem principal planeja e executa uma elaborada vingança para acabar com seu rival, nos parecem críveis. Mas a vingança é algo estranho, se pensarmos bem. Não estamos punindo a nós mesmos nesse processo? Uma aplicação da sobrevivência do mais apto da evolução não nos estimularia a perdoar e esquecer, uma vez que o que nos causou mal é um custo irrecuperável?

A vingança é um desses comportamentos de grupo paradoxais. Ela é cara para o indivíduo que a perpetra, pois ele corre o risco de sofrer retaliação. No entanto, na natureza selvagem, a vingança pode ser a única lei que existe. Com a vingança como meio de intimidação, é mais provável que os membros do rebanho sigam as regras. Portanto, evolutivamente, ela é boa para o grupo porque impõe normas, mas é ruim para os indivíduos, tanto o agente quanto o alvo.

Ao contrário dos elefantes-marinhos, os seres humanos normalmente querem se vingar quando alguém viola as normas sociais — aqueles contratos não escritos entre as pessoas. A vingança humana é influenciada tanto pela cultura e pelas normas quanto pela evolução e pela genética. E quanto mais não escrita for a regra, mais comum será a aplicação da vingança. Alguns estudos descobriram que a vingança é mais comum em culturas que não possuem sistemas de justiça confiáveis e institucionalizados. Os Hatfield e os McCoy, por exemplo, viviam na fronteira entre o Kentucky e a Virgínia Ocidental. Essa área era pouco povoada, com uma infraestrutura danificada pela Guerra Civil. Não era claro qual estado tinha a jurisdição, e ambos protegiam seus próprios cidadãos da extradição (motivo pelo qual a Suprema Corte se envolveu no caso). Justiceiros prosperam onde não confiamos em uma autoridade superior para fazer valer a justiça.

De acordo com Joshua Jackson, psicólogo da Universidade da Carolina do Norte, e seus colegas, as pessoas têm maior probabilidade de se vingar quando percebem quatro características em uma transgressão: ser intencional, violenta, grave e moralmente ofensiva.[15] Por exemplo, ao contrário dos elefantes-marinhos, os humanos não se vingam de um bebê que rouba sua comida porque isso não é visto como intencionalmente malicioso. Mas uma ação que cumpre esses quatro requisitos provoca uma emoção muito perigosa: a raiva justa.

A raiva é uma emoção violenta, orientada para a ação, que ativa a resposta de "desafio".[16] Mas a raiva justa acrescenta um componente moral, decorrente da quebra de normas que são essenciais para a identidade do grupo. E emoções como a raiva são altamente contagiosas.

Se voltarmos ao caso dos Hatfield e dos McCoy, poderemos começar a desvendar o que se passou para que as coisas piorassem. Os McCoy devem ter sentido uma raiva justa depois de perder o julgamento do porco. Para eles, o caso parecia cumprir todos os requisitos – foi intencional e violento, bem como era moralmente ofensivo o fato de o caso ter sido decidido por um Hatfield, e, devido aos aspectos sombrios da polarização e da conformidade, esse sentimento foi ficando cada vez mais forte.

Mas será que a gravidade da resposta – matar um Hatfield – correspondeu à gravidade da ofensa original? Aprendemos no Capítulo 7 que a polarização pode aumentar a tolerância de um grupo ao risco. Portanto, a primeira sugestão poderia ser pegar o porco de volta. Mas esse era apenas o lance inicial. Supondo que o sentimento médio fosse de vingança, a resposta planejada em um grupo tenderia a se tornar mais arriscada e mais extrema.

Além disso, o viés do favoritismo intragrupal significa que o bem-estar do próprio grupo "vale mais" que o do outro. Um prejuízo causado a um de nós equivale a um prejuízo causado a dois deles. Um pequeno dano provoca uma retribuição ainda mais forte. Não é olho por olho, porque os nossos olhos valem mais que os deles. Portanto, ambos os grupos usam uma lógica de dois olhos por um olho.

Mas não é apenas esse tipo de matemática que estimula a vingança intergrupal. As pessoas superestimam os danos sofridos por elas e pelo seu grupo. Não se tratou de um mero mal-entendido sobre quem era o dono do porco – foi um roubo deliberado, o que simboliza o eterno desprezo que eles têm por nós. Elas também minimizam os danos que elas mesmas provocam, sobretudo a outros grupos. Não foi assassinato; foi legítima defesa.

Grupos que são alvo da vingança sentem o contrário — que a punição foi desproporcional ao crime. Assim, todos se sentem prejudicados. Quando os dois lados pensam dessa forma, é fácil ver como uma pequena ofensa pode se transformar em um grande conflito. E ainda piora.

Em 7 de outubro de 2023, terroristas ligados ao grupo palestino Hamas atacaram Israel de várias direções. Cerca de 1200 pessoas — muitas das quais estrangeiros e civis israelenses — foram mortas. Outras 240 foram feitas reféns. Em resposta, Israel declarou guerra ao Hamas e matou mais de 40 mil palestinos — a maioria civis — até o momento em que este livro está sendo escrito.

Referindo-se à Palestina, o presidente israelense Isaac Herzog disse em uma coletiva:

> É uma nação inteira que é responsável. [...] Não é verdade essa retórica de que os civis não estão cientes, não estão envolvidos. Isso absolutamente não é verdade. Eles poderiam ter se rebelado. Poderiam ter lutado contra aquele regime maligno que tomou conta de Gaza em um golpe de Estado.[17]

O mundo assistiu ao desenrolar da guerra, em choque com a forma como ambos os lados atingiam civis não envolvidos no conflito. Fica claro, pelo comportamento adotado, que os terroristas do Hamas se sentiam justificados em responsabilizar todos os membros do grupo pelas ações de alguns — eles não se importavam com quem era civil (ou mesmo israelense ou judeu). E Herzog declarou publicamente que Israel sentia o mesmo.

Quando olhamos para outros grupos, exageramos a homogeneidade deles. Enxergamos a diversidade em nossos próprios grupos e as diferentes motivações e experiências de cada membro, mas tendemos a ver outros grupos como coletivos indiferenciados em que todos os membros são iguais. E isso possibilita a "vingança por extensão", em que o dano causado a qualquer membro de outro grupo é justificado porque todo o grupo é visto como igualmente responsável. Não se vê problema nenhum em estender a responsabilidade de indivíduos específicos para o grupo como um todo. E, ao fazer isso, a desumanização apresenta sua cruel faceta. "Estamos lutando contra animais humanos e agimos de acordo com isso", disse o ministro da Defesa israelense, Yoav Gallant, justificando a escalada do conflito e a lógica de dois olhos por um. E não precisamos de nenhuma declaração para saber que os terroristas do Hamas estavam igualmente dispostos a escalar a violência e buscar vingança se tivessem oportunidade.

Grupos que estão em conflito há muito tempo não precisam nem mesmo de um gatilho para serem vingativos. Pesquisas mostram que as pessoas às vezes se dispõem a prejudicar qualquer outro grupo, mesmo que isso tenha um preço. A história é repleta de terroristas e camicases dispostos a dar a própria vida simplesmente para causar danos a outro grupo.

Espero desesperadamente que, quando você estiver lendo estas palavras, esse conflito já seja passado. Mas duvido. Embora todas as guerras tenham uma série de causas complexas, as forças que mantêm "nós" e "eles" presos em uma luta de um contra o outro são quase incontornavelmente poderosas. Temos a capacidade de nos destruir mutuamente, e o risco de acabarmos fazendo isso é bastante concreto.

O que podemos fazer?

11. Sobre porcos e batatas

O que podemos fazer em relação à competição e aos conflitos

Meu estado natal, Washington, foi palco de uma quase guerra entre o Reino Unido e os Estados Unidos, que começou por causa de outro porco do século XIX.[1]

O conflito foi ambientado na ilha San Juan (conhecida como Lháqemesh pelos habitantes indígenas Salish), uma das maiores ilhas que formam a fronteira oceânica entre o Canadá e os Estados Unidos. Hoje ela oferece portos calmos, muita vida marinha e florestas isoladas. Mas em 1859, quando a nossa história se passa, a ilha era um local de conflito. As imprecisões da cartografia não deixaram clara a intenção do Tratado de Oregon de 1846 para a ilha San Juan — ela deveria ficar no lado britânico ou estadunidense da fronteira? É claro que ambos os países exploraram essa ambiguidade e reivindicaram a propriedade. A britânica Hudson Bay Company montou fazendas de ovelhas. E algumas dezenas de colonos norte-americanos, cansados da corrida do ouro, também se estabeleceram na ilha San Juan.

Um desses norte-americanos era Lyman Cutlar, um garimpeiro fracassado que montou uma pequena propriedade na ilha. Um dia, Cutlar teve uma visão indesejável pela janela: um grande porco escarafunchava sua horta, devorando sua plantação de batatas. Para defender seus preciosos tubérculos do porco invasor, Cutlar o matou a tiros. Pensando que se tratava de uma desavença rotineira entre vizinhos agricultores, ele ofereceu ao proprietário uma compensação de dez dólares — cerca de 360 dólares em valores atuais.

Infelizmente, o proprietário do porco não estava aberto a negociações. O porco abatido pertencia ao inglês Charles Griffin, um dos gestores da Hudson Bay Company. Griffin classificou a morte do porco como "assassinato" e denunciou o ocorrido às autoridades britânicas, exigindo a prisão de Cutlar. Ao tomar conhecimento do fato, Cutlar buscou a proteção do Exército norte-americano. Com a Guerra Revolucionária e a Guerra de 1812 ainda na memória, o governo dos Estados Unidos não queria permitir que os britânicos prendessem Cutlar e enviou um batalhão de 66 soldados para protegê-lo da prisão.

Os britânicos dobraram a aposta e enviaram três navios de guerra.

Os dois lados, previsivelmente, intensificaram seu comprometimento com o conflito até que houvesse mais de 2600 soldados na ilha San Juan e arredores. O impasse se arrastou por um mês. Por fim, James Douglas, o governador britânico da ilha, deu a ordem para atacar as tropas norte-americanas.

Mas, então, algo extraordinário aconteceu — algo que raramente acontece em conflitos exponenciais entre grupos. O almirante da Marinha britânica, Robert Baynes, se recusou a cumprir a ordem, dizendo que não iria "envolver duas grandes nações em uma guerra por causa de uma briga sobre um porco".

Hoje conhecido como "Guerra do Porco e da Batata de 1859", é fácil rir desse incidente como uma escalada estúpida envolvendo egos inflados. Afinal, apenas o porco e as batatas sofreram danos permanentes. Mas é um momento crucial entre os Estados Unidos e o Reino Unido que poderia ter arruinado o "relacionamento especial" que os tornou poderosos aliados desde então.

Esse conflito se agravou não apenas porque os porcos do século XIX eram particularmente valiosos (embora aparentemente seja bastante perigoso reivindicar o porco de outra pessoa!). Como vimos no Capítulo 10, quando há dúvida sobre a aplicação de leis e normas, os grupos resolvem o problema com as próprias mãos. E, então, ele se tornou um "leilão de um dólar!", mas com exércitos — tinha mais a ver com ganhar do que com decidir se o porco, as batatas ou toda a ilha San Juan valia o que havia sido investido.

Mas a questão central não é como esse conflito se agravou com tanta rapidez. É a seguinte: como os dois países recuaram depois de estar à beira do abismo? Existia bastante combustível para o conflito. O Reino Unido e os Estados Unidos vinham se enfrentando, de forma intermitente, havia quase um século. Charles Griffin exagerou ao classificar o caso como um "assassinato" e se sentiu no direito de receber mais do que uma compensação justa; ele queria vingança. Os dois grupos escalaram seu comprometimento e perderiam prestígio se recuassem. Vimos até mesmo James Douglas, o líder extremista que esperávamos nesses tempos, dar ordens para atacar.

Será que o almirante Baynes teve um extraordinário bom senso ao desafiar uma ordem direta? Bem, é provável que não. Nem o governador Douglas nem o almirante Baynes tomaram suas decisões por conta própria. E isso pode fazer toda a diferença.

Você deve ter notado que a história do leilão de um dólar de Murnighan era sobre dois indivíduos dando lances diante de seus pares. Mas o que acontece se os lances forem dados por grupos? Um estudo mostrou que, embora os grupos, ainda assim, fossem aumentando os lances para além de um dólar, havia menos probabilidade de que eles chegassem a resultados extremos em comparação aos indivíduos.[2] Bastava uma voz da razão para quebrar o feitiço da escalada, e a maioria percebia a insensatez de continuar a dar lances. Os grupos também aprenderam mais rapidamente e pararam de cometer o erro de dar lances superiores a um dólar em tentativas subsequentes. Portanto, apesar de o governador Douglas ter sido pego no calor do momento, o almirante Baynes estava lá para trazê-lo de volta à realidade.

Vimos no Capítulo 7 que os grupos se polarizam na direção das preferências iniciais dos membros. Essa direção nem sempre é rumo à intensificação. Em 1859, pouquíssimos britânicos ou norte-americanos queriam violência de fato entre os dois países. Embora quisessem controlar a ilha e exibir seu poder, não havia muita disposição de nenhum dos lados para uma guerra efetiva. Portanto, a maioria provavelmente concordava com a opinião do almirante Baynes. Era quase certo que a polarização trabalhava na direção da desescalada.

E isso era verdade, em especial, para a Marinha britânica. O Reino Unido poderia de fato sustentar um ataque à Costa Oeste dos Estados Unidos? Transportar uma frota pelo oceano Atlântico até a Costa Leste era uma coisa. Mas, naquela época, os navios precisavam contornar a ponta da América do Sul para chegar à ilha San Juan, no noroeste do Pacífico. Mesmo que Baynes vencesse a primeira batalha, ele decerto perderia as seguintes enquanto aguardasse a chegada de reforços.

E embora os Estados Unidos compartilhassem fronteiras com o Império Britânico (o Canadá e várias ilhas e territórios), ficavam longe de muitos dos principais tomadores de decisão em Londres. E a maioria deles não se importava tanto com uma rivalidade distante quanto com a rivalidade com países europeus muito mais próximos. Havia uma grande distância psicológica para o rei e para o Parlamento britânicos. Os motivos por trás da Guerra Revolucionária — manter o império unido — haviam desaparecido. Em vez disso, a guerra com os Estados Unidos era sobre uma pequena ilha — ou talvez apenas sobre status.

Essa história não se resume a uma pessoa ou conversa específica que fez a balança pender para um lado de forma a mudar o mundo. Na verdade, esse é um modo bastante individualista de ver as coisas. Atenuar um conflito intergrupal é muito mais complexo.

De acordo com o sociólogo Randall Collins, os motivos que levam grupos em conflito a reduzir as animosidades são sutis e dependem do contexto.[3] Um dos motivos é que eles não conseguem encontrar cumplicidade dentro de seus próprios grupos — algumas pessoas querem continuar a lutar, mas outras não têm a mesma certeza. Em sua pesquisa, Collins descobriu que a solidariedade nacional pós-ataques terroristas,[4] como o Onze de Setembro, dura cerca de seis meses. Depois disso, a motivação de muitas pessoas para a luta diminui, permitindo que os movimentos de contraconflito ganhem tração.

Outro fator é que, assim como no leilão de um dólar, os grupos aprendem com a experiência a temer a escalada do conflito (embora logo se esqueçam disso). Mesmo as lentes distorcidas do favoritismo intragrupal e da difamação extragrupal não os levam a ver um resultado positivo para seu grupo. Mais uma vez, perfeitamente racional. E, por fim, os recursos — materiais e outros — se esgotam.

Essa não é uma receita fácil, mas ajuda a explicar a desescalada de conflitos na prática. A Crise dos Mísseis de Cuba foi resolvida porque ambos os lados sabiam que havia muita coisa em jogo — a destruição mutuamente assegurada é uma boa justificativa. Na prática, essa é outra área em que um conjunto diversificado de tomadores de decisão pode ajudar. Se você faz parte de um grupo envolvido em um conflito potencial ou crescente, falar sobre os custos do conflito e da escalada incentiva outras pessoas a se manifestarem e quebra a ilusão de solidariedade e extremismo. Nos estágios iniciais de um conflito, isso pode fazer com que você seja expulso dos corredores do poder, mas, ainda assim, é a coisa certa a fazer. Se todas as pessoas que têm dúvidas as expressarem, elas podem tirar da beira do abismo até mesmo países que estão lutando há décadas.

Mas essa não é a abordagem mais conhecida para reverter a escalada dos conflitos intergrupais. Voltemos ao autor dos experimentos autocinéticos do Capítulo 6, Muzafer Sherif.

ROBBERS CAVE E MIDDLE GROVE[5]

Se você já se debruçou sobre dinâmica dos grupos antes, provavelmente está se perguntando por que ainda não falei sobre o estudo mais famoso de Sherif: o experimento de Robbers Cave. Eu quase não o incluí no livro, porque ele está em todas as obras sobre dinâmica dos grupos. Mas os pesquisadores não têm mais permissão para fazer esse tipo de experimento, por razões que ficarão óbvias. Mesmo que você já tenha ouvido falar desse estudo, é provável que não conheça a história inteira.

Sherif sonhou com o experimento já tarde em sua carreira. Era 1953, e ele tinha acabado de ganhar uma bolsa no valor de 38 mil dólares (cerca de 440 mil em valores de 2024) da Fundação Rockefeller. Após décadas de experimentos de laboratório com luzes em salas escuras, ele queria estudar os grupos na natureza selvagem (ou algo próximo disso).

Na época, a opinião predominante apontava que não era preciso muita coisa para desencadear um conflito intergrupal. Pesquisas sobre o paradigma do grupo mínimo, em que os pesquisadores designavam grupos aleatoriamente com base em semelhanças artificiais ou superficiais, mostraram que o viés do favoritismo intragrupal surgia rapidamente, mesmo nesses grupos sintéticos sem sentido. Todos os grupos acreditavam que eram superiores e que os indivíduos mais valiosos haviam sido designados para o seu grupo por alguma razão. Estava claro que provocar conflitos em competições de grupo reais seria muito fácil.

A maior parte da literatura sobre o tema diz que Sherif não teve nenhum problema para invocar um conflito real. Em 1954, ele e seus colegas realizaram seu próprio acampamento de verão em Oklahoma para meninos de onze anos (por coincidência, *Senhor das Moscas* foi publicado no mesmo ano). Os

22 meninos foram divididos de maneira aleatória em dois grupos, cada um com seu próprio território no acampamento de 800 mil metros quadrados. Os meninos batizaram seus grupos de Rattlers [cascavéis] e Eagles [águias]. Fizeram bandeiras e uniformes. Para estabelecer as condições para o conflito, Sherif organizou competições – cabo de guerra, beisebol, caça ao tesouro e muitas outras.

O conflito de fato mostrou sua cara. Depois de uma derrota, os Eagles roubaram e queimaram a bandeira dos Rattlers, que retaliaram, invadindo a cabana dos Eagles. Estes invadiram as cabanas dos Rattlers em retaliação à retaliação. Houve brigas. Sherif deve ter ficado satisfeito. Agora eles poderiam continuar com o verdadeiro objetivo do experimento – refrear o conflito entre grupos.

A primeira tentativa de reduzir as hostilidades foi um pastor que fez um sermão sobre amor fraternal. Embora não houvesse mal nenhum em tentar, foi tão efetiva quanto Sherif esperava que fosse – zero. Se bastasse uma pregação, viveríamos em um mundo pacífico.

Para abrandar as hostilidades, Sherif organizou algumas atividades divertidas para ambos os grupos. Eles assistiram a filmes, fizeram refeições juntos e soltaram fogos de artifício. Essa abordagem se baseou na hipótese do contato intergrupal. Formalizada na década de 1950 pelo psicólogo de Harvard Gordon Allport (irmão de Floyd, o cético em relação a grupos do Capítulo 2),[6] os defensores do contato intergrupal previram que as forças que nos levam a desumanizar os membros de outros grupos podem ser combatidas... bem, humanizando-os. E a forma de se fazer isso é ter um contato significativo com pessoas de outros grupos, para podermos vê-las fazendo coisas humanas. Você conversa com elas e tenta entender suas perspectivas. Se os Rattlers e os Eagles fizessem isso, veriam que os estereótipos e pontos de vista polarizados sobre o outro grupo estavam equivocados. Eles não são tão maus assim! Afinal, somos todos seres humanos!

Mas o convívio social não ajudou os Eagles e os Rattlers. Os jantares não passavam de uma oportunidade para jogar purê de batatas uns nos outros, se xingarem de idiotas, fazerem ameaças de agressão e trocarem outros insultos típicos dos anos 1950. E isso não foi só porque eles tinham onze anos. Foi porque o contato intergrupal não é tão efetivo assim para reduzir conflitos.

Pesquisas posteriores sobre a hipótese do contato intergrupal não são tão lamentáveis quanto as do experimento de Robbers Cave,[7] mas foram, na melhor das hipóteses, dúbias. O contato intergrupal realmente altera a postura das pessoas — quanto mais tempo elas passam com membros de outros grupos, mais gostam deles. As pesquisas mostram, inclusive, que a familiaridade gera simpatia, não desprezo. Temos décadas de pesquisas que demonstram que até mesmo os amigos de amigos de outros grupos podem mudar a postura das pessoas,[8] tornando o ponto de vista delas mais favorável em relação ao grupo externo. Por algum tempo, pelo menos.

Mas o contato intergrupal não é suficiente, por si só, para mudar o comportamento. Na prática, ainda que as pessoas relatem menos preconceito ao longo do tempo, o contato intergrupal nem sempre se traduz em menos discriminação e preconceito.[9] As pessoas adoram seus próprios vieses, em especial quando relacionados a ideologias políticas — elas se agarram desesperadamente às suas crenças diante de quase toda evidência em contrário.

Pesquisas recentes sugerem que o aumento do contato intergrupal pode não reduzir em nada o preconceito, e pesquisas anteriores podem ter mostrado uma correlação espúria — como a relação entre vendas de sorvete e taxas de homicídio. Se você analisar os dados de ambas, provavelmente vai encontrar uma correlação. Quando uma aumenta ou diminui, o mesmo se dá com a outra. Mas isso não acontece porque a baunilha transforma as pessoas em assassinas, nem porque o assassinato leva as pessoas a desejarem uma sobremesa gelada e cremosa: os aumentos são causados pelo clima mais quente, que faz com que as pessoas tenham vontade de tomar sorvete e também torna as pessoas mais propensas à raiva e a meramente sair de casa, com o que encontram outros seres humanos com mais frequência, aumentando as chances de uma raiva assassina.

O contato intergrupal e o preconceito têm uma relação mais estreita do que as vendas de sorvete e as taxas de homicídio, mas há cada vez mais motivos para se perguntar se essa relação é mesmo causal. Por exemplo, um estudo recente rastreou o preconceito de mais de 22 mil neozelandeses de origem europeia contra o povo nativo maori ao longo de sete anos. Embora os pesquisadores tenham constatado que as pessoas que tinham mais contato com o outro grupo tendiam a expressar menos preconceito, a relação não parecia ser causal. Ao observar a mesma pessoa ao longo do tempo, mais contato não reduziu o preconceito.[10]

Um segundo estudo descobriu o mesmo ao examinar o preconceito de britânicos brancos contra estrangeiros.[11] Os pesquisadores têm uma teoria promissora para explicar por que o contato intergrupal não reduz o preconceito. Eles descobriram que as pessoas que valorizam a obediência à autoridade (conhecida pelos psicólogos como "autoritarismo de direita") e acreditam que a sociedade deve ser organizada de forma hierárquica, e não igualitária (ou "orientação para a dominância social"), evitam contato com grupos externos mais do que as pessoas com um grau mais baixo desses traços. Em outras palavras, o aumento no contato intergrupal vem de pessoas que não são muito preconceituosas em primeiro lugar — as mais preconceituosas evitavam o contato com grupos externos e não se beneficiavam dele quando ele existia.

As pessoas fizeram muitas tentativas fracassadas de reduzir os problemas causados pela conformidade e pelo conflito. O que essas tentativas têm em comum é que elas procuraram alterar nossa psicologia e nosso comportamento somente por meio de processos, sem mudar as estruturas que reforçam muitos dos riscos das áreas do nosso cérebro voltadas para o grupo.

Aqueles que se beneficiam do conflito intergrupal erguem e protegem barreiras entre os grupos. Eles impõem estruturas que, gradualmente, reforçam o acesso desigual ao poder e aos recursos. Embora o contato intergrupal deva fazer parte de qualquer esforço para reduzir preconceitos, estereótipos e conflitos, ele não pode ser a única solução. Também precisamos mudar essas estruturas.

De volta a Robbers Cave. Sherif não desistiu quando, como esperado, sua abordagem de jantares e filmes não funcionou. Ele levou a parte "natureza selvagem" de seu experimento um pouco a sério demais. Para reunir os Eagles e os Rattlers, fez algo perigoso: sabotou o abastecimento de água do acampamento, desligando o registro geral e colocando uma pilha de pedras sobre ele.

Os meninos não sabiam como ou por que a água havia sido cortada. Os conselheiros pediram aos meninos que seguissem os canos até a fonte, para ver se estava tudo bem. Com calor e sede no verão de Oklahoma, os Eagles e os Rattlers trabalharam juntos por 45 minutos para remover as pedras que Sherif e sua equipe haviam colocado. Depois de completarem essa tarefa e religarem a água, os dois grupos comemoraram juntos. De acordo com Sherif, os Rattlers até deixaram os Eagles beber primeiro, porque estes não haviam levado seus cantis.

Mais tarde, os pesquisadores fizeram com que os meninos "acidentalmente" encontrassem preso na estrada um caminhão que transportava a comida deles. Usando a corda do cabo de guerra, eles colaboraram mais uma vez, para desatolar o caminhão.

Pôr em risco seus recursos mais básicos deu origem a objetivos comuns aos dois grupos, que Sherif chamou de "metas superordenadas".[12] Estas supostamente reduzem o conflito intergrupal, direcionando o foco dos grupos para o quadro mais amplo – ambos precisam de comida e água! Elas inspiram os grupos a colaborar. Nossas disputas mesquinhas por troféus e provocações precisam ficar em segundo plano.

As metas superordenadas são uma ferramenta importante para reduzir o conflito intergrupal. Quando algo importante se passa com ambos os grupos, isso pode fazê-los romper com as identidades sociais locais ("Sou um Rattler") e mudar o foco para identidades e objetivos compartilhados ("Estou neste acampamento e preciso de comida e água").

Mas as metas superordenadas raramente são tão repentinas e óbvias como foram em Robbers Cave. Muitas vezes, elas estão à espreita nos bastidores de conflitos que diminuem de intensidade ou nunca chegam a acontecer. Veja o caso da Guerra dos Porcos e das Batatas. Em 1859, os Estados Unidos e o Reino Unido tinham vários objetivos e interdependências em comum,[13] além do idioma e das raízes culturais compartilhados. Os Estados Unidos enviavam ao Reino Unido algodão e grãos, subsidiados pela escravidão, que era proibida na ex-metrópole. Esta fornecia aos Estados Unidos produtos manufaturados e investimentos financeiros. Portanto, havia muito a perder se uma guerra eclodisse em 1859 – os ricos e poderosos industriais e banqueiros britânicos teriam ficado bastante insatisfeitos se o fluxo de matérias-primas colhidas por escravos tivesse sido interrompido.

Eles também tinham inimigos em comum. Ambos lutavam contra a China na Segunda Guerra do Ópio (em parte, para expandir o comércio de ópio, que a dinastia Qing restringira). Da França, Napoleão III causava problemas para os Estados Unidos ao intervir no México, e as ambições imperiais francesas também preocupavam os britânicos. E os Estados Unidos simpatizavam com a luta do Reino Unido contra a Rússia na recente Guerra da Crimeia. Houve ao longo dos anos muitos inimigos em comum que reduziram o foco de um no outro.

* * *

As metas superordenadas que fazem grupos em conflito olharem para os pontos que têm em comum são extremamente poderosas. No momento, temos muitos conflitos entre grupos no mundo. Mas imagine que uma espaçonave alienígena caia do céu. Dela saem seres sinistros e disformes que começam a destruir tudo o que está em seu caminho — árvores, edifícios, pessoas. Será que a humanidade se uniria para lutar contra esses invasores do espaço?

Acabei de resumir a trama de muitos filmes de ficção científica (eu tinha em mente *Independence Day*) porque isso ilustra uma das principais formas de, pelo menos temporariamente, superar conflitos e divisões sociais entre grupos. A maneira mais fácil de encerrar o conflito humano é uma invasão estranha — se tivermos um inimigo em comum, seja ele a covid-19, sejam pequenos seres esverdeados, poderemos parar de brigar entre nós por tempo suficiente para lidar com a questão. O conflito intergrupal pode ser temporariamente deixado de lado quando encontramos causas comuns que nos permitem ver a nós mesmos como parte de um grupo maior, com semelhanças.

As tentativas de reunir pessoas em torno de metas superordenadas são, na verdade, bastante comuns. Por exemplo, a Organização das Nações Unidas (que é, por definição, uma entidade destinada a superar as fronteiras dos grupos) elaborou uma lista dos "Grandes Desafios" mais urgentes que a humanidade enfrenta, incluindo a eliminação da pobreza, as mudanças climáticas e a prevenção de doenças. Embora possa ser difícil transformá-los em metas SMART, esses desafios exigem inerentemente a transposição de fronteiras nacionais, organizacionais e disciplinares. Mesmo para além desses Grandes Desafios sociais, as metas superordenadas têm a capacidade de unir as pessoas. Pense, por exemplo, em Mark, do departamento jurídico, e Tina, do departamento de marketing, deixando de lado suas diferenças quando a empresa enfrenta um processo judicial. Ou os elfos, anões e humanos escanteando suas disputas para lutar contra um exército de orcs no final de *O Hobbit*. Tanto a verdade quanto a ficção estão repletas de histórias de conflitos entre grupos que ficam em segundo plano porque uma meta superordenada deu origem a um propósito comum.

Contudo mesmo as metas superordenadas, por si só, não são suficientes para acabar com o conflito intergrupal. Essas metas precisam se traduzir em colaboração e interdependência duradouras, quando os riscos do conflito são tão altos que a maioria tem muito mais a perder caso ele se agrave.

Alguns hoje chamam esse tipo de situação de "coopetição",[14] um misto de *cooperação* e *competição*. Empresas farmacêuticas rivais colaboraram por um breve período para produzir o mais rápido possível uma vacina contra a covid-19. As rivais British Airways e Virgin Atlantic deixaram de lado sua acalorada rivalidade de longa data quando a covid pôs todo o setor aéreo — e o mundo — em uma situação crítica: em um gesto simbólico, para comemorar a retomada das viagens a partir da Europa, as duas companhias programaram voos para os Estados Unidos decolando simultaneamente em pistas paralelas.[15] Mas a solidariedade com outros grupos tende a se desgastar depois de alguns meses se não forem criadas estruturas de cooperação sólidas. Todos nós vimos durante a pandemia a cooperação dos Estados Unidos com a China logo se transformar em culpabilização, polarização e preconceito contra asiáticos e asiáticos-americanos.

Sherif também nos deu mais motivos para sermos otimistas com seu experimento, menos conhecido, anterior ao de Robbers Cave. Embora não conste na maioria dos livros sobre o tema, Sherif tentara fazer uma empreitada semelhante em um acampamento no interior do estado de Nova York, conhecido como Middle Grove.[16] Em vez de desligar a água e atolar um caminhão de alimentos, ele planejou... um incêndio florestal. Sim, seu plano original era levar um grupo de crianças de onze anos para o interior do estado de Nova York, induzi-las a se odiarem e, em seguida, desencadear um incêndio no entorno para uni-las. Ah, a psicologia na década de 1950!

O problema era que Sherif não conseguia fazer com que os dois grupos — Panthers [Panteras] e Pythons [Pítons] — se odiassem. Fazendo-se passar por monitores do acampamento, os assistentes de pesquisa de Sherif roubaram roupas dos Panthers e rasgaram sua bandeira, instigando-os a culparem os Pythons. Um dos assistentes de Sherif chegou a vandalizar a barraca dos Panthers e quebrou o ukulelê de um dos garotos.

Mas os dois grupos se recusaram obstinadamente a morder a isca. Os Pythons juraram sobre a Bíblia que não tinham sido responsáveis pelas pegadinhas, e os Panthers acreditaram neles. Depois disso, ajudaram os Panthers a limpar sua barraca. E ambos os grupos começaram a desconfiar de seus "monitores". Como não havia nenhum conflito a ser resolvido, o incêndio florestal nunca aconteceu. Sherif e sua equipe fracassaram.

Mas há lições no fracasso de Sherif. Por que Middle Grove foi muito mais pacífico do que Robbers Cave?

Em primeiro lugar, os meninos de Middle Grove passaram algum tempo juntos antes de competir — alguns já tinham desenvolvido amizade quando foram divididos em grupos. Mas os grupos de Robbers Cave não sabiam da existência um do outro nos dois primeiros dias.

Isso torna mais complexa a questão do que significa de fato "contato intergrupal". Como vimos, quando os grupos estão envolvidos em um conflito, o contato intergrupal não é tão efetivo. Mas os relacionamentos formados antes da competição — ou mesmo antes da formação dos grupos — são algo bem diferente. Essas conexões blindam o surgimento de conflitos acima de tudo. Isso não é infalível. Houve muitas guerras — como a Guerra Civil Americana ou a Guerra das Rosas — em que familiares e amigos lutaram entre si. Mas relacionamentos próximos e preexistentes ajudam a reduzir as chances de o conflito se agravar.

Sherif e sua equipe também incentivaram sutilmente o conflito em Robbers Cave. Mas em Middle Grove foram tão descarados que os meninos conseguiram identificar o verdadeiro inimigo: a equipe de pesquisa. Eles fomentavam o conflito o tempo todo! Quando perceberam isso, os meninos se uniram para impedir que os pesquisadores atingissem seus objetivos nefastos. Como disse a escritora Gina Perry, autora do livro *The Lost Boys*, sobre o trabalho de Sherif em Middle Grove e em Robbers Cave: "Acho que é um tipo de visão otimista. Ela nos faz sorrir, não faz? O fato de [os garotos de Middle Grove] terem se amotinado contra aqueles caras [...] e se recusado a fazer parte daquilo".

Creio que essa seja a maior lição de Middle Grove. Hoje, temos muitos inimigos comuns que, como a equipe de pesquisa de Sherif, tentam criar problemas. Esses inimigos estão em todos os grupos. São eles que se esforçam por manter os grupos separados e estimulam o preconceito e o conflito. Que tentam culpar o outro grupo por qualquer problema e atiçam a raiva. Que demonizam e desumanizam os outros. Esses são os inimigos comuns que todos nós enfrentamos hoje — os políticos, os abusadores e as pessoas de mente pequena que se aproveitam do lado sombrio dos nossos cérebros paleolíticos. Se todos os que querem a paz os enxergassem como eles são, talvez vivêssemos em um mundo mais parecido com o de Middle Grove, no qual os conflitos entre grupos jamais teriam início.

REFLEXÕES DE GRUPO SOBRE COMPETIÇÃO

Reflexão 1. Pratique a competição contra seu eu passado.

Problema: Embora a competição seja motivadora, ela tende a dirigir nossa atenção para os outros. E, assim, pode estimular disfunções como comparação social ("inveja dos de cima, desprezo pelos de baixo"), sabotagem de adversários e conflitos relacionais.

Solução: Competir contra si mesmo é a forma mais segura de aproveitar os benefícios da competição e minimizar seus riscos.[17] Trabalhe para superar seus próprios recordes, que, se forem bem acompanhados, podem ser ótimas metas SMART. Faça um diário, use aplicativos que o ajudem a observar seu desempenho ou mantenha registros de seus recordes pessoais. E faça parte de grupos de pessoas igualmente interessadas em competir contra seus eus passados. Ou forme um grupo se não conseguir encontrar um!

Mantenho registros de muitas coisas – quais das minhas metas eu alcanço, quantas palavras escrevo e quanto tempo gasto em diferentes tarefas. Quando estabeleço um novo recorde, comemoro com um marcador amarelo e uma anotação no meu diário. Talvez eu compre uma gostosura para o almoço! Quando começo a fazer coisas novas – tocar um instrumento, deslanchar uma carreira de pesquisador ou escrever um livro –, entro em grupos de pessoas com interesses semelhantes.

É claro que é humano se comparar com os outros de vez em quando. Tente apenas fazer isso de forma saudável. Você pode competir com os outros, desde que tenha em mente que o pior inimigo é aquele que distrai você do crescimento. Se precisar se comparar, use isso para aprender a melhorar. Se você conseguir, a vitória será mera questão de tempo.

Reflexão 2. Mantenha o foco do conflito na tarefa.

Problema: Divergência de ideias é algo bom, em tese, mas difícil de manter sob controle.

Solução: Comece com tudo o que dissemos nos capítulos anteriores sobre uma boa tomada de decisão em grupo: segurança psicológica, liderança de processo, metas claras e divergência produtiva. A única coisa que eu acrescentaria é que você deve ter normas rígidas contra qualquer coisa que se assemelhe a um conflito relacional – sobretudo quando ele estiver disfarçado de conflito produtivo. Os principais sinais de conflito relacional que procuro são as atribuições pessoais, ou quando os membros começam a falar sobre os outros em termos de características ou disposições, e não sobre o problema específico em questão. "Você sempre fala essas coisas" ou "Você é sensível demais" são sinais de alerta. Interrompo uma discussão quando ouço declarações do tipo. Digo coisas como: "Talvez essa discussão esteja ficando pessoal demais. Vamos fazer uma pausa. Quando voltarmos, vamos nos concentrar em tirar os elefantes da sala; queremos que eles estejam fora daqui até o final do dia".

Reflexão 3. Trabalhe em suas habilidades de negociação integrativa.

Problema: Quando as pessoas têm preferências ou interesses distintos, geralmente a melhor solução não é brigar. É negociar! Mas muitos têm ideias equivocadas sobre o significado de negociação. Imaginam que se trata de barganhar, que uma parte deve receber mais e a outra, menos. Chamamos isso de "mentalidade de soma zero".

Solução: Quando você tem uma mentalidade de soma zero, é fácil ignorar as soluções em que todos saem ganhando. A maioria das partes (indivíduos ou grupos) tem várias questões que podem ser discutidas simultaneamente. Quando uma valoriza uma questão mais do que a outra, essa é uma oportunidade para ganhos mútuos. Se A é importante para mim e B é mais importante para você, provavelmente ambos vamos conseguir o que queremos. Não estamos discutindo sobre o tamanho do bolo; estamos procurando formas de fazê-lo crescer.

Negociadores habilidosos procuram por oportunidades para que haja ganhos mútuos. Eles negociam várias questões ao mesmo tempo, compartilham informações e debatem preferências, em vez de fazer ofertas ou exigências.

Ao agir assim, a negociação se parece muito com uma tomada de decisão em grupo. E de fato é. Todas as decisões coletivas são negociações entre as preferências de várias partes. E todas as negociações são decisões coletivas. As mesmas regras básicas são aplicadas.

Reflexão 4. Contrate um mediador para ajudar a resolver conflitos disfuncionais.

Problema: Uma das perguntas que mais me fazem é "Como lidar com dois colegas de equipe que parecem nunca se dar bem?". Não há uma resposta simples, pois, como eu já disse várias vezes, o negativo é psicologicamente mais forte do que o positivo. Uma vez que o gênio do lado sombrio do conflito escapa, é difícil colocá-lo de volta na lâmpada. O conflito relacional corrói a confiança de que queremos o melhor uns para os outros. E duas partes que não confiam uma na outra terão dificuldades para resolver problemas.

Solução: Um ponto de partida é o envolvimento de um terceiro capacitado – um mediador. Bons mediadores ajudam as pessoas a identificar seus problemas e encontrar formas de reconstruir a confiança e a capacidade de cooperação. Isso requer habilidade clínica, então é melhor que essa pessoa tenha alguma experiência e a confiança de ambas as partes.

Mas a mediação – especialmente entre grupos – é lenta e complexa. Em grupos maiores, como países inteiros, alguns membros podem se esforçar para resolver os problemas por meio de mediação e negociação, enquanto outros fazem o conflito se agravar! Isso não significa que não devamos tentar a mediação, que pode ser bastante poderosa quando bem-feita. (Há algumas referências nas notas ao final do livro, caso você queira saber mais.)[18]

Seção IV

Liderando grupos

A Seção IV trata de pôr uma perspectiva coletiva em ação. No Capítulo 12, explico o erro mais comum que as pessoas cometem quando tentam reajustar um grupo em dificuldades: ensinar um grupo a mudar seus processos sem consertar suas estruturas. E, no Capítulo 13, explico por que a liderança de grupo não é importante apenas para os líderes formais; ela é um esporte coletivo, não um único indivíduo sentado no topo de uma hierarquia em forma de pirâmide. Todos os membros do grupo podem exercer liderança – se souberem para onde olhar. E, por fim, no Capítulo 14, vamos falar sobre o que o futuro reserva para os grupos e o que os grupos podem fazer para moldar o futuro, incluindo a forma como as novas tecnologias mudam a colaboração (e vice-versa). Embora este livro passe muito tempo descrevendo lados sombrios, os desafios e os paradoxos, os grupos que se desafiam a melhorar a cada dia ainda são a ferramenta mais poderosa da humanidade. Seja você um alto executivo ou apenas alguém que deseja que seu grupo de leitura seja um pouco mais divertido, pode compartilhar a liderança de seus grupos. E, ao fazer isso, pode tornar o mundo um pouco melhor.

12. A banca sempre ganha

A hora certa de estruturar e treinar suas equipes

Tenho idade suficiente para me lembrar de quando os documentos eram copiados ao se escrever com muita força por cima de um papel-carbono roxo. Mas então surgiu a Xerox. A Xerox dominou os primeiros dias da fotocópia, e a marca se tornou sinônimo de fotocópia, como Kleenex, Band-Aid e Gillette.

Naquela época, as máquinas de fotocópia pareciam algo mágico — mas o risco de atolamento de papel, cartucho de tinta vazio ou mensagem de erro inescrutável era alto. Eu me recordo de muitas vezes, na década de 1990, vestindo uma camisa branca de botão e com as mãos manchadas de tinta, estar arrancando uma folha de papel amassada da boca da máquina. E eu me perguntava por que era tão difícil manter aquelas malditas coisas funcionando direito. Impressoras e fotocopiadoras quebradas eram um clichê tão grande que o momento culminante do filme *Como enlouquecer seu chefe* envolve os personagens principais batendo em uma máquina dessas com um taco de beisebol. As máquinas de xerox eram, ao mesmo tempo, uma salvação e um tormento.

O exterior reto e cúbico de uma fotocopiadora esconde um mecanismo com a precisão de um relógio suíço. Essas máquinas eram tão complexas e atualizadas com tanta frequência que, às vezes, até os técnicos ficavam confusos quando as abriam.[1] Para lidar com esses desafios, os melhores técnicos compartilhavam segredos sobre como consertar as máquinas, aprendendo os truques mais recentes não com a empresa, mas uns com os outros. A Xerox tentou estimular esse aprendizado dividindo seus técnicos em equipes de três a nove pessoas, que cobriam um determinado território ou conjunto de clientes. Essas equipes precisavam colaborar para manter as máquinas funcionando, aprender sobre novos problemas e como corrigi-los, além de responder às questões dos clientes.

Mas algumas equipes eram melhores do que outras. Havia as que mantinham os clientes satisfeitos e as máquinas funcionando, enquanto outras tinham dificuldades. Algumas eram equipes de verdade, enquanto outras o eram apenas no nome, e entre os técnicos era cada um por si.

Era evidente que havia sinergia nas equipes excepcionais, que apresentavam um desempenho melhor do que qualquer combinação de indivíduos podia ter. A Xerox trabalhou com a psicóloga organizacional Ruth Wageman para descobrir o que esses gestores regionais,[2] os líderes externos dessas equipes, poderiam fazer para ajudar as equipes inefetivas a se tornarem mais parecidas com as efetivas.

Em sua pesquisa, Wageman investigou duas classes amplas de comportamentos de líderes: estruturação e treinamento. Primeiro, os líderes podem intervir **estruturando** o grupo — podiam atuar nas metas, nas tarefas, na composição e nas normas da equipe. Segundo, podiam intervir **treinando** o grupo — buscando gerenciar conflitos de forma produtiva, mediando sessões de solução de problemas e oferecendo conselhos. As intervenções de treinamento miram diretamente o processo. Elas tentam evitar perdas no processo e catalisar a sinergia. Discursos motivacionais, sessões de feedback, reuniões de planejamento estratégico e aconselhamento são exemplos de treinamento.

O que você acha que ajudou mais as equipes? Ou, melhor, em que condições esses dois tipos de intervenções ajudaram mais as equipes da Xerox? E o que isso tem a ver comigo, se eu não estiver liderando uma equipe como as da Xerox?

Enquanto você pensa nas respostas, deixe-me contar uma história breve.

MINHA PRIMEIRA IDA A UM CASSINO

Fui a um cassino de Las Vegas pela primeira vez quando tinha dezessete anos. Não foi uma aventura tão grande quanto pode parecer. Meu pai morava no estado de Nevada desde que eu me lembrava, tendo se mudado para Reno quando eu tinha cinco anos, e para Las Vegas cerca de dez anos mais tarde.

Aos dezessete, eu já tinha um cavanhaque preto e espesso, e podia me passar por alguém de vinte e poucos. Então, uma noite, na minha visita anual de verão a Nevada, meu pai me levou a um cassino. Para evitarmos o escrutínio, jogamos videopôquer em algumas máquinas mais afastadas, longe da vista das mesas com crupiês de carne e osso.

Eu sabia jogar pôquer razoavelmente bem. Além de meu pai ter morado em Reno e Las Vegas durante a maior parte da minha vida, meus avós tinham uma velha máquina de videopôquer portátil na qual eu jogava desde pequeno. Eu sabia bem quais cartas manter na mão na modalidade em que se abriam cinco cartas.

Mas essas máquinas eram de "pôquer de bônus duplo" para combinações de baixa probabilidade – pagavam um bônus para algumas quadras, em especial para quatro ases. Os prêmios eram tão atraentes que meu pai me aconselhou a manter na mão até mesmo um único ás e perseguir certas quadras, mesmo quando normalmente isso não seria uma boa estratégia. E funcionou – consegui quatro ases não só uma, mas duas vezes! Ficamos mergulhados naquilo, gritando quando ganhávamos e xingando quando perdíamos uma mão promissora. Algumas horas depois, saímos do cassino cerca de setecentos dólares mais ricos.

Desde aquela primeira incursão vitoriosa ao cassino, nunca mais tive uma noite tão boa no videopôquer. E, como um professor que usa estatística em seu trabalho, apostar contra as máquinas de cassino perdeu o apelo. Entender as probabilidades acabou com essas experiências para mim – quando se joga contra uma máquina, existe uma estratégia ideal, e usá-la roboticamente é literalmente a melhor aposta. Portanto, não tenho mais a onda de adrenalina porque, em jogos como o pôquer de bônus duplo, não há nada que se possa fazer além de agir de acordo com essas probabilidades. E elas mostram que o jogo está armado contra você.

Mas existem alguns jogadores inteligentes que descobrem pontos fracos nas máquinas dos cassinos. Em 2019, por exemplo, dois apostadores profissionais, identificados pelo jornalista Eric Raskin apenas como "Max" e "Jay", formaram um grupo que ganhou quase 1 milhão de dólares em uma única semana em um caça-níqueis on-line chamado Ocean Magic.[3] O Ocean Magic continha "bolhas selvagens" em tons dourados que podiam resultar em grandes prêmios. Max e Jay identificaram uma falha no design do jogo: se as bolhas estivessem visíveis em determinadas posições antes de uma rodada, você teria uma excelente chance de ganhar – uma vantagem concreta sobre a banca.

Esse tipo de vantagem não aparece com muita frequência, então Max e Jay ligaram para seus amigos apostadores profissionais. Percebendo quão rara era aquela oportunidade, todos viajaram para Nova Jersey, onde o jogo estava sediado. Eles identificaram uma aposta segura e vencedora e uma estratégia legal para tirar proveito dela – obter o bônus de inscrição para criar novas contas, fazer uma grande aposta quando as bolhas selvagens estivessem na posição adequada e, passadas as rodadas em que você tinha a vantagem, parar. Funcionou tão bem quanto tinham imaginado.

Os cassinos, no entanto, estão atentos a esse tipo de vantagem – eles monitoram constantemente padrões de vitória que divirjam das probabilidades previstas para o jogo. Em poucos dias, a maioria dos treze cassinos que tinham o Ocean Magic o removeu. Ao final de uma semana, o jogo havia desaparecido.

Depois, Max e Jay tiveram de fazer com que os cassinos pagassem. Embora a primeira metade de seus ganhos tenha sido paga, vários cassinos demoraram a pagar e alegaram que alguma política não identificada fora violada. Não está claro se todo o dinheiro foi pago ou não.

Voltemos aos líderes das equipes de técnicos da Xerox com baixo desempenho. Eles devem intervir com estruturação ou com treinamento?

Como era de esperar, as intervenções estruturais funcionaram como mágica. Os líderes que investiram na composição do grupo, no design da tarefa, nas metas e nas normas obtiveram resultados rápidos: as equipes bem estruturadas tiveram um desempenho melhor do que as mal estruturadas por uma ampla margem (respondendo por 37% da diferença no desempenho das equipes). Os resultados de Wageman foram representativos dos efeitos do design do trabalho sobre a efetividade da equipe: uma metanálise feita em 2007 com 259 estudos, que englobavam quase 220 mil pessoas, constatou que a estrutura (nesse caso, o design do trabalho) foi responsável por 43% da variação no desempenho da equipe e na satisfação dos membros.[4] Portanto, a estrutura é uma condição poderosa para influenciar o desempenho de um grupo.

A história do treinamento é mais complicada. Primeiro, parte dele foi não só inútil como prejudicial. Alguns líderes nem sequer seguiam o manual de dinâmica dos grupos! Reuniam-se com membros individualmente, mas quase nunca com a equipe inteira ao mesmo tempo. Eles microgerenciavam, analisando determinadas métricas com olhos de águia. Eles mesmos ligavam para os clientes, em vez de ajudar a equipe a resolver a questão por conta própria. Apontavam problemas, mas não se esforçavam para descobrir como solucioná-los. E elegiam indivíduos para culpar por esses problemas.

Mas mesmo um bom treinamento — aconselhamento, consultoria sobre solução de problemas e discursos motivacionais — não ajudou as equipes tanto quanto os líderes esperavam. Embora as equipes da Xerox que receberam um bom treinamento tenham se saído melhor, elas não obtiveram melhores resultados. O treinamento — a intervenção direta para influenciar o processo do grupo — não teve nem de longe os mesmos efeitos das intervenções estruturais.

O quadro fica mais claro se examinamos as intervenções estruturais e de treinamento em conjunto. Quando os grupos da Xerox eram bem estruturados — com metas SMART, composição forte, normas sensatas e tarefas bem planejadas —, eles tiravam proveito de um bom treinamento. No entanto, as equipes mal estruturadas que receberam um bom treinamento tiveram apenas aumentos insignificantes em sua efetividade.

E, de bônus, as equipes bem estruturadas ficaram "vacinadas" contra os males do treinamento negativo. Embora o treinamento negativo tenha deixado todas as equipes menos satisfeitas, as mal estruturadas foram prejudicadas cerca de três vezes mais do que as bem estruturadas. Os ricos ficaram mais ricos, e os pobres, mais pobres.

Em outras palavras, a estrutura é a chave. Você precisa da estrutura certa para que um bom treinamento faça a diferença.

Os cassinos são uma ótima metáfora para entender quais intervenções compensam e moldam a dinâmica dos grupos, bem como os erros mais comuns que as pessoas cometem.

O treinamento é como meu pai me orientando a segurar os ases, ou como Max e Jay procurando por bolhas selvagens. Assim como as estratégias de jogo, o treinamento visa diretamente o processo do grupo. Treinadores advertem seus times para que se esforcem mais ou mudem de tática. Governos instalam placas para nos lembrar de não jogarmos lixo no chão. Pais convencem e disciplinam seus filhos para que ajustem seu comportamento.

Se você tiver sorte, poderá ganhar alguns milhares de dólares no videopôquer mudando sua estratégia no cassino. Na melhor das hipóteses, descobre alguma vantagem nas bolhas selvagens e ganha cerca de 1 milhão (embora possa ser difícil fazer com que o cassino o pague). Mas essas são exceções; em um jogo de cartas marcadas, treinar não garante vitórias por muito tempo.

Sabe o que não é exceção? Os cassinos ganharem. Eles consistentemente faturam não apenas milhões, mas bilhões de dólares, porque estruturam o jogo, definindo as probabilidades do videopôquer ou as regras dos caça-níqueis. Eles podem perder no curto prazo para alguns apostadores como Max e Jay, mas quase sempre ganham no longo prazo.

Quando você usa intervenções estruturais, você é o cassino. Elas permitem que você manipule as cartas a favor do seu grupo. Equipes de verdade com a combinação certa de habilidades e perspectivas. Tarefas ricas e motivadoras. Metas claras, relevantes e desafiadoras. Normas que reduzem a conformidade e incentivam o compartilhamento das capacidades de cada um com o grupo. Isso, sim, é um grupo pronto para obter sinergia — e para receber um bom treinamento.

Depois de dar as cartas, é hora de treinar a equipe. Mas muitos líderes de grupo parecem se esquecer de que podem mudar o jogo que está sendo disputado.

Mesmo que não esteja gerenciando uma equipe de trabalho, ainda assim você pode influenciar a estrutura dos seus grupos. Pode sugerir metas e tarefas SMART para sua família e seus amigos. Comitês no trabalho, associações de pais e mestres, sua banda, seu grupo de leitura — todos esses são grupos em que a estrutura não é fixa. Você pode mudá-la. Uma pergunta como "O que devemos fazer para a próxima semana? Não sei ao certo" pode desencadear uma conversa que vai elucidar metas, tarefas, funções e normas para todo mundo. Você não precisa ser um líder formal para começar um debate sobre a estrutura dos seus grupos.

Assim como nos jogos de azar, a dinâmica dos grupos envolve tanto acaso quanto habilidade. Os grupos têm diversas partes móveis, compostas de indivíduos únicos, todos com suas próprias esperanças, sonhos e lutas, que são afetados pela dinâmica dos grupos e uns pelos outros. O mundo ao redor deles está mudando, e eles estão mudando com o mundo. Não admira que não haja nenhuma forma de garantir um coletivo efetivo.

Minha gloriosa vitória no videopôquer, na prática, é uma metáfora para o erro mais comum no jogo da dinâmica dos grupos. Meu pai e eu pensamos muito sobre a forma como jogaríamos e elaboramos uma boa estratégia. Honestamente, estávamos jogando da melhor forma possível. Então, por que isso foi um erro?

O erro foi jogar, em primeiro lugar. Se o seu objetivo é maximizar suas chances de ganhar dinheiro, você já perdeu no instante em que pôs os pés no cassino. Você está disputando o jogo de outra pessoa, que é estruturado para que você perca no longo prazo. Até mesmo o Ocean Magic, um dos grandes exemplos recentes de como vencer a casa, não teve vida longa. Você pode levar a melhor por algum tempo, mas, no final, a banca sempre ganha.

SIGA A ORDEM CERTA

Quando converso com meus alunos, quer sejam líderes governamentais ou empresariais, quer estejam apenas começando em um novo emprego, eles geralmente querem saber o que podem fazer para melhorar suas equipes. Reuniões que parecem inúteis. Brigas internas e politicagem no trabalho. Um chefe microgerenciador. Colegas desmotivados. Como resolver isso?

A maioria das pessoas quer ir direto para o treinamento. Vamos juntar todo mundo em uma sala. Não estamos motivados, então vamos nos animar! Nossa estratégia fracassou, então vou dar alguns conselhos. Mas, muitas vezes, esses problemas gritantes são sintomas de que você está num jogo de cartas marcadas. São a febre, não o vírus. E embora às vezes você possa tratar os sintomas a curto prazo, não é uma cura de longo prazo.

Venho defendendo neste livro o poder da estrutura do grupo. Isso se deve ao fato de que ela é muito importante para a dinâmica. Não temos tantas histórias sobre um grande líder que entrou em cena e salvou o dia. Os discursos que apareceram aqui — como o discurso de lançamento do técnico de basquete Mike Krzyzewski — são aqueles que ajudam a iluminar as metas e tarefas das equipes, garantindo que todos saibam para onde estão indo.

Portanto, siga a ordem certa. Antes de começar a programar um retiro para resolver os problemas interpessoais de seu grupo, faça uma análise cuidadosa de como ele está estruturado. Você tem uma equipe pequena com conhecimentos e perspectivas diversificados e relevantes para a tarefa? Sua meta é clara, desafiadora e relevante? O trabalho foi bem planejado? Suas normas estão alinhadas com seu objetivo? Trabalhe para corrigir os problemas estruturais antes de se concentrar na correção do processo. Caso contrário, você estará apenas extraindo uma pequena vantagem de um jogo de cartas marcadas.

Isso é válido para qualquer grupo. Sinceramente, como pai, muitas vezes caio na mesma armadilha, recorrendo ao treinamento quando quero mudar o comportamento dos meus filhos. Se eles estão negligenciando as tarefas domésticas, brigando demais ou grudados no celular, dou um breve sermão. Mas mesmo esses problemas de processo tendem a ser sintomas de causas estruturais subjacentes. Nas famílias, as pessoas brigam porque não têm dinheiro suficiente, ou porque não possuem uma visão compartilhada para sua vida. Essa é uma experiência frustrante, por isso é possível brigar sobre qualquer coisa, desde como lavar a louça até quanto tempo de tela as crianças podem ter. Mas, sem analisar as causas subjacentes, você acabará gastando toda a sua energia nos sintomas.

Quero deixar claro que oferecer treinamento de qualidade à equipe não é errado. Pelo contrário, é bom, definitivamente! Mas o erro mais comum que gestores, pais ou outros líderes cometem é treinar sem levar em conta a estrutura do grupo. Muitas vezes, esse erro decorre do individualismo — atribuir aos indivíduos as causas do desempenho coletivo. As pessoas acham que seus problemas são causados por uma maçã podre que só precisa ser monitorada, ou por um funcionário desmotivado que precisa de uma conversa estimulante. Embora um bom treinamento possa levar a mudanças de curto prazo, uma estrutura ruim exerce uma pressão lenta e constante sobre os processos que supera até mesmo um bom treinamento. Muitas vezes, o membro que parece não se esforçar não tem clareza sobre o seu papel no grupo, ou se sente excluído pelos outros membros. Pessoas que não sabem para onde estão indo geralmente se perdem em diferentes direções, depois culpam umas às outras por estarem indo para o lugar errado.

Richard Hackman e Ruth Wageman usam o que chamam de regra 60:30:10 para pensar sobre o que é mais importante para a efetividade do grupo.[5] Fiz uma parceria com eles para aplicar essa regra ao *momento* em que os líderes devem intervir.[6] A regra diz que cerca de 60% da efetividade do grupo é determinada por características estruturais, como metas, tarefas, composição e normas. As características estruturais, em geral, estão presentes antes mesmo de a equipe se reunir. O momento de intervir nessas áreas é antes de o grupo começar a trabalhar. Às vezes, antes mesmo de o grupo existir.

Cerca de 30% da efetividade é determinada pela forma como a equipe é lançada. As metas e o objetivo estão claramente articulados? Cada membro sente que faz parte do grupo por um bom motivo — que é aceito e respeitado por suas possíveis contribuições? As normas que promovem a segurança psicológica, esclarecem os processos de comunicação e coordenação e evitam a conformidade e o conflito disfuncional estão bem compreendidas desde o início? Saímos do lançamento com as etapas seguintes bem definidas? O momento de intervir nessas áreas é logo no início.

E os 10% finais são determinados por treinamentos especializados — pequenos ajustes, conselhos e correção de problemas que mantêm a equipe no caminho certo. Porque, se você tiver a estrutura correta, o processo e as pessoas cuidarão de si mesmos; só precisam de um empurrãozinho de vez em quando. Grupos bem estruturados podem se beneficiar do incentivo, dos conselhos e do feedback que o treinamento proporciona. É por isso que um bom treinamento é o último fator a promover a efetividade do grupo — a cereja do bolo da nossa perspectiva coletiva.

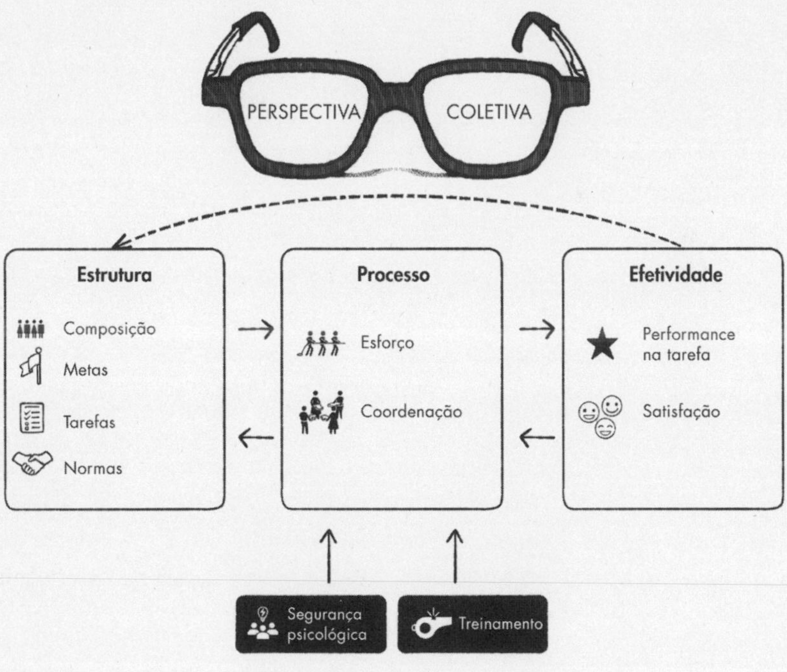

A falta de estrutura inerente à maioria dos grupos de sua vida é uma grande oportunidade! Basta que haja debates reais sobre quais as metas dos seus grupos e sobre as normas às quais vocês desejam aderir. Se você começar uma banda, uma confraria, um comitê ou uma empresa, terá muita liberdade. E, mesmo que seja um membro com pouca autoridade formal, ainda pode fazer perguntas sobre a estrutura a fim de chamar a atenção para ela ou propor sugestões para melhorar coisas que outros talvez tenham deixado passar. Existem diversas formas de aprimorar a estrutura dos seus grupos e dar a eles uma chance real de sinergia.

13. A palavra que começa com "L"

Quando e por que a liderança importa

Quando eu estava no primeiro ano do doutorado, meu orientador, Richard Hackman, me convidou para um painel sobre liderança do qual ele estava participando. Um dos outros palestrantes era líder de uma importante organização cultural (não vou dizer qual, para proteger os inocentes). Sua palestra era intitulada "Lições de liderança extraídas do jazz". Fiquei observando da plateia enquanto ele sugeria que, assim como os mestres do jazz Duke Ellington, Miles Davis e Louis Armstrong, os líderes de todos os tipos deveriam "ouvir atentamente", "encontrar seu próprio som", "improvisar", "manter-se atualizados... inovar" e "correr riscos... ir com a música!".

Depois que o painel terminou, Richard me escreveu para perguntar o que eu, enquanto jazzista e aspirante a acadêmico na área da liderança, tinha achado daquela palestra. Fiquei um pouco nervoso na hora de responder. Sendo um novo aluno no doutorado, qual era a importância da minha opinião? Será que ele tinha gostado da palestra? Será que o palestrante era amigo dele?

Fui sincero. "Concordo com bastante coisa", comecei. "Mas também não aprendi muito. Você pode obter esse tipo de lição de quase tudo. Por exemplo, eu poderia criar 'Lições de liderança extraídas das tartarugas':[1] 'Tenha um casco grosso', 'Saiba quando se recolher ao seu casco', 'Esconda seus ovos com cuidado', 'Devagar e sempre' ou 'Não deixe ninguém te virar de costas'".

Richard entrou no meu escritório e se postou detrás da minha mesa, com seus quase dois metros de altura me fazendo sombra. "Recebi seu e-mail", disse ele com gravidade. Depois riu e me deu um tapinha nas costas. Ele concordava comigo. Aquela apresentação, assim como muitos outros conselhos sobre liderança, era vazia. Não estão errados, mas são vazios. Assim como as mensagens que você encontra ao abrir um biscoito da sorte.

Vou lhe contar a respeito de outra palestra sobre liderança inspirada em música a que assisti. Dessa vez, ela foi conduzida por um maestro que tem como atividade secundária ser um guru da liderança. Ele falava sobre como ele é um grande líder por ser capaz de extrair o melhor das pessoas. E, para demonstrá-lo, havia levado consigo uma violoncelista. Ela tocou uma pequena peça sem o maestro. Então ele começou a agitar os braços na frente dela enquanto ela tocava novamente. Como sem dúvida eles haviam combinado, ela agora tocava com um pouco mais de vigor. "Estão vendo?", proclamou ele. "Estão vendo como eu a conduzi a ter um desempenho melhor?"

Eu não vi. Vi como a situação exigia que a violoncelista tocasse primeiro uma versão mais suave, e depois a apimentasse para que o maestro ficasse bem-visto. Mas não vi muita contribuição dele.

Na verdade, os regentes de orquestra são dos piores modelos de liderança de grupo. A maioria dos maestros que conheci são músicos e professores fantásticos, e muitos têm excelentes habilidades de liderança. Não é culpa deles o fato de fazerem parte de uma estrutura organizacional arcaica, semelhante a uma das "instituições medievais" sobre as quais o biólogo Edward O. Wilson nos alertou.

Surpreendentemente, até mesmo os músicos medievais sabiam que não precisavam de maestros.[2] No século XV, músicos europeus pré-clássicos sincronizavam suas apresentações com uma batida constante de um instrumento de percussão, como um tambor. Inclusive os corais de igreja se mantinham em sincronia com um membro batendo em um rolo de papel para criar uma batida clara e audível. Isso é o que a maior parte do mundo musical faz.

Mas conjuntos musicais (assim como equipes de alta gerência) começaram a crescer em tamanho. No período barroco (do final dos anos 1600 até meados dos 1700), a regência já estava consolidada; os compositores geralmente tocavam piano e, de vez em quando, gesticulavam para sinalizar as mudanças de andamento, as entradas e as paradas. Às vezes, o primeiro violino (ou *Spalla*) se sentava em uma posição de destaque e fazia gestos com o arco para manter todos no mesmo andamento. Mas ainda não havia maestros especializados,[3] e aqueles que regiam não eram necessariamente considerados o "líder" do grupo – apenas contribuíam para que o grupo se mantivesse em sincronia.

Os maestros surgiram efetivamente no início do século XIX, quando Beethoven e seus contemporâneos principiaram a compor peças complexas para orquestras enormes. As mudanças de andamento e os começos e paradas dramáticos exigiam uma intrincada coordenação. Nem todo mundo estava feliz com a predominância de maestros. Robert Schumann, um dos meus compositores preferidos, os classificou como "um mal necessário".[4]

Ao longo do tempo, os maestros ganharam mais fama e influência; muitos compositores famosos também eram maestros, o que ajudou. O público aplaudia em reconhecimento tanto à composição da peça quanto à sua execução. Hoje, os maestros raramente executam suas próprias composições, mas ainda recebem a maior parte do crédito e dos aplausos. O público – e até mesmo os próprios músicos – muitas vezes pensa nos maestros como os maiores responsáveis pelo desempenho coletivo. Não é de admirar que, assim como o nosso maestro e guru de liderança, muitos regentes comecem a se considerar heróis.

Isso leva a um estranho estado de coisas, no qual o nosso maestro-guru pode apresentar um seminário sobre liderança. A violoncelista que ele "liderava" era uma profissional altamente treinada que havia conseguido um dos empregos mais cobiçados de sua área – um posto em uma grande orquestra. Ela praticara por dezenas de milhares de horas e se apresentara milhares de vezes. Não havia ninguém com quem sincronizar, portanto não havia necessidade de um maestro. A violoncelista poderia ter tocado muito bem sem ele.

Muitos maestros conduzem orquestras como ditadores, dando a músicos de classe mundial pouquíssimo espaço para opinião sobre como fazer o seu trabalho. E os dados confirmam isso. Um estudo apontou que apenas 32% dos músicos de orquestra pensavam ter autonomia em seus empregos – quase o mesmo que funcionários administrativos (35%) e bem menos que profissionais de relações humanas (mais de 60%).[5]

Os pesquisadores Jutta Allmendinger, Richard Hackman e Erin Lehman descobriram algo ainda mais alarmante em seu estudo sobre orquestras sinfônicas. Em 1996, compararam a satisfação profissional dos músicos de orquestra com a de doze outras profissões. Seria de esperar que conquistar um emprego disputado, seguro e com uma remuneração razoável tocando música – uma posição para a vida inteira para a maioria dos músicos profissionais – estivesse entre as profissões mais satisfatórias. Mas os músicos de orquestra ficaram em sétimo lugar, logo acima das equipes de produção industrial e abaixo dos agentes penitenciários! E não é porque os músicos costumam ser mal-humorados ou porque a música clássica os deixa tristes, pois os quartetos de cordas profissionais ficaram em primeiro lugar.[6] A explicação está na estrutura do grupo. Talvez não haja nenhum outro campo em que cinquenta a cem especialistas internacionais estejam reunidos no mesmo ambiente e tenham tão pouca autonomia. Levando em conta o que aprendemos sobre a importância da autonomia para a motivação no trabalho, não nos surpreende que eles não estivessem satisfeitos.

As ideias sobre liderança que sustentam a estrutura arcaica e equivocada das orquestras sinfônicas está em toda parte. Neste capítulo, vou explicar uma forma melhor de pensar sobre a liderança de grupos. Mas, primeiro, precisamos questionar as teorias de liderança individualistas do "Grande Homem" que permeiam nossa sociedade e nossas instituições. Assim como o "Gênio Solitário", o "Grande Homem" leva crédito demais pelo êxito de um grupo — porém, em vez de reivindicar a responsabilidade exclusiva, o "Grande Homem" declara ser capaz de extrair a grandeza dos outros.

Orquestras não são o único lugar em que os mitos do "Grande Homem" moldaram nossas instituições. Afinal, vivo em um país com um rei de verdade! Como falamos no Capítulo 1, mesmo quando a realidade é que os grupos são o motor do progresso e da mudança, tendemos a concentrar a história em um único herói. Com a liderança, não é diferente. Mesmo quando há muitas pessoas influentes no grupo, nos inclinamos a olhar para aquele que está no topo da hierarquia, como presidentes, generais, treinadores e CEOs.

Quando as pessoas param para pensar sobre o assunto, são inteligentes o suficiente para perceber que um único líder não é capaz de resolver todos os problemas do grupo. Os ditadores — seja um monarca escolhido por Deus, seja um chefe intrometido que tenta microgerenciar todos os aspectos dos projetos alheios — não são bons em comandar nenhum grupo.[7] Qualquer indivíduo que tente fazer tudo em um grupo, uma organização ou um país está fadado ao fracasso. Porém, um grupo que depende efetivamente de vários membros para a liderança tem a vantagem de contar com mais mão de obra e mais conhecimento especializado. E, de fato, a maioria dos estudos mostra que a liderança compartilhada melhora a efetividade do grupo.[8]

Então, por que ainda esperamos que os nossos líderes sejam heróis? E por que botamos a culpa neles quando as coisas dão errado? Primeiro, vou explicar por que tendemos a pôr toda a responsabilidade em um só líder e, em seguida, mostrar por que, e como, a liderança coletiva é melhor. Com a liderança coletiva, qualquer um pode ser um líder — inclusive você.

ABAIXO O LÍDER!

Quando um grupo enfrenta dificuldades, fica claro que muitas pessoas acham que substituir o líder é uma boa medida. A maior parte das ligas esportivas profissionais tem aquele dia em que uma série de técnicos são demitidos — mesmo aqueles que têm um longo histórico de sucesso. Na NBA, em que os técnicos já são, supostamente, os melhores entre os melhores, a média de permanência é de cinco anos; 25% são demitidos anualmente. Isso é próximo do que ocorre na Premier League, mas o tempo médio de permanência de um técnico na primeira divisão do futebol inglês caiu para 787 dias![9] Quando as coisas dão errado, é o líder que leva a culpa.[10]

Parece que esperamos que os líderes sejam heróis e salvadores, e os culpamos quando não o são — "O capitão deve afundar com o navio" e coisas do tipo. Na década de 1980, o cientista organizacional James Meindl e seus colegas suspeitaram que os líderes poderiam receber mais do que sua parcela justa de crédito e culpa. Eles compararam quanto as pessoas achavam que os líderes empresariais eram a causa do desempenho de seus grupos em relação a outros fatores, como os subordinados, a economia geral ou qualquer outra coisa que pudessem imaginar. Os líderes receberam cerca de 50% do crédito e da culpa quando o desempenho do grupo não mudou muito (ou seja, aumentos e reduções leves ou moderados). Mas aos líderes foi atribuída ainda mais culpa quando houve uma grande redução, e mais crédito quando houve um grande aumento.[11]

Considerando tudo o que aprendemos sobre dinâmica dos grupos, até mesmo atribuir 50% do resultado ao líder parece excessivo. Grupos são animais imprevisíveis, extremamente expostos a um mundo em constante transformação. Times podem ser prejudicados por lesões e golpes de azar. Empresas podem fracassar em função de catástrofes econômicas ou desastres naturais fora do controle de qualquer líder. Presidentes e primeiros-ministros são culpados ou responsabilizados por condições econômicas que estão muito além de sua alçada. Sem que o líder tenha culpa, bandas horríveis podem se tornar famosas, enquanto outras, excepcionais, definham na obscuridade (não que eu seja amargurado).

Muitos acreditam que existe o "impacto do novo gestor" — que o desempenho do grupo melhora quando o líder é substituído. Afinal, aprendemos que os líderes provavelmente são mais apegados ao status quo e hesitam em mudar. Então, será que devemos substituir o líder quando o grupo passa por dificuldades?

Em média, os dados não confirmam a troca de líder como um método confiável para revigorar os grupos. Pesquisas sobre o tema têm produzido resultados variados. Embora alguns estudos encontrem um ligeiro aumento no desempenho sob o novo líder, o ponto é se isso pode ser explicado pela "regressão à média", na qual as equipes com baixo desempenho retomam naturalmente um nível médio de desempenho. Portanto, pode ser difícil afirmar se os novos líderes são úteis ou se a melhora é um mero ruído estatístico.

Alguns estudos eliminaram o ruído ao analisar mais diretamente a influência que os técnicos têm sobre o processo. Um estudo detalhado com treinadores de futebol na Polônia levou em conta não só os pontos que os times faziam, como também medidas de esforço — a distância percorrida e a velocidade dos jogadores durante as partidas.[12] A princípio, os jogadores de fato correram mais, e mais rápido, depois de uma troca de técnicos, o que resultou em mais gols. No entanto, esse efeito não foi causado por um esforço extraordinário sob o novo ocupante do cargo, e sim por esforço insuficiente sob o técnico demitido — o esforço dos jogadores apenas voltou à média. E esse maior esforço de curto prazo fez pouca diferença a longo prazo. Mesmo depois de demitirem seus técnicos, essas equipes, ainda assim, tiveram um desempenho significativamente inferior ao de equipes semelhantes que não haviam demitido seus treinadores.

Em outro caso, pesquisadores noruegueses realizaram um estudo inteligente para saber se as equipes se beneficiaram ao demitir seus líderes.[13] Usaram dados da Liga Norueguesa de Futebol e compararam as equipes que demitiram seus técnicos com equipes semelhantes que tiveram a mesma trajetória de desempenho negativo, mas que não demitiram seus treinadores. O resultado? Nas competições seguintes, os times que demitiram seus técnicos não se saíram melhor — na verdade, saíram-se pior, melhorando mais lentamente do que aqueles que mantiveram seus comandantes.

Embora esse tipo de dado correlacional não seja absoluto, ele é consistente com outras pesquisas sobre rotatividade de líderes esportivos.[14] Os técnicos são mais influentes quando controlam a composição — eles podem mudar quem faz parte da equipe e quem joga. Quando só podem afetar os processos do grupo, como esforço e coordenação, sua influência é reduzida — em geral em torno de 1% ou 2% da variação no desempenho, em vez dos 50% esperados por Meindl.

Mas as pessoas ainda acreditam que os líderes devem receber grande parte do crédito e da culpa pelos resultados do desempenho coletivo. Um estudo experimental mostra que, embora as equipes recebam mais crédito coletivo pelo sucesso, as pessoas atribuem mais culpa por mau desempenho aos indivíduos,[15] como os líderes. Embora não haja como saber com precisão qual a influência destes, fica claro que as pessoas usam a "liderança" como um atalho cognitivo para tentar compreender as causas de fenômenos complexos e coletivos.

Então, qual é a alternativa à análise dos êxitos e fracassos para julgar a liderança do grupo?

LIDERANÇA FUNCIONAL E COMPARTILHADA

Para entender a liderança do grupo, é preciso olhar além de resultados como vitórias, preços de ações ou se o país está em recessão ou não. Esses quesitos são a combinação de fatores complexos, muitos dos quais extrapolam o controle de qualquer líder. É preciso olhar para além da pessoa sentada no trono, seja ele real, seja figurado.

Em vez disso, você deve pensar na liderança como aquilo que todos os membros do grupo fazem para melhorar a dinâmica dos grupos. Em outras palavras, você deve pensar na liderança do grupo como "funcional" e "compartilhada".[16] Por *funcional*, quero dizer a execução das atividades mais essenciais do grupo, sejam elas quais forem no momento. Via de regra, essas atividades consistem em fornecer propósito e direção ao grupo, ajudar a estruturar e coordenar o trabalho e criar as condições para que as perspectivas individuais sejam ouvidas e apreciadas, sem que se percam a coesão e a coordenação que fazem do grupo um grupo.

No Redeem Team, por exemplo, falamos sobre o lançamento do manual do técnico Mike Krzyzewski para o time norte-americano de basquete, em que ele articulou claramente as metas almejadas. Isso ajudou a motivá-los. Também aprendemos sobre o momento em que o capitão, Kobe Bryant, cumprimentou de maneira debochada seus colegas que voltavam de uma noitada quando ele já estava a caminho da sala de musculação pela manhã. Isso também ajudou a motivar a equipe.

O que nos leva ao segundo ponto. Você deve ter notado que citei não apenas uma, mas duas pessoas que lideraram o Redeem Team. Krzyzewski foi o líder formal, mas não o único. Kobe Bryant pode ter tido uma influência igualmente grande ao inspirar seus colegas de equipe a se concentrarem em seu trabalho e se esforçarem mais. Também poderíamos dizer que LeBron James demonstrou liderança ao reagir ao tom de deboche de Kobe e incentivar seus companheiros a fazer o mesmo (será que o comportamento de Kobe teria sido de liderança se LeBron não tivesse incentivado seus colegas de time a seguir o exemplo?). E o que dizer do diretor da equipe, Jerry Colangelo, que contratou Krzyzewski e mudou o processo de seleção e treinamento? Não seria ele o líder mais importante do grupo? Ele pôs em prática muitas das condições estruturais de que falamos no Capítulo 12.

A resposta é: todas as opções acima. A liderança do grupo é *compartilhada* — nenhuma pessoa ou cargo deve ser responsável por fornecer toda a liderança.[17] Os melhores grupos não dependem de um único líder para todas as suas necessidades de liderança. Em larga medida, eles se autogerenciam. Cada um deve considerar a liderança do grupo como uma tarefa sua, criando e mantendo estruturas e treinando uns aos outros conforme necessário.

Qualquer esforço proativo de influenciar os membros do grupo para que cumpram essas funções é considerada liderança. Essas ações podem vir de líderes formais, como Krzyzewski, ou informais, como Kobe e LeBron, que têm a admiração dos companheiros. As ações de liderança podem ser ruidosas e públicas, como um maestro que entra no palco sob aplausos e mexe os braços como um polvo bêbado. Ou podem ser silenciosas e discretas, como fazer uma pergunta ingênua que esclareça as metas em uma reunião, resolver um problema que ninguém mais havia notado ou contar uma piada que desfaça um conflito potencialmente disfuncional.

Seguindo essa lógica, qualquer tentativa proativa de promover a colaboração, os ganhos de processo e a sinergia é liderança. O mesmo acontece com os esforços para evitar que os lados sombrios da conformidade e do conflito se instalem. De uma perspectiva funcional, todo este livro trata de liderança furtiva!

RELANÇAMENTOS

Atender às necessidades de um grupo é como ser um arqueiro a cavalo, galopando a toda velocidade enquanto tenta acertar um alvo em movimento. Portanto, voltando à nossa pergunta do início do capítulo: a substituição do líder de um grupo deve ser a resposta-padrão quando as coisas desandam? Não. Você só precisa de mudanças na liderança quando os líderes formais abdicam de suas funções — quando não querem ou não conseguem fazer as mudanças necessárias na estrutura e nos processos do grupo. No entanto, fazer algo porque funcionou no ano anterior também não basta; os bons grupos refletem sobre a situação, o grupo e a tarefa atuais, e, em seguida, estruturam e treinam de acordo com essas reflexões.

E isso nos leva aos relançamentos. Michael Johnson, professor da Universidade de Washington, e seus colegas criaram um experimento inteligente em que deixaram as equipes em uma situação ruim e depois perguntaram aos membros o que gostariam de mudar — processos, pessoal e/ou estrutura do grupo (eles podiam escolher mais de uma opção).[18] Quando surgiram problemas, 84% dos grupos mudaram seus processos e 16% alteraram seu pessoal. Mas apenas 5% fizeram a única mudança que melhorou o desempenho de forma confiável — o ajuste da estrutura.

Dado que as pessoas negligenciam a estrutura com muita frequência, recomendo que relancem seus grupos quando as coisas saem dos trilhos. Isso permite voltar ao começo — reavaliar as metas e verificar se a estrutura do grupo tem chance de atingi-las. Caso contrário, faça as alterações necessárias. Em seguida, literalmente relance a equipe. Convoque as pessoas certas. Faça uma reunião como se fosse o primeiro dia de um novo grupo. Dê uma direção vívida e convincente para ele. Certifique-se de que os membros do grupo tenham peças de trabalho completas e bem projetadas. Discuta as normas que vocês irão seguir para se comunicar e colaborar.

Sempre que posso, faço um minirrelançamento. Depois de qualquer prazo ou marco, tento fazer com que todos reavaliem como estamos nos saindo. Como demonstraram os cientistas organizacionais Hengchen Dai, Katy Milkman e Jason Riis, qualquer marca importante no calendário — um novo ano, um novo mês, uma nova tarefa — é uma oportunidade para mudar.[19] Grupos precisam dessas oportunidades. Usar inícios, meios e fins estrategicamente é uma das melhores ferramentas para conduzir o navio da dinâmica dos grupos.

VOCÊ ESTÁ SENDO UM LÍDER?

Pode parecer que estou argumentando que os líderes individuais não são importantes. Mas isso seria absurdo. É evidente que líderes ruins podem causar uma série de danos. E alguns grandes líderes são excepcionalmente habilidosos em diagnosticar o que precisa ser feito, e fazê-lo. Mas líderes individuais são menos importantes do que nossos cérebros paleolíticos querem nos fazer crer. Sistemas sociais são complexos. Atribuir toda a responsabilidade pelos resultados coletivos a uma única pessoa é sempre uma simplificação.

Logo, se você se encontra em uma posição de liderança, é melhor ser humilde, autêntico e generoso? Sim! Mesmo que você não seja, o importante é fazer o que precisa ser feito. Esclareça as metas. Faça sua parte para melhorar a segurança psicológica. Se você não entende ou não concorda com as normas, debata-as. Se tiver uma sugestão, fale, respeitando a possibilidade de haver discordância. Pergunte aos outros o que eles pensam — e ouça com atenção quando eles responderem. Seja proativo, não fique esperando que as pessoas lhe digam o que fazer. Comunique-se com clareza. E se não puder fazer algo que acha que precisa ser feito, ajude a encontrar alguém que seja capaz. Essa é a verdadeira liderança de grupo.

14. Grupos do futuro

Ou o nosso futuro com os grupos

Enquanto lê este livro, pode ser que você viva em um mundo no qual o deslocamento para o trabalho é uma vaga lembrança: a maior parte das atividades de escritório ocorre agora em realidade aumentada. Todos nós usamos óculos que trazem vídeos tridimensionais e holográficos para nossas casas. Ou colocamos fones de ouvido e, de repente, parece que estamos em uma sala virtual em uma ilha deserta. Ou talvez exista um avatar de inteligência artificial que pode participar da reunião em nosso lugar. Quem sabe tenhamos implantes cerebrais, por meio dos quais poderemos ter uma mente coletiva semelhante à de um Borg, em que compartilhamos os pensamentos e sentimentos uns dos outros.

Não sei se alguma dessas tecnologias futuristas coletivas se concretizará, embora todas pareçam estar ao nosso alcance. E todas elas nos parecem estranhas, com o potencial de desestabilizar nossa vida. Escrever sobre o futuro dos seres humanos e da tecnologia é um negócio perigoso. O título do capítulo, "Grupos do futuro", é um tanto enganador. Você conhece o futuro melhor do que eu, porque está lendo isto agora, enquanto eu posso ter escrito estas palavras anos atrás. Não sei dizer ao certo qual desses mundos, se é que algum, vai se tornar realidade.

Mas posso afirmar com certeza que, à primeira vista, os grupos do futuro serão diferentes dos de hoje e usarão tecnologias diferentes para se comunicar e colaborar. No fundo, porém, eles serão os mesmos, porque ainda precisarão equilibrar nossa necessidade básica de autonomia, pertencimento e competência com quaisquer mudanças de conveniência, velocidade e realismo que o futuro possa trazer. Não estou aqui para lhe dizer como se adaptar a uma tecnologia específica. Em vez disso, estou aqui para ajudá-lo a entender como permitir que novas formas de trabalho em grupo evoluam com as tecnologias emergentes.

Durante a maior parte da minha carreira, alunos, imprensa e executivos me perguntam sobre equipes. Quais as melhores práticas? Como devemos gerenciá-las? E eu respondo que a maioria dos problemas das equipes virtuais são os mesmos problemas que existem em outras. Se a sua equipe virtual estiver com dificuldades, a tecnologia não é o primeiro lugar a que você deve recorrer. Os mesmos problemas estruturais e de processo se aplicam a elas.

Ainda assim, equipes virtuais são diferentes dos grupos presenciais. É importante ressaltar que elas aumentam a distância psicológica entre os membros. Muitos de nós experimentamos uma mudança na grupalidade quando a pandemia de covid nos afastou do trabalho, da escola e da família. Nossa sensação de proximidade mudou, assim como nosso senso de conexão com os outros. Isso também afetou nossa capacidade de ouvir o outro, de modo que muitos grupos retinham menos informações quando se reuniam virtualmente.[1]

Mas a colaboração virtual também tem sido ótima! Ela nos permite formar equipes com as melhores pessoas de todo o mundo. Ela pode ajudar a equilibrar a vida pessoal e a profissional, eliminando um fator negligenciado que arrasa com a nossa satisfação com a vida — deslocamentos longos.[2] A colaboração virtual tem de fato muitas vantagens, embora aumente a distância psicológica e a perda de informações. Como podemos unir o útil ao agradável?

A principal dica que dou para equipes virtuais é estabelecer normas de comunicação e se ater a elas.[3] A troca constante de mídias de comunicação dificulta a colaboração.[4] Uma equipe que sempre se reúne no Zoom tende a se sair melhor do que uma que alterna entre o Zoom, o presencial e um híbrido dos dois. A maioria de nós tem melhorado no uso de inúmeras mídias e plataformas de comunicação. Mas os grupos precisam de normas, sobretudo quando há tecnologias diferentes envolvidas. Como nos sentimos em relação a câmeras ligadas ou desligadas? Nossos microfones devem ficar no mudo quando não estamos falando? Podemos usar o chat ou enquetes para engajar mais pessoas? Independentemente da escolha, o importante é que você tenha debatido sobre suas normas e que as reveja de tempos em tempos. Contudo, quando você não para de misturar diferentes processos de comunicação, é mais difícil desenvolver normas produtivas.

Nenhuma tecnologia altera os desafios fundamentais do trabalho em equipe. Aprender a colaborar usando qualquer nova tecnologia ou tendência é um alvo móvel. Mesmo que eu tenha dado as melhores respostas neste momento, é provável que a tecnologia tenha mudado quando você estiver lendo estas palavras. A maioria dos problemas de grupo foi tratada nos capítulos anteriores, não neste. Ainda não resolvemos esses problemas nas interações cara a cara; o uso de uma nova tecnologia só acrescenta mais uma camada de complexidade.

No entanto, se você tiver uma boa dinâmica de grupo, as novas tecnologias podem permitir uma colaboração melhor e mais diversificada do que nunca. Portanto, a melhor coisa que posso lhe dizer é como as novas abordagens de trabalho em equipe se desenvolvem em conjunto com as inovações tecnológicas, e como tirar o máximo proveito dessa coevolução.

UMA HISTÓRIA DE DUAS CIRURGIAS CARDÍACAS

Na década de 1990, a cirurgia cardíaca sofreu uma revolução graças a uma nova tecnologia. Historicamente, os cirurgiões cardíacos precisavam abrir o esterno para ter acesso ao coração. A equipe parava o coração do paciente, conectando-o a uma máquina que mantinha o sangue fluindo para o resto do corpo. Em seguida, o cirurgião corrigia o que precisava ser corrigido, como fazer um reparo na válvula ou uma revascularização do miocárdio. A equipe tinha então de reiniciar o coração do paciente, desligando-o da máquina, retirando o ar das câmaras cardíacas para evitar embolias e administrando pequenas descargas elétricas para que o coração voltasse a bater.

Em meados dos anos 1990, porém, uma nova abordagem estava em ascensão – a cirurgia cardíaca minimamente invasiva (CCMI). Em vez de cortarem o osso que fica no meio do tórax, os cirurgiões que usavam a CCMI podiam fazer apenas algumas incisões para chegar ao coração. Câmeras recém-desenvolvidas e outros instrumentos eram então inseridos por essas incisões, permitindo que os cirurgiões operassem o coração sem abrir o tórax.

A principal vantagem da CCMI era o conforto do paciente. É óbvio que o tempo de recuperação foi drasticamente reduzido de meses para dias.[5] E, passada a cirurgia, os pacientes sentiam bem menos dor e não tinham uma cicatriz enorme no meio do peito.[6]

Apesar das vantagens, muitos cirurgiões cardíacos, a princípio, não gostaram da nova tecnologia.[7] Eles haviam salvado muitas vidas com a cirurgia tradicional de peito aberto — um dos tipos mais delicados e prestigiados de cirurgia, o coração dos pacientes estando literalmente nas mãos dos cirurgiões. Tinham sido necessários muitos anos para que a cirurgia tradicional de peito aberto fosse dominada. E esse domínio exigia a visão ampla que a grande incisão no tórax proporcionava. "Como essa nova abordagem poderia ser efetivamente confiável?", os cirurgiões devem ter se perguntado. "A CCMI pode levar anos ou décadas para se tornar tão confiável quanto a cirurgia de peito aberto." Como um editorial do *Journal of Thoracic Disease* questionou: "Cirurgia cardíaca minimamente invasiva — uma moda passageira ou o futuro?".[8] Uma das principais preocupações do editorial era se as equipes cirúrgicas seriam capazes de colaborar bem o suficiente para executá-la.

Assim como os maestros, muitos cirurgiões cardíacos eram quase ditadores, vociferando ordens para outros obedecerem. A CCMI, contudo, exigia comunicação de toda a equipe. Amy Edmondson (famosa pela segurança psicológica) e seus colegas estudaram como dois hospitais reagiram à introdução da CCMI.[9] No primeiro, que chamaremos de Hospital A, os cirurgiões consideraram esse aumento da comunicação perturbador. "Na sala do dr. D, ele não quer conversas desnecessárias. Ponto-final", disse uma enfermeira a Edmondson. Um perfusionista assistente chamado Jack relembrou como logo foi silenciado ao mencionar um problema potencialmente fatal. "Uma vez, quando estávamos tendo problemas com o retorno venoso, eu mencionei o problema", disse ele. "O cirurgião disse: 'Jack é você?' Eu disse que sim. Ele perguntou: 'É você que está bombeando esse caso [sendo o primeiro perfusionista, e não o assistente]'? Eu disse: 'Não, estou assistindo'. 'Bem, no futuro, se você não estiver bombeando, não quero ouvir a sua voz.'".

O outro hospital estava muito mais entusiasmado. Nele, o Hospital B, os médicos viam a CCMI como um desafio para o qual toda a equipe precisaria aprender novas formas de trabalhar em conjunto. O cirurgião que liderou o treinamento entrevistou os gestores para encontrar os membros da equipe mais interessados e com as habilidades mais adequadas para essa nova abordagem — não necessariamente aqueles que eram melhores na abordagem antiga. O cirurgião sinalizou sem rodeios que essa era uma oportunidade de aprendizado[10] – que trazia benefícios claros de "transferência de dor – do paciente para o cirurgião".

"A habilidade do cirurgião para permitir que ele se torne um parceiro, e não um ditador, é fundamental", disse o cirurgião a Edmondson. "Por exemplo, você precisa efetivamente mudar o que está fazendo com base em uma sugestão de outro membro da equipe. Trata-se de uma reestruturação completa da sala de cirurgia e de como ela funciona."

Ao experimentar a CCMI, a equipe logo percebeu que, uma vez que a visão das câmeras e das diferentes incisões era distribuída, as normas de comunicação precisavam mudar. Como disse uma enfermeira: "Quando você está no bypass para a cirurgia-padrão [de peito aberto], não há necessidade alguma de comunicação. Na CCMI, há bastante. [...] É totalmente diferente. Quando li o manual de treinamento, não pude acreditar". As funções também precisavam ser redefinidas. Assim, o Hospital B manteve a equipe de aprendizado intacta até que eles se sentissem confortáveis com a nova técnica – cerca de dez cirurgias. Em cada uma delas, foram feitas mudanças sutis no processo, como os tipos de pinças usadas. Depois de cada cirurgia, eles se reuniam e faziam pequenas melhorias.

Não surpreende que o Hospital B tenha adotado as novas técnicas e tecnologias bem mais rapidamente do que o Hospital A. Este via a nova tecnologia como um acessório para o que já fazia. Os cirurgiões de lá podem ter usado a nova tecnologia, mas fizeram pouco esforço para mudar as normas, as funções e os processos. O Hospital B, porém, não demorou a compreender que a adoção de qualquer nova tecnologia significava mudar junto o trabalho em equipe. Em outras palavras, a dinâmica dos grupos precisava mudar com a tecnologia.

Os princípios que Edmondson descobriu com base nesse e em muitos outros estudos podem ajudar qualquer grupo ou organização que esteja tentando adotar uma inovação. O primeiro, claro, é criar um ambiente de segurança psicológica, em que se expressar e adotar o método de tentativa e erro não só é tolerado, como também incentivado. Veja o Capítulo 8 para mais detalhes.

Segundo, você precisa aceitar que a sua meta não se refere apenas à tecnologia, mas também à equipe.[11] Se presumir que pode simplesmente conectar qualquer nova tecnologia às normas e rotinas existentes, estará se fechando para oportunidades críticas de aprendizado. A tarefa não é meramente aprender a operar a tecnologia; é também aprender a adaptar a dinâmica dos grupos em torno dela: como e quando nos comunicamos (normas); quem faz o quê (funções); você precisa estruturar a tarefa para que as pessoas percebam que esse é um desafio real de inovação que pode mudar tudo (metas). Portanto, defina uma meta de aprendizado para o coletivo, não apenas uma meta tecnológica.

E, terceiro, monte sua equipe de aprendizagem com atenção. Isso pode parecer óbvio a esta altura do livro, mas muitos grupos importantes são compostos do quesito "Quem está livre neste momento?"; ninguém leva em conta o conhecimento, as habilidades ou os interesses dos envolvidos. Se você faz parte de uma organização maior, a equipe de aprendizagem deve conter tanto as pessoas mais capazes de aprender e se adaptar quanto aquelas que podem ensinar aos outros o que aprenderam.

Juntos, esses três princípios ajudam a distinguir os grupos que adotam novas tecnologias com rapidez e sucesso daqueles que não o fazem.

A maior parte das novas tecnologias não é inerentemente boa ou ruim. Em vez disso, elas têm seus prós e contras em relação a diferentes objetivos. Veja a tecnologia de comunicação, por exemplo. Trocamos a riqueza das conversas cara a cara pela velocidade e pela conveniência das chamadas de vídeo e mensagens de texto. Algumas pessoas não gostam. Mas, desde a invenção do telégrafo e do telefone, houve quem lamentasse o que havia se perdido – a arte de escrever cartas, as sutilezas, a expectativa. Algumas pessoas da minha geração lamentam que as ligações telefônicas sejam raras hoje em dia, substituídas por breves mensagens de texto. Cada tecnologia nos dá algo novo e elimina algo antigo que outros valorizavam.

Assim como os renomados cirurgiões cardíacos do Hospital A, aqueles que já têm poder e status são os menos motivados a adotar novas tecnologias. Muitas vezes eles estão em uma posição que pode retardar ou impedir a adoção delas.

Uma famosa história de gerenciamento sobre falha na adoção de uma nova tecnologia vem da Polaroid.[12] Na década de 1980, a Polaroid era líder no mercado de câmeras. Seu filme de revelação instantânea era sinônimo da marca – e a maneira mais popular de tirar fotos e vê-las imediatamente. Mas ela também foi uma das primeiras empresas a desenvolver câmeras digitais de qualidade, iniciando pesquisa e desenvolvimento nos anos 1960 e, em 1990, gastando quase metade de seu orçamento de pesquisa e desenvolvimento em fotografia digital.

No começo, o investimento no digital parecia compensar. A Polaroid foi a primeira colocada em vendas de câmeras digitais durante grande parte da década de 1990. Mas, devido ao seu modelo de negócios, a empresa não conseguia conceber as câmeras como geradoras de receita. Naquela época, o dinheiro de verdade estava nos filmes, que eram vendidos com enormes margens de lucro. Portanto, o alto escalão da Polaroid não estava muito seguro sobre aquela coisa toda do digital. Acabaram optando por protelar a inovação em câmeras digitais, o que permitiu que concorrentes como a Nikon e a Minolta saíssem na frente no mercado em expansão.

Foi uma decisão que custou caro. A Polaroid entrou com pedido de falência em 2001.

Os tomadores de decisão da empresa foram vítimas do que Clayton Christensen, falecido professor da Harvard Business School, chamou de "dilema do inovador".[13] Nos anos 1990, a qualidade das fotos digitais era muito inferior à do filme tradicional. Os gestores do alto escalão viam sua marca como representante de imagens de alta qualidade; não queriam mudar seus negócios até que as imagens digitais tivessem uma qualidade melhor. E simplesmente não conseguiam conceber um mundo no qual as pessoas não se importassem com a impressão das fotos. Para eles, a fotografia digital parecia estar muito longe de ser levada a sério.

Seja você um cirurgião cardíaco, seja um líder de mercado em filmes de revelação instantânea, é assustador pensar que o que o levou ao topo talvez não o mantenha lá. As pessoas bem-sucedidas são motivadas a não acreditar que a mudança se aproxima. Sobretudo os líderes.

Portanto, embora as etapas para que um grupo adote uma nova tecnologia não cheguem a ser uma cirurgia no cérebro (ou de peito aberto), elas são difíceis de executar. Para os líderes que chegaram ao poder no mundo antigo, a perspectiva de um novo mundo parece ameaçadora e inacreditável.

Evoluir com novas tecnologias requer novos tipos de trabalho em equipe e colaboração — pelo menos é isso que você deve presumir. É bem pouco provável que os líderes formais saibam a resposta correta. Eles não podem ser cirurgiões ou maestros autoritários; precisam ser parceiros no processo de aprendizado.

O modo como as novas tecnologias afetam a humanidade depende do aprendizado em grupo. Isso é verdade se você estiver aprendendo a usar realidade virtual, inteligência artificial ou implantes cerebrais. Se os grupos vão usar bem ou não as novas tecnologias, isso depende de uma mentalidade de aprendizado — admitir que não temos todas as respostas, mas que podemos encontrá-las se trabalharmos juntos. Até mesmo a adaptação ao trabalho remoto exigiu que reconhecêssemos que não se tratava apenas de continuar fazendo as mesmas coisas, e sim que eram necessárias novas normas e, em alguns casos, novos grupos.

Não é só a nova tecnologia que deve estimular os grupos a se organizarem para aprender; todo projeto é uma oportunidade para a inovação do trabalho em equipe, na qual descobrimos formas melhores de atuar em conjunto. Como observou uma das enfermeiras do Hospital B: "Foi um modelo, tanto para este hospital quanto para a cirurgia cardíaca. Tem a ver com o que um grupo de pessoas pode fazer".

Grupos aprendem por meio de ciclos constantes de tentativa e erro. O famoso modelo de aprendizado de David A. Kolb é mais ou menos assim: você tem uma *experiência*, como usar uma nova tecnologia pela primeira vez. Em seguida, você *reflete* sobre como foi essa experiência. O que deu certo? O que poderia ter sido melhor? Então você procura teorizar, buscando princípios generalizáveis a partir de sua reflexão, e tenta colocá-los em prática *experimentando* seu comportamento. Isso leva a outra experiência.[14]

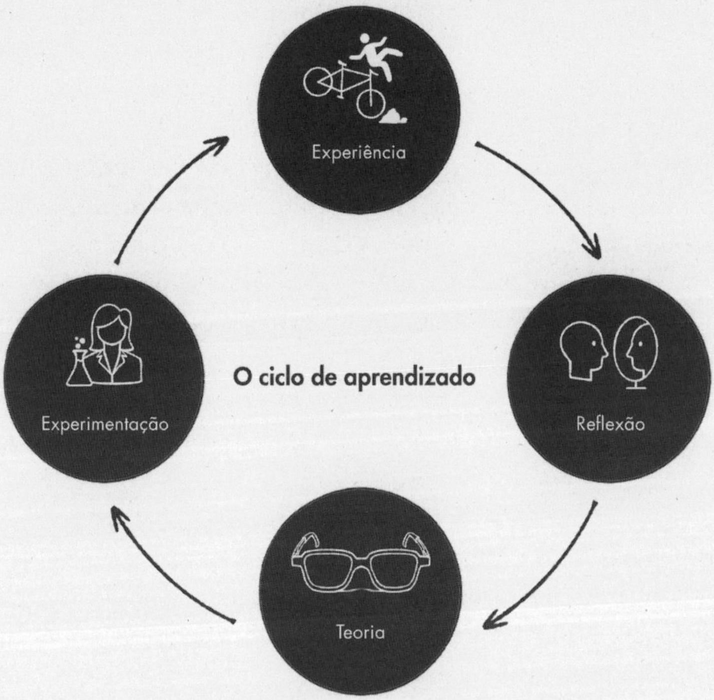

Esse é o mantra para melhorar a dinâmica dos grupos. Não importa se estou lecionando, prestando consultoria a uma organização ou liderando uma equipe, esse ciclo é o núcleo para melhorar de modo consistente. Você pega uma experiência e reflete em conjunto sobre como ela correu. Teoriza sobre o que pode aprender com ela e faz diferente da próxima vez. E, então, experimenta. Assim como o mantra da Ideo de que "O método de tentativa e erro esclarecidos triunfa sobre o planejamento do gênio solitário", os grupos que adotam o ciclo de aprendizado são os que conseguem encontrar uma sinergia duradoura.

As pessoas se preocupam constantemente com o fato de os problemas de hoje serem mais assustadores do que os de ontem.[15] E há coisas reais com as quais se preocupar em um mundo em rápida transformação. Mas as novas tecnologias, como trabalho remoto, realidade virtual e até mesmo inteligência artificial, não precisam ser ameaças. Teremos algumas dores de crescimento à medida que as novas tecnologias entrarem em nossa vida. Há grandes riscos de uso indevido, em especial no período de transição, enquanto descobrimos as normas, as regras e os desafios. E, sim, cenários como os de *Matrix* e *Eu, Robô* não estão totalmente descartados. Mas não há melhor antídoto do que a luz do sol e a abertura; proibir tecnologias obviamente úteis nunca funcionou a longo prazo.

A melhor forma de amenizar nossas preocupações é os grupos se reunirem e aprenderem. E, simplesmente, não há como evitar aprender por meio da prática. Não sou especialista em riscos de nenhuma inovação específica. Mas, supondo que uma tecnologia esteja disponível, quanto mais pessoas aprenderem a usá-la para objetivos virtuosos e compartilhados, melhor.

Um mundo melhor não surgirá com um único avanço técnico. Surgirá de maneira gradual, por meio de grupos que se dedicam e que desenvolvem inovações de trabalho em equipe, em conjunto com tecnologias físicas, como as equipes de cirurgia cardíaca analisadas por Edmondson.

Eu acredito de verdade que os grupos são a solução, não o problema. No meu futuro ideal, todos os grupos adotam o aprendizado, sempre buscando novas e melhores maneiras de trabalhar em conjunto. Os membros aprendem uns com os outros, e o mundo fica um pouco mais grupal.

O PODER DURADOURO DOS GRUPOS

O Comitê de Resgate de Emergência (o CRE, citado na Introdução) foi fundado para resgatar pessoas ameaçadas pelos nazistas durante a Segunda Guerra Mundial. Ele tinha uma meta bem SMART – uma lista de duzentas pessoas que deveriam sair da França e ir para os Estados Unidos antes que os nazistas as capturassem. O CRE superou essa meta além de qualquer expectativa razoável. A guerra chegou ao fim. Mas será que os membros do CRE disseram: "Muito bem, pessoal! Acho que agora podemos encerrar os trabalhos!"?

A Segunda Guerra Mundial terminou há muito tempo, mas o CRE existe até hoje. Em 1942, ele uniu forças com a International Relief Association, de Albert Einstein, formando o que agora é conhecido como International Rescue Committee (IRC).[16] Hoje, o objetivo do IRC é "ajudar as pessoas afetadas por crises humanitárias [...] a sobreviver, se recuperar e reconstruir sua vida". De acordo com seu site, a organização ajudou cerca de 33 milhões de pessoas somente em 2022,[17] tratando crianças com desnutrição, trabalhando para fornecer água potável e disponibilizando assistência médica.

O CRE não é o único grupo mencionado neste livro que, surpreendentemente, ainda existe. Embora o nome Love Has Won (Capítulo 7) não seja mais usado, vários grupos dão continuidade ao seu legado. Alguns seguidores usaram o status legal do grupo de organização religiosa sem fins lucrativos, mudaram o nome e continuaram a fazer o que faziam – vender serviços e produtos questionáveis na internet. Jason Castillo, também conhecido como "Father God", fundou seu próprio grupo dissidente. E esses grupos parecem prosperar. Como posto pelo jornalista Christopher Moyer, da *Rolling Stone*: "O Love Has Won – em todas as suas novas formas – continua a atrair mais pessoas, a receber mais doações e a vender mais produtos. Eles continuam a oferecer 'cirurgias etéricas', que anunciam como ainda sendo realizadas por Amy, embora a partir da quinta dimensão".[18] E tem até planos de fundar escolas autônomas!

Para o bem e para o mal, os grupos geralmente persistem além da participação de seus fundadores. Eles se tornam mais do que a soma de seus membros e não dependem de nenhum deles – nem mesmo de um líder que se diz divino. Quase todos os grupos citados neste livro ainda existem. A Ideo, a equipe norte-americana de basquete masculino e a Bridgewater seguem em atividade.

Os grupos de hoje são as instituições de amanhã. Os grupos de amigos universitários de hoje podem se tornar fundadores de empresas que mudarão o mundo no futuro. Os ativistas em prol da paz e da prosperidade de hoje podem se tornar os CREs de amanhã.

Para que um grupo sobreviva para além de seus membros atuais, ele precisa fazer com que as coisas sejam mais formais. Funções ad hoc se transformam em cargos. Processos informais se tornam procedimentos escritos. Normas viram regulamentos. O grupo passa a ser uma entidade em si mesma, destinada a persistir além do envolvimento de qualquer membro individualmente. Transforma-se em uma *organização* formal.

Todos os grupos têm algumas características de organizações. A questão é o quão formais eles são. Debatemos abertamente sobre como fazemos as coisas por aqui, ou é algo presumido? Temos uma divisão clara do trabalho e funções bem definidas, ou decidimos tudo à medida que avançamos? Nossos sistemas são projetados para resistir ao teste do tempo, de modo que os membros possam entrar e sair, mas o grupo continua a se mover rumo ao seu objetivo?

Para entrar em detalhes sobre a transformação de grupos em organizações formais, seria necessário outro livro. O mais importante é entender que essa transformação envolve concessões. Algumas etapas formalizam a existência de um grupo, fazendo com que ele pareça mais legítimo para pessoas de fora. Podem ser etapas legais (como a criação de uma pessoa jurídica), a escolha de um nome e um logotipo, a redação de uma declaração de missão ou o envio de um boletim informativo. Essas etapas permitem que os grupos adquiram recursos mais facilmente, como dinheiro e imóveis, que podem ser repassados a novos membros.

Outros tipos de formalização possibilitam que a coordenação e o cumprimento de metas se mantenham, mesmo quando há mudanças na composição do grupo. Funções formais e descrições de cargos fazem com que você possa substituir os membros e suas respectivas contribuições com mais facilidade. Procedimentos oficiais, regras e sistemas de recompensa promovem a conformidade, a estabilidade e a cooperação. Essas etapas protegem as organizações dos estragos do tempo e permitem que elas continuem a colaborar mesmo que todos os membros originais a tenham deixado.

O lado ruim da formalização é que ela dificulta as mudanças. Os novos membros geralmente se preocupam em se adequar, em vez de compartilhar o que os torna únicos. Hábitos e rotinas ficam arraigados. As organizações formais tendem a ser mais rígidas do que os grupos informais quando o mundo muda ao redor delas. Em grande parte, é por isso que os economistas veem o empreendedorismo como uma fonte fundamental de renovação — precisamos de novos grupos e de novas organizações para substituir os antigos.

Muitas das organizações atuais são inteligentes o suficiente para se adaptar. Contratam consultores e especialistas acadêmicos, como eu, para ajudá-las. Adquirem organizações menores para ganhar dinheiro quando seus próprios modelos de negócios ficam obsoletos. Isso é tão difundido que muitos grupos empreendedores nem tentam se tornar organizações duradouras — apenas aguardam ser adquiridos por uma organização já existente.

E essas organizações antigas contêm os vestígios das "instituições medievais" sobre os quais Edward O. Wilson nos alertou. Em geral, elas são controladas por interesses poderosos que não querem mudar muito tão rapidamente, mesmo que essa mudança seja para o bem de muitos, não de poucos (ou de um só).

Apesar de suas desvantagens, as organizações são uma das únicas formas de nossos grupos sobreviverem a nós mesmos. Todos os grupos são proto-organizações. São o barro primordial que pode se transformar em empresas, governos e movimentos sociais. A herança que passamos para as gerações futuras são os grupos aos quais pertencemos — nossa família, nossos amigos, nossa escola, nosso local de trabalho, nossa vizinhança ou nosso país. Será que nós desenvolvemos de verdade suas capacidades? Ou deixamos que elas atrofiassem diante de nossos olhos?

Grupos são as sementes a partir das quais novos mundos crescem. São uma bandeira para a mudança e para a união. Modelos sociais antigos e piores — gangues de saqueadores, escravidão, servidão — foram gradualmente substituídos por outros, melhores. A mudança sempre começa com um grupo de pessoas se reunindo e mostrando que um mundo melhor é possível.

Mas a mudança não é um processo linear. Ela envolve ajustes e inícios. Os poderosos que se beneficiam do modo como as coisas são resistem à mudança. Embora ela muitas vezes pareça coercitiva e conflituosa, isso só acontece porque o conflito e a coerção chamam a nossa atenção. Na verdade, a maioria das mudanças são apenas grupos que se tornam um pouco melhores a cada dia, e com mais pessoas se juntando a eles. Grupos que aprendem e se adaptam a um mundo em transformação. Grupos que dão voz a todos os seus membros, não somente aos poderosos no topo da hierarquia. Perdemos o fio da meada quando achamos que o indivíduo é a unidade da mudança. Uma única pessoa que deseja mudar só pode ir até um determinado ponto.

Como a antropóloga Margaret Mead supostamente afirmou: "Nunca duvide que um pequeno grupo de cidadãos responsáveis e comprometidos possa mudar o mundo. Na prática, essa é a única coisa que já mudou o mundo".[19]

Prometi a você que este livro o capacitaria a desbloquear o poder dos grupos, ensinando-lhe *como usar a ciência da dinâmica dos grupos para viver e trabalhar melhor em conjunto*. A razão pela qual foi necessário um livro inteiro para tratar disso é que as respostas não são simples. Mas há quatro temas principais que eu espero que você carregue consigo a partir da conclusão da leitura:

1. *Adote uma perspectiva coletiva*. Se você chegou até aqui, é provável que já esteja vendo as coisas no nível do grupo e desprezando as explicações individualistas para o comportamento social. Mas esse é o problema mais comum para todo mundo no seu entorno — eles não estão pensando no grupo como um todo.
2. *A estrutura é fundamental*. Embora grande parte deste livro trate do processo do grupo — indolência social, pressão da conformidade, conflitos disfuncionais —, você deve sempre olhar para a estrutura ao tentar melhorar o seu grupo. Tentar corrigir o processo e deixar os problemas estruturais sem solução é como colocar um esparadrapo em um vazamento na parede — ele reduz a velocidade por alguns segundos, mas não resolve muita coisa.
3. *Liderança não é apenas para os líderes*. Essa abordagem funcional e compartilhada da liderança dos grupos significa que qualquer pessoa pode ajudar a liderar. Fazer uma pergunta simples sobre as metas pode estimular um debate que as deixe mais claras para todo mundo. Questionar como as coisas são feitas pode promover a segurança psicológica e levar a mudanças produtivas nas normas. Mesmo que algumas estruturas pareçam estar fora de sua esfera de influência, uma visão compartilhada e funcional da liderança ajuda a identificar o que precisa ser feito e a assumir a responsabilidade de fazê-lo.

4. *O segredo dos grupos é aprender em conjunto.* O início, o meio e o fim de cada tarefa são oportunidades para o aprendizado. Qualquer pausa no cronograma é uma chance de conferir se a estrutura do seu grupo precisa de manutenção. É uma chance de parabenizar uns aos outros por pequenas vitórias e conversar sobre formas de melhorar. Ao longo do tempo, esses ciclos de aprendizado se somam — eles são os alicerces das organizações que passamos para as gerações futuras.

Em seu discurso de aceitação do Nobel de literatura, o romancista William Faulkner disse: "As questões do coração humano em conflito consigo mesmo [...], eis a única coisa sobre a qual vale a pena escrever".[20] O pensamento de grupo tem uma forma de pôr os corações humanos em conflito. A vida coletiva é um ato de equilíbrio, um dilema faulkneriano do "coração humano em conflito consigo mesmo". Quando as coisas se desequilibram, muitas vezes culpamos os indivíduos ou nos concentramos nos sintomas do processo, e não nas causas estruturais. Nossa necessidade de pertencimento e de competência nos leva a formar e a participar de grupos, costurando-os no tecido de nossas identidades. Isso nos ajuda a cooperar, mas também nos leva a nos conformar no interior do nosso grupo e a competir fora dele — muitas vezes com consequências desastrosas. E nossa necessidade de autonomia nos leva a tentarmos nos destacar e ser reconhecidos em nosso grupo, e a nos afastarmos de seus aspectos controladores.

Espero que este livro tenha convencido você a repensar os grupos no seu trabalho e na sua vida. Se adotar uma perspectiva coletiva, você poderá ter acesso ao poder dos grupos em sua vida. Alcançará mais objetivos e se divertirá mais ao longo do caminho.

Se todos nós fizermos isso, há muitos motivos para ter esperança de que o *pensamento de grupo* não soe mais como um palavrão, sinônimo de disfuncionalidade. Ele será uma forma de tornar o mundo melhor. Ele nos dará uma vantagem coletiva.

Agradecimentos

Por trás deste livro sobre grupos existe um grupo sensacional. Na verdade, grupos e indivíduos excepcionais tornaram tudo isso possível.

Você deve ter notado que os nomes J. Richard Hackman, Ruth Wageman e Teresa Amabile apareceram muitas vezes. Isso se deve ao fato de que eles foram meus orientadores. Richard e Teresa se arriscaram ao concordar em orientar o doutorado de um jazzista que não tinha formação em psicologia nem em administração. E eu ganhei muito mais do que algum dia serei capaz de expressar tendo Richard, Ruth e Teresa como conselheiros, colaboradores e amigos. Muito obrigado.

Depois, houve os grupos reais em minha vida. Foram Richard e Ruth que reuniram diversos dos incríveis pesquisadores cujos trabalhos eu desenvolvi no grupo de pesquisa GroupsGroup. Nele, descobri pesquisas sobre muitas das promessas e dos perigos da dinâmica dos grupos. Além disso, fui abençoado por ter tido alunos, colegas e colaboradores incríveis em Harvard, na Universidade de Boston e no University College London. Também aprendi muito sobre escrita e publicação com meus colegas do Team Onagadori, vários dos quais admiro há muito tempo, de perto e de longe. Gostaria de agradecer especialmente a Dolly Chugh, Adam Grant, Anthony Klotz e Drew Carton por me ajudarem a entender o que eu estava fazendo.

A seguir, temos a equipe do livro em si. Ele não existiria sem um e-mail do meu agente, Max Edwards. Max conseguiu reimaginar como um livro o pequeno artigo que eu havia escrito sobre o pensamento de grupo. O que ele viu naquelas oitocentas palavras mudou minha vida. Ele me ajudou a elaborar a proposta e a colocou nas mãos dos melhores editores e editoras que alguém poderia desejar ter. Obrigado aos meus editores, Jacob Surpin, Caroline Sutton e Assallah Tahir, por toda a ajuda, retorno e incentivo — e por acreditarem em mim mais do que eu poderia esperar.

E uma dose imensa de gratidão aos grupos e indivíduos incríveis que contribuíram para a jornada deste livro na Avery, Simon & Schuster UK, Fortier Public Relations, Aevitas Creative Management e Apple Tree Literary. Sou eternamente grato à equipe de divulgação formada por Rachel Dugan, Casey Maloney, Victoria Purcell, Naja Innis, Mark Fortier e Lindsay Prevette; à gangue do marketing composta de Neda Dallal, Abby Stubenhofer e Farin Schlussel; ao grupo de produção e arte com Jess Morphew, Ryan Richardson, Christy Wagner, Kim Lewis, Emily Mileham, Ashley Tucker e Tom Whatley; ao time de direitos e contratos com Tom Lloyd-Williams, Vanessa Kerr e Emily Randle; ao conjunto de assistência editorial formado por Lota Erinne e Maudisa King; ao grupo de suporte administrativo com Checkie Hamilton e Alex Osmond; e à liderança de Kate Harvey, Lindsay Gordon, Lucia Watson e Tracy Behar. Foi uma alegria e um privilégio colaborar com cada um de vocês. Muito obrigado.

E essa nem é a equipe inteira. A polivalente editora Kassandra Barbaw tornou este livro muito melhor do que eu poderia ter feito por contra própria. Ela lidou com os meus pedidos de última hora para revisar e melhorar o que havia escrito, procurou exemplos e fez a checagem dos muitos, muitos fatos estranhos e maravilhosos aqui contidos. Viva! E Josephine Andreesen, assistente de pesquisa e doutoranda, me ajudou a melhorar as referências no início e no final da jornada. Ekki Arbayu fez um trabalho fantástico com as ilustrações.

Por último, mas não menos importante, vem a minha família. Meu pai, Gary Fisher, fez mais do que me levar ao cassino quando eu ainda era menor de idade — ele leu os rascunhos dos primeiros capítulos e me ajudou a ver o que era interessante e importante. E o restante do clã — meus filhos, Kaya e Miles (que também contribuíram com uma ou duas ideias); minha madrasta, Carole; e meus irmãos, Aaron e Brooke — me deu apoio e suportou minhas conversas sobre o livro ao longo de anos.

Mas ninguém merece maior reconhecimento do que a minha esposa, Carola Emrich-Fisher. Ela foi uma leitora-teste e editora de valor inestimável, não escondendo quando ficou confusa, entediada ou irritada com as versões anteriores. E, nos diversos momentos em que o livro tomou conta da minha vida, ela se responsabilizou pelas muitas tarefas que eu não fiz. Eu não poderia ter feito isso (ou muitas outras coisas) sem você!

Notas

INTRODUÇÃO [pp. 9-15]

1. International Rescue Committe, "The True Story Behind *Transatlantic* and the IRC", 22 mar. 2023. Acessado em: <rescue.org/article/true-story-behind-transatlantic-and-irc>.

2. Id., "The IRC's Impact at a Glance", [s.d.]. Acessado em: <rescue.org/uk/page/ircs-impact-glance>.

3. Mordecai Paldiel, *Saving the Jees: Men and Women Who Defied the Final Solution*. Dallas: Taylor Trade Publications, 2000.

4. Rescue in the Holocaust, "Varian Fry and the Emergency Rescue Committee", [s.d.]. Acessado em: <holocaustrescue.org/varian-fry-and-erc>.

5. Alexander P. Landry, Ram I. Orr e Kayla Mere, "Dehumanization and Mass Violence: A Study of Mental State Language in Nazi Propaganda (1927-1945)". *PLOS One*, v. 17, n. 11, 2022.

6. A maioria dessas condições foi documentada pela primeira vez por meu mentor e colaborador, J. Richard Hackman. Mas, com base em pesquisas recentes e em minha experiência tentando comunicar o que é necessário para melhorar a dinâmica dos grupos, alterei as seis condições a serem destacadas e reformulei algumas das lições da pesquisa de Hackman. Ver J. Richard Hackman, *Leading Teams: Setting the Stage for Great Performances* (Boston: Harvard Business Press, 2002).

1. O MITO DO GÊNIO SOLITÁRIO: O FASCÍNIO PELO INDIVIDUALISMO EM UM MUNDO BASEADO EM GRUPOS [pp. 21-32]

1. James D. Watson, *The Double Helix: A Personal Account of the Discovery of the Structure of DNA*. Nova York: Atheneum, 1968 (reimpressão: Hachette, 2012). [Ed. bras.: *A dupla hélice: Como descobri a estrutura do DNA*. Rio de Janeiro: Zahar, 2014.]

2. Tina Hesman Saey, "What Was Rosalind Franklin's True Role in the Discovery of DNA's Double Helix?". *Science News* (blog), 26 abr. 2023. Acessado em: <sciencenews.org/article/rosalind-franklin-dna-structure-watson-crick>.

3. Josh Gabbatiss, "James Watson: The Most Controversial Statements Made by the Father of DNA". *The Independent*, 13 jan. 2019. Acessado em: <independent.co.uk/news/science/james-watson-racism-sexism-dna-race-intelligence-genetics-double-helix-a8725556.html>.

4. Burton Feldman, *The Nobel Prize: A History of Genius, Controversy, and Prestige*. Nova York: Arcade Publishing, 2000, pp. 58-9.

5. Stefan Wuchty, Benjamin F. Jones e Brian Uzzi, "The Increasing Dominance of Teams in Production of Knowledge". *Science*, v. 316, n. 5827, pp. 1036-9, 2007.

6. Pedro Albarrán e Javier Ruiz-Castillo, "References Made and Citations Received by Scientific Articles". *Journal of the American Society for Information Science and Technology*, v. 62, n. 1, pp. 40-9, 2011.

7. Thomas W. Malone, Robert Laubacher e Tammy Johns, "The Big Idea: The Age of Hyperspecialization". *Harvard Business Review*, 2011. Acessado em: <hbr.org/2011/07/the-big-idea-the-age-of-hyperspecialization>.

8. Casey Cep, "The Real Nature of Thomas Edison's Genius". *The New Yorker*, 21 out. 2019. Acessado em: <newyorker.com/magazine/2019/10/28/the-real-nature-of-thomas-edisons-genius>.

9. Lee Ross, "The Intuitive Psychologist and His Shortcomings: Distortions in the Attribution Process". In: Leonard Berkowitz (Org.), *Advances in Experimental Social Psychology*. v. 10. Nova York: Academic Press, 1977, pp. 173-220.

10. Michael Ross e Fiore Sicoly, "Egocentric Biases in Availability and Attribution". *Journal of Personality and Social Psychology*, v. 37, n. 3, pp. 322-36, 1979.

11. Juliana Schroeder, "Who's *Really* Doing the Work? The Impact of Group Size on Over-Claiming of Responsibility". *California Management Review*, v. 60, n. 1, pp. 88-101, 2017.

12. Patrick R. Heck, Daniel J. Simons e Christopher F. Chabris, "65% of Americans Believe They Are Above Average in Intelligence: Results of Two Nationally Representative Surveys". *PLOS One*, v. 13, n. 7, 2018.

13. Juliana Schroeder, Eugene M. Caruso e Nicholas Epley, "Many Hands Make Overlooked Work: Over-Claiming of Responsibility Increases with Group Size". *Journal of Experimental Psychology: Applied*, v. 22, n. 2 p. 238, 2016.

14. Vincent Y. Yzerbyt, Anouk Rogier e Susan T. Fiske, "Group Entitativity and Social Attribution: On Translating Situational Constraints into Stereotypes". *Personality and Social Psychology Bulletin*, v. 24, n. 10, pp. 1089-103, 1998.

15. Existe alguma discordância sobre uma dupla ser realmente um grupo. Para nossos propósitos, isso de fato não importa, pois vamos pensar no agrupamento em um continuum. As duplas são um pouco menos grupais do que os trios. Ver Richard L. Moreland, "Are Dyads Really Groups?" (*Small Group Research*, v. 41, n. 2, pp. 251-67, 2010).

16. Anita L. Blanchard, Andrew G. McBride e Brittany A. Ernst, "How Are We Similar? Group Level Entitativity in Work and Social Groups". *Small Group Research*, v. 54, n. 3, pp. 369-95, 2023; Brian Lickel, David L. Hamilton e Steven J. Sherman, "Elements of a Lay Theory of Groups: Types of Groups, Relational Styles, and the Perception of Group Entitativity". *Personality & Social Psychology Review*, v. 5, n. 2, pp. 129-40, 2001.

17. Você pode ler a opinião de Richard sobre equipes em seu clássico de gestão *Leading Teams*. Ver J. Richard Hackman, *Leading Setting the Stage for Great Performances* (Boston: Harvard Business Press, 2002).

18. Amy C. Edmondson, *Teaming: How Organizations Learn, Innovate, and Compete in the Knowledge Economy*. San Francisco: John Wiley & Sons, 2012.

19. Henri C. Santos, Michael E. W. Varnum e Igor Grossmann, "Global Increases in Individualism". *Psychological Science*, v. 28, n. 9, pp. 1228-39, 2017.

20. Igor Grossmann e Michael E. W. Varnum, "Social Structure, Infectious Diseases, Disasters, Secularism, and Cultural Change in America". *Psychological Science*, v. 26, n. 3, pp. 311-24, 2015; Jean M. Twenge, W. Keith Campbell e Brittany Gentile, "Increases in Individualistic Words and Phrases in American Books, 1960-2008". *PLOS One*, v. 7, n. 7, 2012.

21. J. Richard Hackman e Ruth Wageman, "Asking the Right Questions about Leadership: Discussion and Conclusions". *American Psychologist*, v. 62, n. 1, pp. 43-7, 2007.

22. Frank J. Infurna et al., "Loneliness in Midlife: Historical Increases and Elevated Levels in the United States Compared with Europe". *American Psychologist*, 2024; Susan Jaffe, "US Surgeon General: Loneliness Is a Public Health Crisis". *The Lancet*, v. 401, n. 10388, p. 1560, 2023.

23. Robert D. Putnam, *Bowling Alone: The Collapse and Revival of American Community*. Nova York: Simon & Schuster, 2000.

24. Mark Van Vugt e Claire M. Hart, "Social Identity as Social Glue: The Origins of Group Loyalty". *Journal of Personality and Social Psychology*, v. 86, n. 4, pp. 585-98, 2004.

2. A ALQUIMIA DA SINERGIA: QUANDO GRUPOS SÃO MAIS (OU MENOS) DO QUE A SOMA DE SUAS PARTES [pp. 33-42]

1. "The 500 Greatest Albums of All Time". *Rolling Stone*, 31 dez. 2023. Acessado em: <rollingstone.com/music/music-lists/best-albums-of-all-time-1062063>; Caleb J. Murphy, "On August 17, 1959, Miles Davis' "Kind of Blue" Was Released". *Soundfly*, 16 ago. 2019. Acessado em: <flypaper.soundfly.com/discover/on-august-17-1959-miles-davis-kind-of-blue-was-released>; Martin Chilton, "Kind of Blue: The Jazz Album by Miles Davis That Transformed Music". *The Independent*, 2 mar. 2019. Acessado em: <independent.co.uk/arts-entertainment/music/features/miles-davis-kind-of-blue-jazz-album-a8799061.html>.

2. Quote Investigator, "Writing About Music Is Like Dancing About Architecture", 8 nov. 2010. Acessado em: <quoteinvestigator.com/2010/11/08/writing-about-music>.

3. Donelson R. Forsyth, *Group Dynamics*. 5. ed. Belmont: Wadsworth, Cengage Learning, 2010. Os números relatados aqui são citados com frequência, mas a pesquisa original de Ringelmann é um pouco mais obscura, porque ele nem sempre é claro sobre a quais partes de seus estudos as tabelas se referem. Se você não sabe francês, mas quer conhecer os dados originais, dê uma olhada em David Kravitz e Barbara Martin, "Ringelmann Rediscovered: The Original Article" (*Journal of Personality and Social Psychology*, v. 50, n. 5, pp. 936-41, 1986).

4. Steven J. Karau e Aric J. Wilhau, "Chapter 1: Social Loafing and Motivation Gains in Groups: An Integrative Review". In: Steven J. Karau (Org.), *Individual Motivation within Groups*. Cambridge: Academic Press, 2020, pp. 3-51.

5. Bibb Latané, Kipling Williams e Stephen Harkins, "Many Hands Make Light the Work: The Causes and Consequences of Social Loafing". *Journal of Personality and Social Psychology*, v. 37, n. 6, pp. 822-32, 1979.

6. Steven J. Karau e Kipling D. Williams, "Social Loafing: A Meta-Analytic Review and Theoretical Integration". *Journal of Personality and Social Psychology*, v. 65, n. 4, pp. 681-706, 1993.

7. Steven J. Karau e Aric J. Wilhau, "Chapter l: Social Loafing and Motivation Gains in Groups: An Integrative Review". In: Steven J. Karau (Org.), *Individual Motivation within Groups*. Cambridge: Academic Press, 2020, pp. 3-51.

8. Donelson R. Forsyth, *Group Dynamics*. 5. ed. Belmont: Wadsworth, Cengage Learning, 2010, p. 33.

9. Ivan D. Steiner, *Group Process and Productivity*. Nova York: Academic Press, 1972.

10. Estou parafraseando uma palestra que Richard Hackman proferiu há muitos anos. Dramatizei o diálogo, mas tenho certeza de que ele reflete corretamente o pensamento de Richard.

11. Abdullah Almaatouq et al., "Task Complexity Moderates Group Synergy". *Proceedings of the National Academy of Sciences*, v. 118, n. 36, 2021.

12. Daniel Katz e Robert Louis Kahn, *The Social Psychology of Organizations*. Nova York: John Wiley & Sons, 1978.

13. J. Richard Hackman, "From Causes to Conditions in Group Research". *Journal of Organizational Behavior*, v. 33, n. 3, pp. 428-44, 2012.

3. MAIS DO QUE UMA BANDA DE UM HIT SÓ: COMO OS GRUPOS COOPERAM DE FORMA EFETIVA [pp. 43-52]

1. Mikal Gilmore, "Why the Beatles Broke Up". *Rolling Stone* (blog), 3 set. 2009. Acessado em: <rollingstone.com/music/music-features/why-the-beatles-broke-up-113403>.

2. Doug Fieger, liner notes to *Retrospective* (media notes), 1992.

3. Will Hodgkinson, "I've Heard Hackney Diamonds: It's the Best Rolling Stones Album Since 1978". *The Times*, 6 set. 2023. Acessado em: <thetimes.co.uk/article/rolling-stones-hackney-diamonds-new-album-review-best-since-some-girls-1978-ftn2b3nvs>.

4. J. Richard Hackman, Ruth Wageman e Colin M. Fisher, "Leading Teams When the Time Is Right: Finding the Best Moments to Act". *Organizational Dynamics*, v. 38, n. 3, pp. 192-203, 2009. Esses critérios de efetividade são ligeiramente diferentes daqueles que usamos nesse artigo ou que Hackman usou. Hackman dividiu o desempenho socioemocional em dois componentes: satisfação dos membros e aumento da capacidade cooperativa da equipe (este último é muitas vezes chamado de "viabilidade"). No entanto, esses dois componentes estão fortemente correlacionados — a satisfação dos membros afeta sua disposição de continuar trabalhando na equipe. Portanto, eu os agreguei aqui. Mas leia o artigo para conhecer uma abordagem diferente.

5. Steve Turner, "The Rolling Stones: A Career in Quotes". *The Guardian*, 26 jun. 2013. Acessado em: <theguardian.com/music/2013/jun/26/rolling-stones-in-quotes>.

6. Erik Gonzalez-Mulé et al., "Team Tenure and Team Performance: A Meta-Analysis and Process Model". *Personnel Psychology*, v. 73, n. 1, pp. 151-98, 2020.

7. Tom Kuypers, Hannes Guenter e Hetty van Emmerik, "Team Turnover and Task Conflict: A Longitudinal Study on the Moderating Effects of Collective Experience". *Journal of Management*, v. 44, n. 4, pp. 1287-311, 2018.

8. Jagger e Richards se conheciam desde a escola. Mas perderam contato e se reencontraram em uma estação de trem de Dartford em 1961, o que os levou a formar a banda. Ver Colin McEvoy e Tim Ott, "How Childhood Friends Mick Jagger and Keith Richards Formed The Rolling Stones" (*Biography*, 20 out. 2023. Acessado em: <biography.com/musicians/rolling-stones-origins>.).

9. Teresa M. Amabile, Colin M. Fisher e Julianna Pillemer, "IDEO's Culture of Helping". *Harvard Business Review*, v. 92, n. 1-2, pp. 54-61, 2014.

10. Rebecca Ackermann, "Design Thinking Was Supposed to Fix the World. Where Did It Go Wrong?". *MIT Technology Review*, 9 fev. 2023. Acessado em: <technologyreview.com/2023/02/09/1067821/design-thinking-retrospective-what-went-wrong>.

11. FilmsMediaGroup, "The Deep Dive: One Company's Secret Weapon for Innovation", Films Media Group, 1999. Acessado em: <films.com/title/9249>.

12. Michael B. O'Leary, Mark Mortensen e Anita Williams Woolley, "Multiple Team Membership: A Theoretical Model of Its Effects on Productivity and Learning for Individuals and Teams". *Academy of Management Review*, v. 36, n. 3, pp. 461-78, 2011; Jonathan C. Ziegert et al., "Addressing Performance Tensions in Multiteam Systems: Balancing Informal Mechanisms of Coordination within and between Teams". *Academy of Management Journal*, v. 65, n. 1, pp. 158-85, 2022.

13. Valve, *Valve Handbook for New Employees*, 2012. Acessado em: <archive.org/details/Valve-EmployeeHandbook>.

14. Amy C. Edmondson, *Teaming: How Organizations Learn, Innovate, and Compete in the Knowledge Economy*. San Francisco: John Wiley & Sons, 2012.

15. Ruth Wageman et al., *Senior Leadership Teams: What It Takes to Make Them Great*. Boston: Harvard Business Review Press, 2008.

16. Edward L. Deci, Anja H. Olafsen e Richard M. Ryan, "Self-Determination Theory in Work Organizations: The State of a Science". *Annual Review of Organizational Psychology and Organizational Behavior*, v. 4, n. 1, pp. 19-43, 2017.

17. Geoffrey L. Cohen, *Belonging: The Science of Creating Connection and Bridging Divides*. Nova York: W. W. Norton & Company, 2022.

18. Ibid.

19. J. Richard Hackman e Greg R. Oldham, *Work Redesign*. Reading: Addison-Wesley, 1980.

20. Stephen E. Humphrey, Jennifer D. Nahrgang e Frederick P. Morgeson, "Integrating Motivational, Social, and Contextual Work Design Features: A Meta-Analytic Summary and Theoretical Extension of the Work Design Literature". *Journal of Applied Psychology*, v. 92, n. 5, pp. 1332-56, 2007.

21. Xiaochen Dai et al., "Health Effects Associated with Smoking: A Burden of Proof Study". *Nature Medicine*, v. 28, n. 10, p. 2045, 2022.

22. Cristina Molina Hidalgo et al., "Effects of a Laboratory-Based Aerobic Exercise Intervention on Brain Volume and Cardiovascular Health Markers: Protocol for a Randomised Clinical Trial". *BMJ Open*, v. 13, n. 11, 2023; Elaine M. Murtagh, et al., "The Effect of Walking on Risk Factors for Cardiovascular Disease: An Updated Systematic Review and Meta-Analysis of Randomised Control Trials". *Preventive Medicine*, v. 72, pp. 34-43, 2015.

23. Adam M. Grant, "The Significance of Task Significance: Job Performance Effects, Relational Mechanisms, and Boundary Conditions". *Journal of Applied Psychology*, v. 93, n. 1, pp. 108-24, 2008.

24. Valve, "Valve Handbook for Nee Employees", 2012. Acessado em: <archive.org/details/ValveEmployeeHandbook>.

25. Andy Doyle, "Management and Organization at Medium". *The Medium Blog* (blog), 4 mar. 2016. Acessado em: <blog.medium.com/management-and-organization-at-medium-2228cc9d93e9>.

26. J. Richard Hackman, *Leading Teams: Setting the Stage for Great Performances*. Boston: Harvard Business Press, 2002.

27. George S. Patton, *War As I Knew It*. Boston: Houghton Mifflin, 1947, "Reflections and Suggestions".

28. J. Richard Hackman, "From Causes to Conditions in Group Research". *Journal of Organizational Behavior*, v. 33, n. 3, pp. 428-44, 2012.

29. Benjamin A. Rogers et al., "Seeing Your Life Story as a Hero's Journey Increases Meaning in Life". *Journal of Personality and Social Psychology*, v. 125, n. 4, pp. 52-778, 2023.

4. DO *SCREAM TEAM* AO *REDEEM TEAM*: PROMOVENDO COLABORAÇÕES QUE VÃO ALÉM DA FORMAÇÃO DE EQUIPES [pp. 53-75]

1. Nate Penn, "Dunk'd: An Oral History of the 2004 Dream Team". *GQ*, 27 jul. 2012. Acessado em: <gq.com/story/2004-olympic-basketball-dream-team>.

2. Wallace Matthews, "Stephon Marbury Calls 2004 Olympics Experience the 'Worst 38 Days of My Life'". *Complex*, 17 jul. 2017. Acessado em: <complex.com/sports/a/wallace-matthews/stephon-marbury-calls-2004-olympics-experience-worst-38-days-of-my-life>.

3. "Scream Team: What Next?". *ESPN*, [s.d.]. Acessado em: <espn.com/espn/page2/story?page=hoops/040816>. [Scream Team: Time do Grito, ou Time de Gritar (N. T.).]

4. Eric Freeman, "New Details on What Went Wrong for USA Basketball in 2004". *Yahoo Sports*, 3 ago. 2016. Acessado em: <sports.yahoo.com/news/new-details-on-what-went-wrong-for-usa-basketball-in-2004-000621369.html>; *O time da redenção*. Direção: Jon Weinbach. Produção Mary Byrne e outros. Elenco: LeBron James, Dwayne Wade, Carmelo Anthony e outros. Netflix, 2022 (1h37min.).

5. Alvin Chang, "One Simple Reason the USA Men's Basketball Team Is Struggling". *Vox*, 19 ago. 2016. Acessado em: <vox.com/rio-olympics-explainers/2016/8/19/12524532/team-usa-basketball-struggle>.

6. Nate Penn, "Dunk'd: An Oral History of the 2004 Dream Team". *GQ*, 27 jul. 2012. Acessado em: <gq.com/story/2004-olympic-basketball-dream-team>.

7. "American Airlines Team Building Film by Tm Advertising". AdsSpot, 2007. Acessado em: <adsspot.me/media/tv-commercials/american-airlines-team-building-0369fd35cf9d>.

8. Bruce W. Tuckman, "Developmental Sequence in Small Groups". *Psychological Bulletin*, v. 63, n. 6, pp. 384-99, 1965.

9. Connie J. G. Gersick, "Time and Transition in Work Teams: Toward a New Model of Group Development". *Academy of Management Journal*, v. 31, n. 1, pp. 9-41, 1988; Connie J. G. Gersick, "Marking Time: Predictable Transitions in Task Groups". *Academy of Management Journal*, v. 32, n. 2, pp. 274-309, 1989.

10. Barry M. Staw, "Attribution of the 'Causes' of Performance: A General Alternative Interpretation of Cross-Sectional Research on Organizations". *Organizational Behavior and Human Performance*, v. 13, n. 3, pp. 414-32, 1975.

11. H. Kirk Downey, Thomas I. Chacko e James C. McElroy, "Attribution of the 'Causes' of Performance: A Constructive, Quasi-Longitudinal Replication of the Staw (1975) Study". *Organizational Behavior and Human Performance*, v. 24, n. 3, pp. 287-99, 1979.

12. Christina N. Lacerenza et al., "Team Development Interventions: Evidence-Based Approaches for Improving Teamwork". *American Psychologist*, v. 73, n. 4, pp. 517-31, 2018.

13. Alvin Chang, "One Simple Reason the USA Men's Basketball Team Is Struggling". *Vox*, 19 ago. 2016. Acessado em: <vox.com/rio-olympics-explainers/2016/8/19/12524532/team-usa-basketball-struggle>.

14. Roderick I. Swaab et al., "The Too-Much-Talent Effect: Team Interdependence Determines When More Talent Is Too Much or Not Enough". *Psychological Science*, v. 25, n. 8, pp. 1581-91, 2014.

15. Sarah Harvey, "A Different Perspective: The Multiple Effects of Deep Level Diversity on Group Creativity". *Journal of Experimental Social Psychology*, v. 49, n. 5, pp. 822-32, 2013; Alana E. Jansen e Ben J. Searle, "Diverse Effects of Team Diversity: A Review and Framework of Surface and Deep-Level Diversity". *Personnel Review*, v. 50, n. 9, pp. 1838-53, 2021; James R. Larson Jr., "Deep Diversity and Strong Synergy: Modeling the Impact of Variability in Members' Problem-Solving Strategies on Group Problem-Solving Performance". *Small Group Research*, v. 38, n. 3, pp. 413-36, 2007.

16. Hans van Dijk, Marloes L. van Engen e Daan van Knippenberg, "Defying Conventional Wisdom: A Meta-Analytical Examination of the Differences between Demographic and Job-Related Diversity Relationships with Performance". *Organizational Behavior and Human Decision Processes*, v. 119, n. 1, pp. 38-53, 2012; Daan van Knippenberg e Julija N. Mell, "Past, Present, and Potential Future of Team Diversity Research: From Compositional Diversity to Emergent Diversity". *Organizational Behavior and Human Decision Processes*, v. 136, pp. 135-45, 2016.

17. Edward O. Wilson apud Susan Ratcliffe (Org.), *Oxford Essential Quotations*. 4. ed. Oxford: Oxford University Press, 2016.

18. Allison M. Traylor et al., "It's about the Process, Not the Product: A Meta-Analytic Investigation of Team Demographic Diversity and Processes". *Organizational Psychology Review*, v. 14, n. 3, pp. 478-516, 2024.

19. Hans van Dijk, Marloes L. van Engen e Daan van Knippenberg, "Defying Conventional Wisdom: A Meta-Analytical Examination of the Differences between Demographic and Job-Related Diversity Relationships with Performance". *Organizational Behavior and Human Decision Processes*, v. 119, n. 1, pp. 38-53, 2012.

20. John E. Mathieu et al., "A Review and Integration of Team Composition Models: Moving Toward a Dynamic and Temporal Framework". *Journal of Management*, v. 40, n. 1, pp. 130-60, 2014.

21. Adam M. Grant, "Goodbye to MBTI, the Fad That Won't Die". *Psychology Today*, 18 set. 2013. Acessado em: <psychologytoday.com/us/blog/give-and-take/201309/goodbye-to-mbti-the-fad-that-wont-die>.

22. Christoph Riedl et al., "Quantifying Collective Intelligence in Human Groups". *Proceedings of the National Academy of Sciences*, v. 118, n. 21, 2021.

23. Simon Baron-Cohen et al., "The 'Reading the Mind in the Eyes' Test Revised Version: A Study with Normal Adults, and Adults with Asperger Syndrome or High-Functioning Autism". *The Journal of Child Psychology and Psychiatry and Allied Disciplines*, v. 42, n. 2, pp. 241-51, 2001.

24. Abdullah Almaatouq et al., "The Effects of Group Composition and Dynamics on Collective Performance". *Topics in Cognitive Science*, v. 16, n. 2, pp. 302-21, 2024.

25. Rena Kirkland et al., "Meta-Analysis Reveals Adult Female Superiority in 'Reading the Mind in the Eyes Test'". *North American Journal of Psychology*, v. 15, n. 1, pp. 449-58, 2013.

26. Nada Hashmi, G. Shankaranarayanan e Thomas W. Malone, "Is Bigger Better? A Study of the Effect of Group Size on Collective Intelligence in Online Groups". *Decision Support Systems*, v. 167, 2023; Ralph Kenna e Bertrand Berche, "Managing Research Quality: Critical Mass and Optimal Academic Research Group Size". *IMA Journal of Management Mathematics*, v. 23, n. 2, pp. 195-207, 2012; Patrick R. Laughlin et al., "Groups Perform Better than the Best Individuals on Letters-to-Numbers Problems: Effects of Group Size". *Journal of Personality and Social Psychology*, v. 90, n. 4, pp. 644-51, 2006; Susan A. Wheelan, "Group Size, Group Development, and Group Productivity". *Small Group Research*, v. 40, n. 2, pp. 247-62, 2009; Roger Guimerà et al., "Team Assembly Mechanisms Determine Collaboration Network Structure and Team Performance". *Science*, v. 308, n. 5722, pp. 697-702, 2005.

27. J. Richard Hackman e Neil Vidmar, "Effects of Size and Task Type on Group Performance and Member Reactions". *Sociometry*, v. 33, n. 1, pp. 37-54, 1970.

28. Frederick P. Brooks, Jr., *The Mythical Man-Month: Essays on Software Engineering*. Londres: Pearson Education, 1995. [Ed. bras.: *O mítico homem-mês: Ensaios sobre engenharia de software*. São Paulo: Alta Books, 2018.]

29. Nate Penn, "Dunk'd: An Oral History of the 2004 Dream Team". *GQ*, 27 jul. 2012. Acessado em: <gq.com/story/2004-olympic-basketball-dream-team>.

30. Mike Krzyzewski ("Coach K"), Coach K's Pre-Training Camp Speech (vídeo). *USA Basketball* (canal), YouTube, 1min07s, 2013. Acessado em: <youtube.com/watch?v=dIGLhJx9LCI>.

31. J. Richard Hackman, *Leading Teams: Setting the Stage for Great Performances*. Boston: Harvard Business Press, 2002.

32. Andrew M. Carton, "'I'm Not Mopping the Floors, I'm Putting a Man on the Moon': How NASA Leaders Enhanced the Meaningfulness of Work by Changing the Meaning of Work". *Administrative Science Quarterly*, v. 62, n. 3, 2017; Andrew M. Carton e Brian J. Lucas, "How Can Leaders Overcome the Blurry Vision Bias? Identifying an Antidote to the Paradox of Vision Communication". *Academy of Management Journal*, v. 60, n. 6, 2017.

33. Edwin A. Locke e Gary P. Latham, "Building a Practically Useful Theory of Goal Setting and Task Motivation: A 35-Year Odyssey". *American Psychologist*, v. 57, n. 9, pp. 705-17, 2002.

34. Gary P. Latham e James J. Baldes, "The 'Practical Significance' of Locke's Theory of Goal Setting". *Journal of Applied Psychology*, v. 60, n. 1, pp. 122-4, 1975.

35. John E. Mathieu e Tammy L. Rapp, "Laying the Foundation for Successful Team Performance Trajectories: The Roles of Team Charters and Performance Strategies". *Journal of Applied Psychology*, v. 94, n. 1, pp. 90-103, 2009; William H. A. Johnson et al., "Do Team Charters Help Team-Based Projects? The Effects of Team Charters on Performance and Satisfaction in Global Virtual Teams". Academy of Management Learning & Education, maio 2021.

36. Justin M. Berg, Jane E. Dutton e Amy Wrzesniewski, "Job Crafting and Meaningful Work". In: Bryan J. Dik, Zinta S. Byrne e Michael F. Steger (Orgs.), *Purpose and Meaning in the Workplace*. Washington: American Psychological Association, 2013, pp. 81-104.

5. DIGA-ME COM QUEM ANDAS QUE TE DIREI QUEM ÉS: A INFLUÊNCIA DE MUITOS SOBRE POUCOS [pp. 81-93]

1. *O time da redenção*. Direção: Jon Weinbach. Produção Mary Byrne e outros. Elenco: LeBron James, Dwayne Wade, Carmelo Anthony e outros. Netflix, 2022 (1h37min.).

2. James Clear, *Atomic Habits: An Easy & Proven Way to Build Good Habits & Break Bad Ones* (Nova York: Avery, 2018 [ed. bras.: *Hábitos atômicos: Um método fácil e comprovado de criar bons hábitos e se livrar dos maus*. São Paulo: Alta Life, 2019]).

3. H. Peyton Young, "The Evolution of Social Norms". *Annual Review of Economics*, v. 7, n. 1, pp. 359-87, 2015; Michael Tomasello e Amrisha Vaish, "Origins of Human Cooperation and Morality". *Annual Review of Psychology*, v. 64, n. 1, pp. 231-55, 2013.

4. Kenneth L. Bettenhausen e J. Keith Murnighan, "The Emergence of Norms in Competitive Decision-Making Groups". *Administrative Science Quarterly*, v. 30, n. 3, pp. 350-72, 1985.

5. Richard L. Gregory e Oliver L. Zangwill, "The Origin of the Autokinetic Effect". *Quarterly Journal of Experimental Psychology*, v. 15, n. 4, pp. 252-61, 1963.

6. Muzafer Sherif (1967) apud Ayfer Dost-Gozkan, *Norms, Groups, Conflict, and Social Change: Rediscovering Mubafer Sherif's Psychology*. Londres: Routledge, 2017.

7. Albert H. Hastorf e Hadley Cantril, "They Saw a Game: A Case Study". *The Journal of Abnormal and Social Psychology*, v. 49, n. 1, p. 129, 1954.

8. Dominic Abrams e John M. Levine, *The Formation of Social Norms: Revisiting Sherif's Autokinetic Illusion Study*. Londres: Psychology Press, 2012, p. 29.

9. Abdo Elnakouri et al., "In It Together: Shared Reality with Instrumental Others Is Linked to Goal Success". *Journal of Personality and Social Psychology*, v. 125, n. 5, pp. 1072-95, 2023; E. Tory Higgins, Maya Rossignac-Milon e Gerald Echterhoff, "Shared Reality: From Sharing-Is-Believing to Merging Minds". *Current Directions in Psychological Science*, v. 30, n. 2, pp. 103-10, 2021.

10. Michael Tomasello e Amrisha Vaish, "Origins of Human Cooperation and Morality". *Annual Review of Psychology*, v. 64, n. 1, pp. 231-55, 2013.

11. Benj Edwards, "iPhone Now Supports 86-Year-Old Dvorak Keyboard Layout Natively, Delighting Woz". *Ars Technica*, 10 out. 2022. Acessado em: <arstechnica.com/gadgets/2022/10/iphone-now-supports-86-year-old-dvorak-keyboard-layout-natively-delighting-woz>.

12. Rupendra Brahambhatt, "QWERTY—History, Evolution, and Why Is It the Way It Is?". Interesting Engineering, 22 jun. 2021. Acessado em: <interestingengineering.com/innovation/history-and-evolution-of-qwerty-keyboard>.

13. William Samuelson e Richard Zeckhauser, "Status Quo Bias in Decision Making". *Journal of Risk and Uncertainty*, v. 1, n. 1, pp. 7-59, 1988.

14. Connie J. G. Gersick e J. Richard Hackman, "Habitual Routines in Task-Performing Groups". *Organizational Behavior and Human Decision Processes*, v. 47, n. 1, pp. 65-97, 1990.

15. Steven Pinker, *The Better Angels of Our Nature: The Decline of Violence in History and Its Causes*. Londres: Penguin UK, 2011; Brian Hare, "Survival of the Friendliest: *Homo Sapiens* Evolved via Selection for Prosociality". *Annual Review of Psychology*, v. 68, n. 1, pp. 155-86, 2017.

6. VOCÊ SERÁ ASSIMILADO: O LADO SOMBRIO DAS PRESSÕES DE CONFORMIDADE [pp. 94-106]

1. Patrick Schultheiss et al., "The Abundance, Biomass, and Distribution of Ants on Earth". *Proceedings of the National Academy of Sciences*, v. 119, n. 40, 2022.

2. Edward O. Wilson, *The Social Conquest of Earth*. Nova York: Liveright, 2013. [Ed. bras.: *A conquista social da Terra*. Trad. de Ivo Korytowski. São Paulo: Companhia das Letras, 2013.]

3. Selin Kesebir, "The Superorganism Account of Human Sociality: How and When Human Groups Are Like Beehives". *Personality and Social Psychology Review*, v. 16, n. 3, pp. 233-61, 2012.

4. Solomon E. Asch, "Effects of Group Pressure Upon the Modification and Distortion of Judgments". In: Harold Guetzkow (Org.), *Groups, Leadership, and Men*. Pittsburgh: Carnegie Press, 1951, pp. 177-90; Axel Franzen e Sebastian Mader, "The Power of Social Influence: A Replication and Extension of the Asch Experiment". *PLOS One*, v. 18, n. 11, 2023.

5. Morten T. Hansen, "How John F. Kennedy Changed Decision Making for Us All". *Harvard Business Review*, 22 nov. 2013. Acessado em: ‹hbr.org/2013/11/how-john-f-kennedy-changed-decision-making›.

6. Irving L. Janis, *Groupthink*. Boston: Houghton Mifflin, 1982.

7. Colin M. Fisher, "An Ounce of Prevention or a Pound of Cure? Two Experiments on In-Process Interventions in Decision-Making Groups". *Organizational Behavior and Human Decision Processes*, v. 138, pp. 59-73, 2017; Felix C. Brodbeck et al., "Group Decision Making under Conditions of Distributed Knowledge: The Information Asymmetries Model". *Academy of Management Review*, v. 32, n. 2, pp. 459-79, 2007; Carsten K. W. De Dreu, Bernard A. Nijstad e Daan van Knippenberg, "Motivated Information Processing in Group Judgment and Decision Making". *Personality and Social Psychology Review*, v. 12, n. 1, pp. 22-49, 2008.

8. Joshua Rosenbloom e Stephen Bates, *Kennedy Bay of Pigs*. Cambridge: Harvard Kennedy School of Government, 1998.

9. Morten T. Hansen, "How John F. Kennedy Changed Decision Making for Us All". *Harvard Business Review*, 22 nov. 2013. Acessado em: ‹hbr.org/2013/11/how-john-f-kennedy-changed-decision-making›.

10. Songqi Liu et al., "Unpacking the Effects of Socialization Programs on Newcomer Retention: A Meta-Analytic Review of Field Experiments". *Psychological Bulletin*, v. 150, n. 1, pp. 1-26, 2024.

11. Sara Ganim e Chris Welch, "Parents: 'Criminal' Inaction by Penn State, Frat Members Led to Son's Death". *CNN*, 15 maio 2017. Acessado em: ‹cnn.com/2017/05/15/us/penn-state-fraternity-piazza-family-interview/index.html›.

12. Anthony D'Alessandro, "EMMYS: Mike Judge on How Viacom-Paramount Merger Influenced 'Silicon Valley' & 'Office Space's Impact on TGI Fridays". *Deadline* (blog), 14 jun. 2014. Acessado em: ‹deadline.com/2014/06/mike-judge-silicon-valley-interview-making-of-787571›.

13. James R. Barker, "Tightening the Iron Cage: Concertive Control in Self-Managing Teams". *Administrative Science Quarterly*, v. 38, n. 3, pp. 408-37, 1993.

14. Roy F. Baumeister et al., "Bad Is Stronger Than Good". *Review of General Psychology*, v. 5, n. 4, pp. 323-70, 2001.

15. Daniel Kahneman e Amos Tversky, "Chapter 6: Prospect Theory: An Analysis of Decision under Risk". *Econometrica*, v. 47, n. 2, pp. 263-92, 1979.

16. Andrew J. Elliot e Judith M. Harackiewicz, "Approach and Avoidance Achievement Goals and Intrinsic Motivation: A Mediational Analysis". *Journal of Personality and Social Psychology*, v. 70, n. 3, pp. 461-75, 1996.

17. Kristin Byron, Shalini Khazanchi e Deborah Nazarian, "The Relationship between Stressors and Creativity: A Meta-Analysis Examining Competing Theoretical Models". *Journal of Applied Psychology*, v. 95, n. 1, pp. 201-12, 2010.

18. Hannah Arendt, *Eichmann in Jerusalem: A Report on the Banality of Evil*. Nova York: Penguin Classics, 2006. [Ed. bras.: *Eichmann em Jerusalém: Um relato sobre a banalidade do mal*. Trad. de José Rubens Siqueira. São Paulo: Companhia das Letras, 1999.]

7. VERMELHO E AZUL: COMO GRUPOS SE TORNAM POLARIZADOS [pp. 107-17]

1. M&M's (@mmschocolate), "A message from M&M's". X (antigo Twitter), 23 jan. 2023. Acessado em: <x.com/mmschocolate/status/1617518785686274052>.

2. Acyn (@Acyn), "Tucker: M&M's will not be satisfied until every last cartoon character is deeply unappealing and totally androgynous. Until the moment you wouldn't want to have a drink with any one of them...". X (antigo Twitter), 21 jan. 2022. Acessado em: <x.com/Acyn/status/1484723825606479872>.

3. Diego Garzia, Frederico Ferreira da Silva e Simon Maye, "Affective Polarization in Comparative and Longitudinal Perspective". *Public Opinion Quarterly*, v. 81, n. 1, 2023.

4. James A. F. Stoner, "Risky and Cautious Shifts in Group Decisions: The Influence of Widely Held Values". *Journal of Experimental Social Psychology*, v. 4, n. 4, pp. 442-59, 1968.

5. Dean G. Pruitt e Allan I. Teger, "The Risky Shift in Group Betting". *Journal of Experimental Social Psychology*, v. 5, n. 2, pp. 115-26, 1969.

6. Kiri Kuroda e Tatsuya Kameda, "You Watch My Back, I'll Watch Yours: Emergence of Collective Risk Monitoring through Tacit Coordination in Human Social Foraging". *Evolution and Human Behavior*, v. 40, n. 5, pp. 427-35, 2019.

7. Megan McCluskey, "The Bizarre True Story Behind HBO's *Love Has Won* Docuseries". *Time*, 14 nov. 2023. Acessado em: <time.com/6333436/love-has-won-true-story-hbo>.

8. Acessado em: <https://bestneighborhood.org>.

9. Shanto Iyengar et al., "The Origins and Consequences of Affective Polarization in the United States". *Annual Review of Political Science*, v. 22, pp. 129-46, 2019; Shanto Iyengar, Gaurav Sood e Yphtach Lelkes, "Affect, Not Ideology: A Social Identity Perspective on Polarization". *Public Opinion Quarterly*, v. 76, n. 3, pp. 405-31, 2012.

10. Amit Goldenberg, "Extreme Views Are More Attractive Than Moderate Ones". *Scientific American*, 19 abr. 2023. Acessado em: <scientificamerican.com/article/extreme-views-are-more-attractive-than-moderate-ones>.

11. Steve Rathje, Jay J. Van Bavel e Sander van der Linden, "Out-Group Animosity Drives Engagement on Social Media". *Proceedings of the National Academy of Sciences*, v. 118, n. 26, 2021.

12. Kurt Gray, *Outraged: Why We Fight About Morality and Politics*. Nova York: Pantheon, 2025.

13. John Burn-Murdoch (@jburnmurdoch), "It always blows my mind how much wider the partisan trust gap is for US media compared to the UKMost British media is trusted (or distrusted) about equally by supporters of both major parties". X (antigo Twitter), 3 jan. 2024. Acessado em: <x.com/jburnmurdoch/status/1744716508570550695>.

14. E. Tory Higgins, Maya Rossignac-Milon e Gerald Echterhoff, "Shared Reality: From Sharing-Is-Believing to Merging Minds". *Current Directions in Psychological Science*, v. 30, n. 2, pp. 103-10, 2021.

15. Eugen Dimant, "Hate Trumps Love: The Impact of Political Polarization on Social Preferences". *Management Science*, v. 70, n. 1, pp. 1-31, 2024.

16. Amit Goldenberg, "Extreme Views Are More Attractive Than Moderate Ones". Scientific American, 19 abr. 2023. Acessado em: <scientificamerican.com/article/extreme-views-are-more-attractive-than-moderate-ones>.

8. A MERITOCRACIA DAS IDEIAS: VENCENDO A BATALHA CONTRA O LADO SOMBRIO DO CONFORMISMO [pp. 118-37]

1. Daniel Kahneman, *Thinking, Fast and Slow*. Londres: Penguin, 2012. [Ed. bras.: *Rápido e devagar: Duas formas de pensar*. Trad. de Cássio de Arantes Leite. Rio de Janeiro: Objetiva, 2012.]

2. Eric Johnson, "Bridgewater Associates Founder Ray Dalio Has a 'Magical Formula' for Better Decision-Making". *Vox*, 6 nov. 2017. Acessado em: <vox.com/2017/11/6/16610878/bridgewater-associates-ray-dalio-book-principles-life-work-decision-formula-kara-swisher-podcast>.

3. Colin M. Fisher, "An Ounce of Prevention or a Pound of Cure? Two Experiments on In-Process Interventions in Decision-Making Groups". *Organizational Behavior and Human Decision Processes*, v. 138, pp. 59-73, 2017; Ulrich Klocke, "How to Improve Decision Making in Small Groups: Effects of Dissent and Training Interventions". *Small Group Research*, v. 38, n. 3, pp. 437-68, 2007.

4. Adam Grant, *Think Again: The Power of Knowing What You Don't Know*. Londres: W. H. Allen, 2021. [Ed. bras.: *Pense de novo: o poder de saber o que você não sabe*. Trad. de Carolina Simmer. Rio de Janeiro: Sextante, 2021.]

5. Michael Macy et al., "Opinion Cascades and the Unpredictability of Partisan Polarization". *Science Advances*, v. 5, n. 8, 2019.

6. Karen Guttieri, Michael D. Wallace e Peter Suedfeld, "The Integrative Complexity of American Decision Makers in the Cuban Missile Crisis". *Journal of Conflict Resolution*, v. 39, n. 4, pp. 595-621, 1995.

7. Randall S. Peterson, "A Directive Leadership Style in Group Decision Making Can Be Both Virtue and Vice: Evidence from Elite and Experimental Groups". *Journal of Personality and Social Psychology*, v. 72, n. 5, pp. 1107-21, 1997.

8. Deborah Ancona, Henrik Bresman e David Caldwell, "The X-Factor: Six Steps to Leading High-Performing X-Teams". *Organizational Dynamics*, v. 38, n. 3, pp. 217-24, 2009; Deborah G.

Ancona e David F. Caldwell, "Bridging the Boundary: External Activity and Performance in Organizational Teams". *Administrative Science Quarterly*, v. 37, pp. 634-65, 1992.

9. Ronald S. Burt, *Brokerage and Closure: An Introduction to Social Capital*. Oxford: Oxford University Press, 2005.

10. Andrew Hargadon e Robert I. Sutton, "Technology Brokering and Innovation in a Product Development Firm". *Administrative Science Quarterly*, v. 42, n. 4, pp. 716-49, 1997.

11. Doris Kearns Goodwin, *Team of Rivals: The Political Genius of Abraham Lincoln*. Nova York: Simon & Schuster, 2005.

12. Kenneth Bettenhausen e J. Keith Murnighan, "The Emergence of Norms in Competitive Decision-Making Groups". *Administrative Science Quarterly*, v. 30, n. 3, pp. 350-72, 1985; id., "The Development of an Intragroup Norm and the Effects of Interpersonal and Structural Challenges". *Administrative Science Quarterly*, v. 36, n. 1, pp. 20-35, 1991.

13. Connie J. G. Gersick e J. Richard Hackman, "Habitual Routines in Task-Performing Groups". *Organizational Behavior and Human Decision Processes*, v. 47, n. 1, pp. 65-97, 1990.

14. Hoon-Seok Choi e John M. Levine, "Minority Influence in Work Teams: The Impact of Newcomers". *Journal of Experimental Social Psychology*, v. 40, n. 2, pp. 273-80, 2004.

15. Amy C. Edmondson, "Psychological Safety and Learning Behavior in Work Teams". *Administrative Science Quarterly*, v. 44, n. 2, pp. 350-83, 1999.

16. Amy C. Edmondson e Zhike Lei, "Psychological Safety: The History, Renaissance, and Future of an Interpersonal Construct". *Annual Review of Organizational Psychology and Organizational Behavior*, v. 1, n. 1, pp. 23-43, 2014.

17. Christoph Riedl et al., "Quantifying Collective Intelligence in Human Groups". *Proceedings of the National Academy of Sciences*, v. 118, n. 21, 2021; Anita Woolley e Thomas W. Malone, "What Makes a Team Smarter? More Women". *Harvard Business Review*, v. 89, n. 6, pp. 32-3, 2011. Acessado em: <hbr.org/2011/06/defend-your-research-what-makes-a-team-smarter-more-women>.

18. Albert O. Hirschman, *Exit, Voice, and Loyalty: Responses to Decline in Firms, Organizations, and States*. Cambridge: Harvard University Press, 1970. [Ed. bras.: *Saída, voz e lealdade*. Trad. de Angela de Assis Melim. São Paulo: Perspectiva, 1973.]

19. Patricia Satterstrom, Michaela Kerrissey e Julia DiBenigno, "The Voice Cultivation Process: How Team Members Can Help Upward Voice Live on to Implementation". *Administrative Science Quarterly*, v. 66, n. 2, pp. 380-425, 2021.

20. Jeffrey Yip e Colin M. Fisher, "Listening in Organizations: A Synthesis and Future Agenda". *Academy of Management Annals*, v. 16, n. 2, pp. 657-79, 2022.

21. James Surowiecki, *The Wisdom of Crowds: Why the Many Are Smarter Than the Fee*. Londres: Abacus, 2005 [ed. bras.: *A sabedoria das multidões*. Rio de Janeiro: Record, 2006]; Joshua Becker, Devon Brackbill e Damon Centola, "Network Dynamics of Social Influence in the Wisdom of Crowds". *Proceedings of the National Academy of Sciences*, v. 114, n. 26, pp. E5070-6, 2017; Zhi Da e Xing Huang, "Harnessing the Wisdom of Crowds". *Management Science*, v. 66, n. 5, pp. 1847-67, 2020.

22. Joaquin Navajas et al., "Aggregated Knowledge from a Small Number of Debates Outperforms the Wisdom of Large Crowds". *Nature Human Behaviour*, v. 2, n. 2, pp. 126-32, 2018. Há muitas ressalvas quanto à vantagem das multidões sobre os indivíduos. Este estudo constatou que permitir que pequenos grupos interajam e, em seguida, calcular a média das estimativas do grupo

foi melhor do que calcular diretamente a média das estimativas individuais. Outras pesquisas descobriram que calcular a média das estimativas de especialistas é melhor do que calcular a média de todos. Zhi Da e Xing Huang, "Harnessing the Wisdom of Crowds". *Management Science*, v. 66, n. 5, pp. 1847-67, 2020.

23. Serge Moscovici, Elisabeth Lage e Martine Naffrechoux, "Influence of a Consistent Minority on the Responses of a Majority in a Color Perception Task". *Sociometry*, v. 32, n. 4, p. 365, 1969; William D. Crano e Viviane Seyranian, "Majority and Minority Influence". *Social and Personality Psychology Compass*, v. 1, n. 1, pp. 572-89, 2007; Antonis Gardikiotis, "Minority Influence". *Social and Personality Psychology Compass*, v. 5, n. 9, pp. 679-93, 2011.

24. Edwin P. Hollander, "Conformity, Status, and Idiosyncrasy Credit". *Psychological Review*, v. 65, n. 2, pp. 117-27, 1958.

25. Dan W. Forsyth, "Tolerated Deviance and Small Group Solidarity". *Ethos*, v. 16, n. 4, pp. 398-420, 1988.

26. Charlan J. Nemeth, *No! The Power of Disagreement in a World That Wants to Get Along*. Londres: Atlantic Books, 2018; id., "Differential Contributions of Majority and Minority Influence". *Psychological Review*, v. 93, n. 1, pp. 23-32, 1986.

27. Connie J. G. Gersick, "Time and Transition in Work Teams: Toward a New Model of Group Development". *Academy of Management Journal*, v. 31, n. 1, pp. 9-41, 1988; Connie J. G. Gersick, "Marking Time: Predictable Transitions in Task Groups". *Academy of Management Journal*, v. 32, n. 2, pp. 274-309, 1989.

28. J. Richard Hackman e Ruth Wageman, "A Theory of Team Coaching". *Academy of Management Review*, v. 30, n. 2, pp. 269-87, 2005; Ruth Wageman, Colin M. Fisher e J. Richard Hackman, "Leading Teams When the Time Is Right: Finding the Best Moments to Act". *Organizational Dynamics*, v. 38, pp. 192-203, 2009.

29. Felix C. Brodbeck et al., "Group Decision Making under Conditions of Distributed Knowledge: The Information Asymmetries Model". *Academy of Management Review*, v. 32, n. 2, pp. 459-79, 2007.

30. Colin M. Fisher, "An Ounce of Prevention or a Pound of Cure? Two Experiments on In-Process Interventions in Decision-Making Groups". *Organizational Behavior and Human Decision Processes*, v. 138, pp. 59-73, 2017.

31. J. Richard Hackman, *Leading Teams: Setting the Stage for Great Performances*. Boston: Harvard Business Press, 2002.

32. Amy C. Edmondson e Zhike Lei, "Psychological Safety: The History, Renaissance, and Future of an Interpersonal Construct". *Annual Review of Organizational Psychology and Organizational Behavior*, v. 1, n. 1, pp. 23-43, 2014; Amy Edmondson, Richard Bohmer e Gary Pisano, "Speeding Up Team Learning". *Harvard Business Review*, v. 79, n. 9, pp. 125-32, 2001; Amy C. Edmondson, "Strategies for Learning from Failure". *Harvard Business Review*, v. 89, n. 4, pp. 48-55, 2011. Acessado em: <hbr.org/2011/04/strategies-for-learning-from-failure>; id., *The Fearless Organization: Creating Psychological Safety in the Workplace for Learning, Innovation, and Growth*. Hoboken: Wiley, 2018 [ed. bras.: *A organização sem medo: Criando segurança psicológica no local de trabalho para aprendizado, inovação e crescimento*. São Paulo: Alta Books, 2020].

33. Shoshana R. Dobrow et al., "A Review of Developmental Networks: Incorporating a Mutuality Perspective". *Journal of Management*, v. 38, n. 1, pp. 210-42, 2012; Monica C. Higgins e

Kathy E. Kram, "Reconceptualizing Mentoring at Work: A Developmental Network Perspective". *Academy of Management Review*, v. 26, n. 2, pp. 264-88, 2001.

34. Michael Pollan, "How to Eat". *Michael Pollan*, 23 jan. 2010. Acessado em: <michaelpollan.com/reviews/how-to-eat>.

9. SEMPRE COMPETINDO: COMO A COMPETIÇÃO MOLDA A NÓS E A NOSSOS GRUPOS [pp. 143-55]

1. Brian E. Pike, Gavin J. Kilduff e Adam D. Galinsky, "The Long Shadow of Rivalry: Rivalry Motivates Performance Today and Tomorrow". *Psychological Science*, v. 29, n. 5, pp. 804-13, 2018.

2. Chris Chavez, "Ethiopia's Almaz Ayana Wins Gold with New Women's 10,000-Meter World Record". *Sports Illustrated*, 12 ago. 2018. Acessado em: <si.com/olympics/2016/08/12/almaz-ayana-world-record-rio-2016-olympics-10000-meters-molly-huddle>.

3. Kathleen V. Casto e David A. Edwards, "Testosterone, Cortisol, and Human Competition". *Hormones and Behavior*, v. 82, pp. 21-37, 2016.

4. Kou Murayama e Andrew J. Elliot, "The Competition — Performance Relation: A Meta--Analytic Review and Test of the Opposing Processes Model of Competition and Performance". *Psychological Bulletin*, v. 138, n. 6, pp. 1035-70, 2012.

5. Robert B. Zajonc, "Social Facilitation: A Solution Is Suggested for an Old Unresolved Social Psychological Problem". *Science*, v. 149, n. 3681, pp. 269-74, 1965.

6. Kristin Byron, Shalini Khazanchi e Deborah Nazarian, "The Relationship between Stressors and Creativity: A Meta-Analysis Examining Competing Theoretical Models". *Journal of Applied Psychology*, v. 95, n. 1, pp. 201-12, 2010.

7. Alia J. Crum et al., "The Role of Stress Mindset in Shaping Cognitive, Emotional, and Physiological Responses to Challenging and Threatening Stress". *Anxiety, Stress, & Coping*, v. 30, n. 4, pp. 379-95, 2017.

8. SuperYachtFan, "Solaris: Roman Abramovich's Ultra-Luxurious Superyacht", [s.d.]. Acessado em: <superyachtfan.com/yacht/solaris>.

9. Atlantic Yacht & Ship, "The Midas Touch: $4.8 Billion History Supreme Most Expensive Yacht Ever Sold", [s.d.]. Acessado em: <atlanticyachtandship.com/the-midas-touch-4-8-billion-history-supreme-most-expensive-yacht-ever-sold>.

10. Michael J. Matthews e Thomas K. Kelemen, "To Compare Is Human: A Review of Social Comparison Theory in Organizational Settings". *Journal of Management*, v. 51, n. 1, 2024.

11. Susan T. Fiske et al., "Status, Power, and Intergroup Relations: The Personal Is the Societal". *Current Opinion in Psychology*, v. 11, pp. 44-8, 2016; Cameron Anderson e Gavin J. Kilduff, "The Pursuit of Status in Social Groups". *Current Directions in Psychological Science*, v. 18, n. 5, pp. 295-8, 2009.

12. Bert Van Landeghem e Anneleen Vandeplas, "The Relationship between Status and Happiness: Evidence from the Caste System in Rural India". *Journal of Behavioral and Experimental Economics*, v. 77, pp. 62-71, 2018.

13. Modupe Akinola e Wendy Berry Mendes, "It's Good to Be the King: Neurobiological Benefits of Higher Social Standing". *Social Psychological and Personality Science*, v. 5, n. 1, pp. 43-51,

2014; Andrew Baum, J. P. Garofalo e Ann M. Yali, "Socioeconomic Status and Chronic Stress. Does Stress Account for SES Effects on Health?". *Annals of the Nee York Academy of Sciences*, v. 896, pp. 131-44, 1999; Franziska Reiss et al., "Socioeconomic Status, Stressful Life Situations and Mental Health Problems in Children and Adolescents: Results of the German BELLA Cohort--Study". *PLOS One*, v. 14, n. 3, 2019.

14. William M. Hedgcock, Andrea W. Luangrath e Raelyn Webster, "Counterfactual Thinking and Facial Expressions among Olympic Medalists: A Conceptual Replication of Medvec, Madey, and Gilovich's (1995) Findings". *Journal of Experimental Psychology: General*, v. 150, n. 6, pp. e13-e21, 2021; Victoria Husted Medvec, Scott F. Madey e Thomas Gilovich, "When Less Is More: Counterfactual Thinking and Satisfaction among Olympic Medalists". *Journal of Personality and Social Psychology*, v. 69, n. 4, pp. 603-10, 1995.

15. Susan T. Fiske, "Envy Up, Scorn Down: How Comparison Divides Us". *American Psychologist*, v. 65, n. 8, pp. 698-706, 2010.

16. Susan T. Fiske et al., "Status, Power, and Intergroup Relations: The Personal Is the Societal". *Current Opinion in Psychology*, v. 11, pp. 44-8, 2016; Matteo Prato et al., "The Status of Status Research: A Review of the Types, Functions, Levels, and Audiences". *Journal of Management*, v. 50, n. 6, pp. 2266-308, 2024.

17. Hugo Toscano, Thomas W. Schubert e Steffen R. Giessner, "Eye Gaze and Head Posture Jointly Influence Judgments of Dominance, Physical Strength, and Anger". *Journal of Nonverbal Behavior*, v. 42, n. 3, pp. 285-309, 2018.

18. Larissa Z. Tiedens e Alison R. Fragale, "Power Moves: Complementarity in Dominant and Submissive Nonverbal Behavior". *Journal of Personality and Social Psychology*, v. 84, n. 3, p. 558, 2003.

19. Dacher Keltner et al., "Paradoxes of Power: Dynamics of the Acquisition, Experience, and Social Regulation of Social Power". In: Ana Guinote e Theresa K. Vescio (Orgs.), *The Social Psychology of Power*. Nova York: Guilford Press, 2010, pp. 177-208.

20. Teresa Amabile, Colin M. Fisher e Julianna Pillemer, "IDEO's Culture of Helping". *Harvard Business Review*, v. 92, n. 1-2, pp. 54-61, 2014. Acessado em: <hbr.org/2014/01/ideos-culture-of-helping>.

21. Heidi K. Gardner, "Performance Pressure as a Double-Edged Sword: Enhancing Team Motivation but Undermining the Use of Team Knowledge". *Administrative Science Quarterly*, v. 57, n. 1, pp. 1-46, 2012.

22. Felicia Pratto et al., "Social Dominance Orientation: A Personality Variable Predicting Social and Political Attitudes". *Journal of Personality and Social Psychology*, v. 67, n. 4, pp. 741-63, 1994.

23. Gary D. Sherman e Pranjal H. Mehta, "Stress, Cortisol, and Social Hierarchy". *Current Opinion in Psychology*, v. 33, pp. 227-32, 2020.

24. Lindred L. Greer et al., "Why and When Hierarchy Impacts Team Effectiveness: A Meta--Analytic Integration". *Journal of Applied Psychology*, v. 103, n. 6, pp. 591-613, 2018.

25. Heidi K. Gardner, "Performance Pressure as a Double-Edged Sword: Enhancing Team Motivation but Undermining the Use of Team Knowledge". *Administrative Science Quarterly*, v. 57, n. 1, pp. 1-46, 2012.

26. Catarina R. Fernandes et al., "What Is Your Status Portfolio? Higher Status Variance across Groups Increases Interpersonal Helping but Decreases Intrapersonal Well-Being". *Organizational*

Behavior and Human Decision Processes, v. 165, pp. 56-75, 2021; Erik L. Knight e Pranjal H. Mehta, "Hierarchy Stability Moderates the Effect of Status on Stress and Performance in Humans". *Proceedings of the National Academy of Sciences*, v. 114, n. 1, pp. 78-83, 2017.

27. Anandi Mani et al., "Poverty Impedes Cognitive Function". *Science*, v. 341, n. 6149, pp. 976-80, 2013.

28. Yaacov Trope e Nira Liberman, "Construal-Level Theory of Psychological Distance". *Psychological Review*, v. 117, n. 2, p. 440, 2010.

29. Mina Cikara et al., "On the Wrong Side of the Trolley Track: Neural Correlates of Relative Social Valuation". *Social Cognitive and Affective Neuroscience*, v. 5, n. 4, pp. 404-13, 2010.

30. Stanley Milgram, "Behavioral Study of Obedience". *The Journal of Abnormal and Social Psychology*, v. 67, n. 4, pp. 371-8, 1963.

31. S. Alexander Haslam, Stephen D. Reicher e Megan E. Birney, "Questioning Authority: New Perspectives on Milgram's 'Obedience' Research and Its Implications for Intergroup Relations". *Current Opinion in Psychology*, v. 11, pp. 6-9, 2016.

32. David Kaposi, "The Second Wave of Critical Engagement with Stanley Milgram's 'Obedience to Authority' Experiments: What Did We Learn?". *Social and Personality Psychology Compass*, v. 16, n. 6, 2022.

10. UMA ESCADA PARA O INFERNO: OS CONFLITOS DENTRO DE "NÓS" E ENTRE "NÓS" E "ELES" [pp. 156-69]

1. George Briscoe Kerferd, "Sophist". *Encyclopaedia Britannica*, [s.d.]. Acessado em: <britannica.com/topic/Sophist-philosophy>.

2. Carsten K. W. De Dreu e Laurie R. Weingart, "Task Versus Relationship Conflict, Team Performance, and Team Member Satisfaction: A Meta-Analysis". *Journal of Applied Psychology*, v. 88, n. 4, pp. 741-49, 2003.

3. Frank R. C. de Wit, Lindred L. Greer e Karen A. Jehn, "The Paradox of Intragroup Conflict: A Meta-Analysis". *Journal of Applied Psychology*, v. 97, n. 2, pp. 360-90, 2012.

4. John Mordechai Gottman, *What Predicts Divorce? The Relationship between Marital Processes and Marital Outcomes*. Nova York: Psychology Press, 2014.

5. "Hatfields and McCoys". *Encyclopaedia Britannica*, [s.d.]. Acessado em: <britannica.com/topic/Hatfields-and-McCoys>.

6. Randall Collins, "C-Escalation and D-Escalation: A Theory of the Time-Dynamics of Conflict". *American Sociological Review*, v. 77, n. 1, pp. 1-20, 2012.

7. Ronald H. Specter, "Vietnam War". *Encyclopaedia Britannica*, [s.d.]. Acessado em: <britannica.com/event/Vietnam-War>.

8. Dustin J. Sleesman et al., "Putting Escalation of Commitment in Context: A Multilevel Review and Analysis". *Academy of Management Annals*, v. 12, n. 1, pp. 178-207, 2018.

9. Martin Shubik, "The Dollar Auction Game: A Paradox in Noncooperative Behavior and Escalation". *Journal of Conflict Resolution*, v. 15, n. 1, pp. 109-11, 1971.

10. J. Keith Murnighan, "A Very Extreme Case of the Dollar Auction". *Journal of Management Education*, v. 26, n. 1, p. 56, 2002.

11. Daniel Friedman et al., "Searching for the Sunk Cost Fallacy". *Experimental Economics*, v. 10, n. 1, pp. 79-104, 2007; Barry M. Staw, "Knee-Deep in the Big Muddy: A Study of Escalating Commitment to a Chosen Course of Action". *Organizational Behavior and Human Performance*, v. 16, n. 1, pp. 27-44, 1976.

12. Cameron Anderson et al., "A Status-Enhancement Account of Overconfidence". *Journal of Personality and Social Psychology*, v. 103, n. 4, pp. 718-35, 2012.

13. Alvin Felzenberg, "William F. Buckley, Jr. and His Presidents". The Russell Kirk Center, 24 dez. 2017. Acessado em: <kirkcenter.org/reviews/william-f-buckley-jr-and-his-presidents>.

14. Barry M. Staw e Jerry Ross, "Commitment in an Experimenting Society: A Study of the Attribution of Leadership from Administrative Scenarios". *Journal of Applied Psychology*, v. 65, n. 3, pp. 249-60, 1980.

15. Toda essa seção sobre vingança deve muito a Joshua Conrad Jackson, Virginia K. Choi e Michele J. Gelfand, "Revenge: A Multilevel Review and Synthesis" (*Annual Review of Psychology*, v. 70, n. 1, pp. 319-45, 2019). Obrigado a todos!

16. Wesley G. Moons, Naomi I. Eisenberger e Shelley E. Taylor, "Anger and Fear Responses to Stress Have Different Biological Profiles". *Brain, Behavior, and Immunity*, v. 24, n. 2, pp. 215-9, 2010.

17. Sanjana Karanth, "Israel Defense Minister Announces Siege on Gaza to Fight 'Human Animals'". *Huff Post UK*, 10 set. 2023. Acessado em: <huffingtonpost.co.uk/entry/israel-defense-minister-human-animals-gaza-palestine_n_6524220ae4b09f4b8d412e0a>.

11. SOBRE PORCOS E BATATAS: O QUE PODEMOS FAZER EM RELAÇÃO À COMPETIÇÃO E AOS CONFLITOS [pp. 170-84]

1. Sarah Laskow, "In 1859, the United States and Britain Almost Went to War over a Pig". *Atlas Obscura*, 13 set. 2017. Acessado em: <atlasobscura.com/articles/pig-war-british-american-border-dispute-san-juan-island>; Michael D. Haydock, "The San Juan Island's 'Pig War'". HistoryNet, 19 ago. 2001. Acessado em: <historynet.com/the-san-juan-islands-pig-war-february-01-american-history-feature>.

2. Andrea Morone, Simone Nuzzo e Rocco Caferra, "The Dollar Auction Game: A Laboratory Comparison Between Individuals and Groups". Group Decision and Negotiation, v. 28, n. 1, pp. 79-98, 2019.

3. Randall Collins, "C-Escalation and D-Escalation: A Theory of the Time-Dynamics of Conflict". *American Sociological Review*, v. 77, n. 1, pp. 1-20, 2012.

4. Randall Collins, "Rituals of Solidarity and Security in the Wake of Terrorist Attack". *Sociological Theory*, v. 22, pp. 53-87, 2004.

5. Gina Perry, *The Lost Boys: Inside Mubafer Sherif's Robbers Cave Experiment*. Londres: Scribe UK, 2018; David Shariatmadari, "A Real-Life Lord of the Flies: The Troubling Legacy of the Robbers Cave Experiment". *The Guardian*, 16 abr. 2018. Acessado em: <theguardian.com/science/2018/apr/16/a-real-life-lord-of-the-flies-the-troubling-legacy-of-the-robbers-cave-experiment>; Dominic Abrams e John Levine, "The Formation of Social Norms: Revisiting Sherif's Autokinetic Illusion Study". In: Susan T. Fiske, Daniel T. Gilbert e Gardner Lindzey (Orgs.), *Handbook of Social Psychology*. Nova York: Wiley, 2010, pp. 29-50; Ayfer Dost-Gozkan, *Norms, Groups, Conflict, and Social*

Change: Rediscovering Mubafer Sherif's Psychology. Nova York: Routledge, 2017; Aysel Kayaoğlu, Sertan Batur e Ersin Aslitürk, "The Unknown Muzafer Sherif". British Psychological Society, 26 nov. 2014. Acessado em: <bps.org.uk/psychologist/unknown-muzafer-sherif>; Muzafer Sherif, *The Robbers Cave Experiment: Intergroup Conflict and Cooperation*. Middletown: Wesleyan University Press, 1988 (originalmente publicado como *Intergroup Conflict and Group Relations*).

6. John F. Dovidio, Peter Glick e Laurie A. Rudman, *On the Nature of Prejudice: Fifty Years After Allport*. Hoboken: John Wiley & Sons, 2008.

7. Nikhil K. Sengupta et al., "Does Intergroup Contact Foster Solidarity with the Disadvantaged? A Longitudinal Analysis across 7 Years". *American Psychologist*, v. 78, n. 6, 2023.

8. Jasper Van Assche et al., "Intergroup Contact Is Reliably Associated with Reduced Prejudice, Even in the Face of Group Threat and Discrimination". *American Psychologist*, v. 78, n. 6, 2023.

9. Markus Brauer, "Stuck on Intergroup Attitudes: The Need to Shift Gears to Change Intergroup Behaviors". *Perspectives on Psychological Science*, v. 19, n. 1, 2023.

10. Nikhil K. Sengupta et al., "Does Intergroup Contact Foster Solidarity with the Disadvantaged? A Longitudinal Analysis across 7 Years". *American Psychologist*, v. 78, n. 6, 2023.

11. Gordon Hodson e Rose Meleady, "Replicating and Extending Sengupta et al. (2023): Contact Predicts No Within-Person Longitudinal Outgroup-Bias Change". *American Psychologist*, v. 79, n. 3, 2023.

12. Bettina Höchli, Adrian Brügger e Claude Messner, "How Focusing on Superordinate Goals Motivates Broad, Long-Term Goal Pursuit: A Theoretical Perspective". *Frontiers in Psychology*, v. 9, p. 1879, 2018.

13. Howard Jones e Donald A. Rakestraw, *Prologue to Manifest Destiny: Anglo-American Relations in the 1840s*. Wilmington: Scholarly Resources, 1997.

14. Ricarda B. Bouncken et al., "Coopetition: A Systematic Review, Synthesis, and Future Research Directions". *Review of Managerial Science*, v. 9, n. 3, pp. 577-601, 2015; Paul Chiambaretto, Anne-Sophie Fernandez e Frédéric Le Roy, "What Coopetition Is and What It Is Not: Defining the 'Hard Core' and the 'Protective Belt' of Coopetition". *International Strategic Management Review*, 2022.

15. Martyn Gregory, *Dirty Tricks: British Aireays' Secret War against Richard Branson's Virgin Atlantic*. Londres: Little, Brown, 1994. Acessado em: <archive.org/details/dirtytricksinsid0000greg>; Gwyn Topham, "BA and Virgin Atlantic Put Aside Rivalry for Return of Leisure Flights to US". *The Guardian*, 8 nov. 2021. Acessado em: <theguardian.com/business/2021/nov/08/ba-and-virgin-atlantic-put-aside-rivalry-for-return-of-leisure-flights-to-us-covid>.

16. David Shariatmadari, "A Real-Life Lord of the Flies: The Troubling Legacy of the Robbers Cave Experiment". *The Guardian*, 16 abr. 2018. Acessado em: <theguardian.com/science/2018/apr/16/a-real-life-lord-of-the-flies-the-troubling-legacy-of-the-robbers-cave-experiment>; Gina Perry, *The Lost Boys: Inside Mubafer Sherif's Robbers Cave Experiment*. Londres: Scribe UK, 2018.

17. Katy Milkman, *How to Change: The Science of Getting from Where You Are to Where You Want to Be*. Londres: Vermilion, 2021 [ed. bras.: *Como mudar: As novas pesquisas para superar desafios e transformar nosso comportamento*. Trad. de Fernanda Abreu. Rio de Janeiro: Objetiva, 2022]; Coren L. Apicella, Elif E. Demiral e Johanna Mollerstrom, "Compete with Others? No, Thanks. With Myself? Yes, Please!". *Economics Letters*, v. 187, 2020.

18. Roger M. Schwarz, *The Skilled Facilitator: A Comprehensive Resource for Consultants, Facilitators, Coaches, and Trainers*. 3. ed. Hoboken: John Wiley & Sons, 2016; Roger Fisher e William

Ury, *Getting to Yes: Negotiating an Agreement without Giving In*. Houston: Cornerstone Digital, 2012 [ed. bras.: *Como chegar ao sim: Como negociar acordos sem fazer concessões*. Trad. de Afonso Celso da Cunha Serra. Rio de Janeiro: Sextante, 2018]; Michael Wheeler, *The Art of Negotiation: How to Improvise Agreement in a Chaotic World*. Riverside: Simon & Schuster, 2013.

12. A BANCA SEMPRE GANHA: A HORA CERTA DE ESTRUTURAR E TREINAR SUAS EQUIPES [pp. 189-98]

1. Julian E. Orr, *Talking about Machines: An Ethnography of a Modern Job*. Ithaca: Cornell University Press, 2016.

2. Ruth Wageman, "How Leaders Foster Self-Managing Team Effectiveness: Design Choices versus Hands-on Coaching". *Organization Science*, v. 12, n. 5, pp. 559-77, 2001.

3. Eric Raskin, "One Week, One Million Dollars: New Jersey Advantage Players Fighting for Their Online Casino Winnings". *NJ Online Gambling*, 26 fev. 2019. Acessado em: <https://www.njonlinegambling.com/advantage-players-nj-online-casinos-win>.

4. Stephen E. Humphrey, Jennifer D. Nahrgang e Frederick. P. Morgeson, "Integrating Motivational, Social, and Contextual Work Design Features: A Meta-Analytic Summary and Theoretical Extension of the Work Design Literature". *Journal of Applied Psychology*, v. 92, n. 5, pp. 1332-56, 2007.

5. Ruth Wageman e Krister Lowe, "Designing, Launching, and Coaching Teams: The 60-30-10 Rule and Its Implications for Team Coaching". In: David Clutterbuck et al. (Orgs.), *The Practitioner's Handbook of Team Coaching*. Nova York: Routledge, 2019, pp. 121-37.

6. Ruth Wageman, Colin M. Fisher e J. Richard Hackman, "Leading Teams When the Time Is Right: Finding the Best Moments to Act". *Organizational Dynamics*, v. 38, pp. 192-203, 2009.

13. A PALAVRA QUE COMEÇA COM "L": QUANDO E POR QUE A LIDERANÇA IMPORTA [pp. 199-208]

1. Apresentei as lições de liderança das tartarugas como uma piada na introdução do que espero que sejam algumas lições mais profundas sobre liderança do jazz. Ver Colin M. Fisher, "Leadership Lessons from Jazz Ensembles" (In: Ruth Wageman [Chair], *Leadership Lessons from Unusual Places*, simpósio apresentado na reunião da Academy of Management, Filadélfia, ago. 2007).

2. "Conductor". *Encyclopaedia Britannica*, [s.d.]. Acessado em: <britannica.com/art/conductor-music>; Cristina Simón, "What Does an Orchestra Conductor Really Do?". *The Conversation*, 2 nov. 2023. Acessado em: <theconversation.com/what-does-an-orchestra-conductor-really-do-216685>.

3. "Conductor". *Encyclopaedia Britannica*, [s.d.]. Acessado em: <britannica.com/art/conductor-music>.

4. Cristina Simón, "What Does an Orchestra Conductor Really Do?". *The Conversation*, 2 nov. 2023. Acessado em: <theconversation.com/what-does-an-orchestra-conductor-really-do-216685>.

5. Mika Kivimäki e Miia Jokinen, "Job Perceptions and Well-Being among Symphony Orchestra Musicians: A Comparison with Other Occupational Groups". *Medical Problems of Performing*

Artists, v. 9, n. 3, pp. 73-6, 1994. Um artigo mais recente apresenta resultados semelhantes: na Noruega, os músicos de orquestra relatam menos controle e reconhecimento do que outros tipos de músicos, e são menos satisfeitos do que a força de trabalho em geral. Ver Anna Détári et al., "Psychosocial Work Environment among Musicians and in the General Workforce in Norway" (*Frontiers in Psychology*, v. 11, p. 1315, 2020).

6. Jutta Allmendinger, J. Richard Hackman e Erin V. Lehman, "Life and Work in Symphony Orchestras". *The Musical Quarterly*, v. 80, n. 2, pp. 194-219, 1996.

7. Colin M. Fisher, Teresa M. Amabile e Julianna Pillemer, "How to Help (without Micromanaging)". *Harvard Business Review*, v. 99, 2021. Acessado em: <hbr.org/2021/01/how-to-help-without-microman aging>.

8. Lauren D'Innocenzo, John E. Mathieu e Michael R. Kukenberger, "A Meta-Analysis of Different Forms of Shared Leadership: Team Performance Relations". *Journal of Management*, v. 42, n. 7, pp. 1964-91, 2016; Vias C. Nicolaides et al., "The Shared Leadership of Teams: A Meta-Analysis of Proximal, Distal, and Moderating Relationships". *The Leadership Quarterly*, v. 25, n. 5, pp. 923-42, 2014; Danni Wang, David A. Waldman e Zhen Zhang, "A Meta-Analysis of Shared Leadership and Team Effectiveness". *Journal of Applied Psychology*, v. 99, n. 2, pp. 181-98, 2014.

9. Louis Hobbs, "Game Over: The Winners and Losers of the Managerial Merry-Go-Round". *SportsBoom*, 2024. Acessado em: <sportsboom.com/football/premier-league-manger-sacking-data-analysis>; Steve Madeley e Will Jeanes, "How Premier League Manager Exits and Tenures Compare to NFL, NBA, NHL and MLB". *The New York Times*, 23 maio 2024.

10. J. Richard Hackman e Ruth Wageman, "Asking the Right Questions about Leadership: Discussion and Conclusions". *American Psychologist*, v. 62, n. 1, pp. 43-7, 2007.

11. James R. Meindl, Sanford B. Ehrlich e Janet M. Dukerich, "The Romance of Leadership". *Administrative Science Quarterly*, v. 30, n. 1, p. 78, 1985.

12. Łukasz Radzimiński et al., "The Effect of Mid-Season Coach Turnover on Running Match Performance and Match Outcome in Professional Soccer Players". *Scientific Reports*, v. 12, n. 10680, 2022.

13. Jan Ketil Arnulf, John Erik Mathisen e Thorvald Hærem, "Heroic Leadership Illusions in Football Teams: Rationality, Decision Making and Noise-Signal Ratio in the Firing of Football Managers". *Leadership*, v. 8, n. 2, pp. 169-85, 2012.

14. Ibid.; Allard Bruinshoofd e Bas ter Weel, "Manager to Go? Performance Dips Reconsidered with Evidence from Dutch Football". *European Journal of Operational Research*, v. 148, n. 2, pp. 233-46, 2003; Gerd Muehlheusser, Sandra Schneemann e Dirk Sliwka, "The Impact of Managerial Change on Performance: The Role of Team Heterogeneity". *Economic Inquiry*, v. 54, n. 2, pp. 1128-49, 2016; Jon Aarum Andersen, "A New Sports Manager Does Not Make a Better Team". *International Journal of Sports Science & Coaching*, v. 6, n. 1, pp. 167-78, 2011; Alex Bryson et al., "Special Ones? The Effect of Head Coaches on Football Team Performance". *Scottish Journal of Political Economy*, v. 71, n. 3, pp. 295-322, 2024.

15. Charles E. Naquin e Renee J. Tynan, "The Team Halo Effect: Why Teams Are Not Blamed for Their Failures". *Journal of Applied Psychology*, v. 88, n. 2, pp. 332-40, 2003.

16. Frederick P. Morgeson, D. Scott DeRue e Elizabeth P. Karam, "Leadership in Teams: A Functional Approach to Understanding Leadership Structures and Processes". *Journal of Management*, v. 36, n. 1, pp. 5-39, 2010; Richard Hackman e Richard E. Walton, "Leading Groups in

Organizations". In: Paul S. Goodman (Org.), *Designing Effective Work Groups*. San Francisco: Jossey-Bass, 1986, pp. 72-119.

17. Jay B. Carson, Paul E. Tesluk e Jennifer A. Marrone, "Shared Leadership in Teams: An Investigation of Antecedent Conditions and Performance". *Academy of Management Journal*, v. 50, n. 5, pp. 1217-34, 2007; Lauren D'Innocenzo, John E. Mathieu e Michael R. Kukenberger, "A Meta-Analysis of Different Forms of Shared Leadership: Team Performance Relations". *Journal of Management*, v. 42, n. 7, pp. 1964-91, 2016; Vias C. Nicolaides et al., "The Shared Leadership of Teams: A Meta-Analysis of Proximal, Distal, and Moderating Relationships". *The Leadership Quarterly*, v. 25, n. 5, pp. 923-42, 2014; Danni Wang, David A. Waldman e Zhen Zhang, "A Meta-Analysis of Shared Leadership and Team Effectiveness". *Journal of Applied Psychology*, v. 99, n. 2, pp. 181-98, 2014.

18. Michael D. Johnson et al., "Functional Versus Dysfunctional Team Change: Problem Diagnosis and Structural Feedback for Self-Managed Teams". *Organizational Behavior and Human Decision Processes*, v. 122, n. 1, pp. 1-11, 2013.

19. Hengchen Dai, Katherine L. Milkman e Jason Riis, "The Fresh Start Effect: Temporal Landmarks Motivate Aspirational Behavior". *Management Science*, v. 60, n. 10, pp. 2563-82, 2014; Katy Milkman, *How to Change: The Science of Getting from Where You Are to Where You Want to Be*. Nova York: Penguin, 2021 [ed. bras.: *Como mudar: As novas pesquisas para superar desafios e transformar nosso comportamento*. Trad. de Fernanda Abreu. Rio de Janeiro: Objetiva, 2022].

14. GRUPOS DO FUTURO: OU O NOSSO FUTURO COM OS GRUPOS [pp. 209-22]

1. Lisa Handke, Patrícia Costa e Thomas A. O'Neill, "Virtual Teams: Taking Stock and Moving Forward". *Small Group Research*, v. 55, n. 5, pp. 671-9, 2024; Margaret M. Luciano et al., "Improving Virtual Team Collaboration Paradox Management: A Field Experiment". *Organization Science*, v. 36, n. 1, 2024.

2. Jonas De Vos, Tim Schwanen, Veronique Van Acker e Frank Witlox, "Travel and Subjective Well-Being: A Focus on Findings, Methods and Future Research Needs". *Transport Reviews*, v. 33, n. 4, pp. 421-42, 2013.

3. Kristen M. Shockley et al., "Remote Worker Communication during COVID-19: The Role of Quantity, Quality, and Supervisor Expectation-Setting". *Journal of Applied Psychology*, v. 106, n. 10, pp. 1466-82, 2021.

4. Kathryn L. Fonner e Michael E. Roloff, "Testing the Connectivity Paradox: Linking Teleworkers' Communication Media Use to Social Presence, Stress from Interruptions, and Organizational Identification". *Communication Monographs*, v. 79, n. 2, pp. 205-31, 2012.

5. Zhi Xian Ong et al., "Comparison of the Safety and Efficacy between Minimally Invasive Cardiac Surgery and Median Sternotomy in a Low-Risk Mixed Asian Population in Singapore". *Singapore Medical Journal*, v. 63, n. 11, p. 641, 2022.

6. Lars G. Svensson et al., "Minimally Invasive Versus Conventional Mitral Valve Surgery: A Propensity-Matched Comparison". *The Journal of Thoracic and Cardiovascular Surgery*, v. 139, n. 4, 2010.

7. Amy Edmondson, Richard M. J. Bohmer e Gary P. Pisano, "Speeding Up Team Learning". *Harvard Business Review*, v. 79, n. 9, pp. 125-32, 2001. Acessado em: <hbr.org/2001/10/speeding-up-team-learning>; Amy C. Edmondson, Richard M. Bohmer e Gary P. Pisano, "Disrupted

Routines: Team Learning and New Technology Implementation in Hospitals". *Administrative Science Quarterly*, v. 46, n. 4, pp. 685-716, 2001.

8. Jason M. Ali e Yasir Abu-Omar, "Minimally Invasive Cardiac Surgery: A Fad or the Future?". *Journal of Thoracic Disease*, v. 13, n. 3, 2021.

9. Amy Edmondson, Richard M. J. Bohmer e Gary P. Pisano, "Disrupted Routines: Team Learning and New Technology Implementation in Hospitals". *Administrative Science Quarterly*, v. 46, n. 4, pp. 685-716, 2001.

10. Id., "Speeding Up Team Learning". *Harvard Business Review*, v. 79, n. 9, pp. 125-32, 2001. Acessado em: <hbr.org/2001/10/speeding-up-team-learning>.

11. Amy C. Edmondson, "Strategies for Learning from Failure". *Harvard Business Review*, v. 89, n. 4, pp. 48-55, 2011.

12. Mary Tripsas e Giovanni Gavetti, "Capabilities, Cognition, and Inertia: Evidence from Digital Imaging". In: Constance E. Helfat (Org.), *The SMS Blackwell Handbook of Organizational Capabilities*. Hoboken: John Wiley & Sons, Ltd., 2017, pp. 393-412.

13. Clayton M. Christensen, *The Innovator's Dilemma: When New Technologies Cause Great Firms to Fail*. Boston: Harvard Business Review Press, 2015. [Ed. bras.: *O dilema da inovação*. São Paulo: M. Books, 2011.]

14. David A. Kolb, "Management and the Learning Process". *California Management Review*, v. 18, n. 3, pp. 21-31, 1976.

15. Graham Farrell e Toby Davies, "Most Crime Has Fallen by 90% in Years: So Why Does the Public Think It's Increased?". *The Conversation*, 13 maio 2024. Acessado em: <theconversation.com/most-crime-has-fallen-by-90-in-30-years-so-why-does-the-public-think-its-increased-228797>; Steven Pinker, *The Better Angels of Our Nature: The Decline of Violence in History and Its Causes*. Londres: Penguin UK, 2011 [ed. bras.: *Os anjos bons da nossa natureza: Por que a violência diminuiu*. Trad. de Bernardo Joffily e Laura Teixeira Motta. São Paulo: Companhia das Letras, 2017].

16. International Rescue Committee UK, "How the Emergency Rescue Committee Became the International Rescue Committee and Where We Are Today", [s.d.]. Acessado em: rescue.org/uk/page/history-international-rescue-committee.

17. "The IRC's Impact at a Glance", [s.d.]. Acessado em: <rescue.org/uk/page/ircs-impact-glance>.

18. Christopher Moyer, "From 'Mother God' to Mummified Corpse: Inside the Fringe Spiritual Sect 'Love Has Won'". *Rolling Stone*, 26 nov. 2021. Acessado em: <rollingstone.com/culture/culture-features/love-has-won-amy-carlson-mother-god-1254916>.

19. Quote Investigator, "Never Doubt That a Small Group of Thoughtful, Committed Citizens Can Change the World; Indeed, It's the Only Thing That Ever Has", 12 nov. 2017. Acessado em: <quoteinvestigator.com/2017/11/12/change-world>. Donald Keys, *Earth at Omega: Passage to Planetization*. Wellesley: Branden Books, 1982.

20. William Faulkner, "Nobel Prize Acceptance Speech, 1950". In: Nobel Foundation, *Nobel Lectures, Literature, 1901-1967*. Singapura: World Scientific Publishing Company, 1999, pp. 439-47.

Índice remissivo

ESTA OBRA FOI COMPOSTA PELA ABREU'S SYSTEM EM INES LIGHT
E IMPRESSA EM OFSETE PELA LIS GRÁFICA SOBRE PAPEL PÓLEN NATURAL
DA SUZANO S.A. PARA A EDITORA SCHWARCZ EM OUTUBRO DE 2025